AF489255

شرح تئوریکِ نسل کشی و ابعادِ گستردهٔ نسل کشیِ مردم هزاره

در پرتو علوم سیاسی، حقوق، روانشناسی و تاریخ

(مجموعهٔ سخنرانی ها)

داکتر ثنا یار نیکپی

هزارستان پرس
۲۰۲۴م

شناسه

نام کتاب: شرح تئوریک نسل کشی و ابعاد گسترده نسل کشی مردم هزاره
(در پرتو علوم سیاسی، حقوق، روانشناسی و تاریخ)

نویسنده: داکتر ثنا یار نیکپی

ناشر: هزارستان پرس

تیراژ: ۳۰۰۰ جلد

تاریخ چاپ: مارچ ۲۰۲۴

شماره استاندرد بین المللی کتاب: 978-82-93037-01-9

کاپی رایت: تمام حقوق نشر برای نویسنده محفوظ است.

نویسنده ادعای مالکیت برعکس های این کتاب را که در شبکه های اجتماعی توسط مردم و «شهروند ـ خبرنگاران» منتشر شده اند، ندارد.

این کتاب را به مادر عزیزم نیک بخت متین تقدیم می کنم.

مادرم، کسی که مرا به مکتب فرستاد و از من حمایت کرد.

روانش شاد و یادش گرامی باد !

فهرست

ضمیمه ها

پیشگفتار

سخنرانی ها در باره نسل کشی وقتی تهیه و نشر شدند که نسل کشی مردم هزاره پهنای بزرگ، ابعاد گسترده و پژواک جهانی داشت. اما در افغانستان و جامعۀ افغانستانی در بیرون مرزی ها جوش و خروش لازم را نداشت که علت آن ژرف بودن سطح نفاق ملی و بی تفاوت سازی جامعه در باره نسل کشی مردم هزاره است. زمانیکه من نسل کشی مردم هزاره را در چهارچوب عام علمی و در چوکات افغانستانی آن تشریح میکردم، متوجه شدم که این درد بی درمان سیاسی در سطح ملی غیر قابل معالجه است.

تصمیم گرفتم شیوه و شکل کار خود را مشخصتر بسازم. تصمیم بر آن شد که یازده سخنرانی کنونی در باره نسل کشی که تار و پود این اثر را ساخته است، تهیه و در کانال یوتوب نشر کنم. با نشر سخنرانی ها به پرسشی پاسخ دادم که به پرخاش های رسانه ای تبدیل شده بود که چرا کشتار هزاره ها نسل کشی است؟ کسانی که این پرشس را داشتند، با تبصره های فیسبوکی و مناقشات لفظی و موضع گیری های احساساتی پاسخ داده می شدند، اما حالا با یک گفتمان تخصصی روبرو هستند. من کوشش کردم دو موضوع را هدفمندانه روشن سازم. اول پایان دادن به دفاع کورکورانه و احساساتی از موجودیت فاکت نسل کشی و ایجاد دیدگاه علمی و تخصصی در این مورد و دوم تشریح همه گوشه های تاریک نسل کشی مردم هزاره با ارائه اسناد، استدلال و عکس که می تواند مواد خوبی برای آماده سازی فاکت موجودیت نسل کشی در روند به رسمیت شناختن نسل کشی مردم هزاره در افغانستان باشد.

در تهیه و متن سخنرانی ها از علوم حقوق، سیاسی، روانشناسی و تاریخ استفاده دقیق صورت گرفته است. علوم نامبرده در تار و پود متن سخنرانی ها تنیده شده است، همچنان در تهیه ویدیو کلیپ های سخنرانی ها از شیوۀ جدید گرافیکی و دیزاین استفاده گردیده که در آن سهولت های درک بیننده و شنونده در نظر گرفته شده است. اکنون که سخنرانی ها به شکل کتاب به خواننده پیشکش می گردد، متن آنها از مزایای دیداری و شنیداری بیرون می

شود، اما نشر متن این سخنرانی ها به شکل کتاب، مزیت های خود را دارد که می تواند، به آسانی به حیث منابع و مأخذ از آن استفاده شود، در کتابخانه ها و موسسات آموزشی موجود باشد و مورد مطالعه قرار بگیرد. همچنان دسترسی به کتاب بدون رسانه های اجتماعی هم میسر است که در این صورت به دسترس علاقه مندان بیشتر قرار می گیرد.

طوریکه متن سخنرانی و متن کتابی از هم متفاوت باید باشد، ناگزیر تغییرات جزئی متنی نیز در سخنرانی وارد شده که محتویات علمی و تخصصی آن با امانت داری حفظ شده است.

سخنرانی های اول تا چهارم به شکل عام علمی تهیه گردیده که از نسل کشی مردم هزاره تنها به عنوان مثال و ارقام استفاده شده است، سخنرانی های پنجم تا یازدهم در یک فصل که عنوان آن «ابعاد گسترده نسل کشی مردم هزاره» است، بر مسایل نسل کشی مردم هزاره اختصاص دارد.

این کتاب نخستین اثری است که مبرمترین، پیچیده ترین و خونبارترین مسأله ملی و جهانی را با گستردگی ویژه مورد بررسی ژرف قرار داده و ابعاد ناشناخته پیرامون نسل کشی در کل و نسل کشی مردم هزاره را بطور ویژه در سطوح ملی و جهانی مورد شناسایی علمی قرار داده است.

ثنا یار نیکپی
فبروری ۲۰۲۴م

فصل اول
شرح تئوریک، حقوقی
سیاسی و روانشناشی نسل کشی

سخنرانی اول
شرح تئوریک، سیاسی و روانشناسی نسل کشی

۱ : پیدایش واژهٔ نسل کشی و پدیدهٔ حقوقی نسل کشی

۲: مفهوم و تشریح نسل کشی

۳: عوامل و انگیزهٔ سیاسی نسل کشی

۴: جنبه های روانشناسی نسل کشی

۵: پدیدهٔ نسل کشی فرهنگی و تبارز آن

پیدایش واژهٔ نسل کشی

باید گفت که در دوره های باستان نسل کشی های وحشتناکی بوقوع پیوسته که تلفات بی شمار انسانی، فرهنگی را به بار آورده است. اما تشریح نسل کشی های دوره های باستان در صحبت های کنونی ما جایی ندارد.

مرزبندی صحبت های من در مورد نسل کشی از وقتی شروع می شود که نسل کشی به حیث پدیده حقوقی شناخته شده و شامل حقوق بین المللی شده است.

بنابران پیدایش نسل کشی برای من همان پیدایش حقوقی نسل کشی و جایگاه نسل کشی در تحقیقات علمی و حقوق بین المللی است.

رافائیل لیمکین در سال ۱۹۴۴م واژهٔ ژینوساید را بکار برد و به آن تعریف مختصری ارائه داده که ژینو ساید عبارت از کشتار سیستماتیک یک گروه است. این تعریف فقط دو عنصر دارد: سیستماتیک و کشتار یک گروه. واژهٔ ژینوس در زبان یونانی به مفهوم زاد، قبیله و گروه است و سایدو در زبان لاتینی به معنی کشتن است. (۱)

بعضی از دانشمندان در بارهٔ پیدایش ژینوساید از واژهٔ ژینوس یونانی یعنی قبیله اختلاف نظر دارند. آنها ریشه ژینوساید را از واژه یونامی ژینوسیس یعنی اصل و نسب میدانند و دلیل آنها اینست که ژینوساید به تعلقیت بیولوژیکی محدود نمی شود. نابودی اصل (اصول) و نسب قربانی هدف قرار داده می شود.

واژه ژینو ساید بار اول در اتهامنامه تریبونال آلمان برای مجازات فاشیستان در

سال ۱۹۴۵ بکار برده شد.(۲)

رافایل در تعریف بعدی ژینوساید مفهوم را گسترده تر نشان داد. او نوشت که ژینوساید عبارت از نابود سازی اساسات مهم زندگی یک گروه قومی است که البته در آنوقت هدفش کشتار یهودی ها توسط فاشیستان آلمانی بود. اساسات زندگی در این تعریف مفهوم جامع دارد. اساسات زندگی یعنی موجودیت، فرهنگ و مهمترین ارزش های زندگی است.(۳)

در سال ۱۹۴۶ در مواد محکمه نظامی برای مجازات مقامات ارشد فاشیزم آلمان، واژه نسل کشی جنبه توصیفی و توضیحی داشت نه حقوقی و قانونی.

در نهم دسامبر ۱۹۴۸ کنوانسیون «جلوگیری از نسل کشی و مجازات آن» توسط مجمع عمومی ملل متحد تصویب شد. در این کنوانسیون واژه ژینوساید(نسل کشی) با مفهوم و تعریف جدید شامل حقوق بین الدول و حقوق بین المللی شد. در ماده دوم تعریف و ماده سوم مجازات این جنایت تسجیل و تشریح شده است.(۴)

مفهوم و تشریح نسل کشی

بعد از تشریح پیدایش نسل کشی لازم است مفهوم و تشریح آن را هم بدانیم. این موضوع در هفت نکته توضیح می شود که عبارت از تعریف، تفاوت، اساس حقوقی، ماهیت، هدف و انگیزه، اقسام و شکل نسل کشی.

پیش از تشریح این موضوعات باید بدانیم که این نکات هر کدام چه مفاهیمی را در بر دارند.

تعریف یعنی معرفی نسل کشی به شکل فشرده آن؛ تفاوت یعنی تشابه و مقایسه با پدیده های نزدیک با نسل کشی؛ اساس حقوقی یعنی اسنادی که نسل کشی را استحکامات و اعتبار حقوقی داده اند؛ ماهیت یعنی شگافتن شالوده های درونی موضوع؛ هدف و انگیزه یعنی غرض ها یا چیزهای که اجراکننده های جرم را در اجرای آن ترغیب می کند؛ اقسام نوعیت اجرای جرم؛ شکل یا فورم نوع بروز جرم را نشان میدهد.

تعریف نسل کشی: در این کنوانسیون، نسل کشی به اعمالی تعبیر می شود که به قصد نابودی تمام یا بخشی از یک گروه ملی، قومی، نژادی یا دینی اجرا شود. تعریف کامل در ماده دوم کنوانسیون جلوگیری و مجازات نسل کشی آمده است.(۵)

ماده ۲

در قرارداد فعلی مفهوم کلمه (ژنوساید) یکی از اعمال مشروحهٔ ذیل است که به نیت نابودی گروه های قومی یا ملی، یا نژادی و یا مذهبی ارتکاب گردد. از این قرار:

۱. قتل اعضاء آن گروه.

۲. صدمه شدید نسبت به سلامت جسمی و یا روحی افراد آن گروه.

۳. قراردادن عمدی گروه در معرض وضعیت های زندگانی نامناسبی که منتهی بزوال قوای جسمی کلی یا جزئی آن شود.

۴. اقداماتی که به منظور جلوگیری از تولد و تناسل آن گروه صورت گیرد.

۵. انتقال اجباری اطفال آن گروه به گروه دیگر.

ماده ۳

۱. (ژنوساید) نسل کشی

۲. تبانی بمنظور ارتکاب نسل کشی

۳. تحریک مستقیم و علنی برای ارتکاب نسل کشی

۴. شروع به ارتکاب به نسل کشی

۵. شرکت در جرم نسل کشی

در خور ذکر است، عده ای از نویسنده ها و تحلیلگران افغانستان در داخل و بیرون کشور کوشش کرده اند که بجای واژه نسل کشی، کشتار هدفمند را بکار برند. «کشتار هزاره ها هدفمند است»، معنی نسل کشی را نمی دهد. اجرای همه جنایت ها هدفمند است و انگیزه هایی دارد. اما برای افادهٔ پدیدهٔ نسل کشی، هدفمند گفتن کافی نیست، باید نوع هدف و انگیزه آنرا شرح داد. کاربرد «کشتار هدفمند» بجای نسل کشی توسط کسانی صورت میگیرد که نمی خواهند نسل کشی هزاره ها را بشناسد، یا از بیان این حقیقت هراس دارند، یا زیر تاثیر روند بی تفاوت سازی جامعه در مقابله با نسل کشی قرار دارند و یا افراد بلند پایه رژیم های حامد کرزی و اشرف غنی از قوم هزاره خواسته اند که در باره نسل کشی ابراز نظر کنند، اما برای حفظ موقف و مقام دولتی شان در ابهام و تقیه سخن گفته اند.

استعمال کشتار هدفمند بجای نسل کشی و بدون نسل کشی در ادبیات سیاسی افغانستان در دوره های حکومت های حامد کرزی و اشرف غنی عمومیت پیدا کرد و هنوز توسط نویسنده و پژوهشگران «احتیاط کار» بکار

برده می شود.

البته این حقیقت است که برای تشریح نسل کشی می توان کشتار هدفمند را بکار برد، اما نباید آنرا بجای واژه تعریف شده و شناخته شده «نسل کشی» تعویض کرد، طوری که از استعمال واژه نسل کشی گریز شود.

این کار تعریف نسل کشی را در ذهن خواننده ها مغشوش می سازد.

تفاوت نسل کشی با جرایم جنگی اینست که در دوره صلح هم صورت میگیرد و تفاوت آن با جرایم علیه بشریت در آنست که موضوع و مضمون مشخص دارد که در ماده دوم «کنوانسیون جلوگیری از نسل کشی و مجازات آن» مشخص شده است. با وجودیکه نسل کشی هم جنایت علیه بشریت است.

فرق نسل کشی با ترور و قتل های سیاسی اینست که گروه های تروریستی یا سیاسی برای حذف رقبای شان فردی یا گروهی را ترور کنند. هدف آن حذف گروه نباشد و قتل یا کشتار آنی باشد. یعنی نیت قاتلین دهشت افگنی باشد نه حذف گروه.

جنایت علیه بشریت Crimes against humanity

جنایت علیه بشریت شمار گسترده ای از جنایات است که توسط دولت ها، اکثرا در وقت صلح انجامَ می شود و عامل آن معمولا حکومت ها اند. البته توسط دولت هایی اجرا می شود که اجرای این جنایت جز سیاست آنها است و بطور سازمان یافته عملی می شود.(۶)

تفاوت جنایت علیه بشریت با جنایات جنگی War crime اینست که دومی تنها در وقت جنگ انجام می شود و عاملین جنایت جنگی نظامیان میباشند.(۶) جنایات جنگی مانند جنایات علیه بشریت گسترده نیست، ساحه مشخصتر دارد و بعُد زمانی آن نیز به وقت جنگ محدود است.

با وجودیکه نسل کشی جز جنایت علیه بشریت است، اما هدف اجرا کننده های جنایت علیه بشریت نابودی جزیی یا کلی گروه های قومی، ملی، دینی و نژادی نیست، بلکه اهداف دیگری دارند. نسل کشی در وقت صلح هم تطبیق می گردد. موضوع و عاملین یعنی قربانی ها و اجرا کننده های آن مشخص هستند و هر کدام آنها تعریف دقیق حقوقی دارد.

جنایت علیه بشریت با اشکال ذیل اجرا می شود:

ـ اعدام خودسرانه

ـ استفاده از سلاح کشتار جمعی

ـ تروریزم دولتی

ـ آدم ربایی

ـ استفاده از گروه های آدمکش

ـ استفاده نظامی از کودکان در جنگ

ـ حبس ناعادلانه

ـ برده داری

ـ تجاوز جنسی

ـ سرکوب سیاسی

ـ تبعیض نژادی

ـ آزار دینی.

جرایم جنگی با اقسام زیر اجرا می شود:

ـ قتل های نامحدود

ـ کشتار گروگان ها

ـ برخورد نامناسب با اسرای جنگی

ـ کشتار اسیران جنگی

ـ برخورد نامناسب با اهالی ملکی و اخراج آنها از مناطق شان

ـ غارت ملکیت های شخصی

ـ ویرانی عمدی شهر ها و روستا ها.

قابل یادآوری است که در رسانه های جمعی واژه های هلوکاست، قتل عام، کشتار جمعی با نسل کشی مترادف قرار داده می شود.

هلوکاست در زبان یونانی به معنی «همه سوزی» است. شیوه ای که فاشیستان آلمانی در نسل کشی یهودی ها بکار می بردند. گویا آنها کوره های آدم سوزی داشتند و یهودیان را در آن می سوختاندند. هلوکاست شیوه ای از اجرای نسل کشی در نابودی یهودی ها توسط فاشیستان آلمان بود.

قتل عام عبارت کشتار دسته جمعی انسان ها و جانوران است که می تواند نسل کشی باشد یا نوع دیگر جرایم. کشتار جمعی مترادف به قتل عام است که تا حدی از اصطلاح عربی «قتل عام» فارسی سازی شده است.

ـ هر کشتار جمعی نسل کشی نیست. اجرای نسل کشی، به آمادگی، همآهنگ سازی و پلان ضرورت دارد که مهمترین ارکان آن تبلیغات و انگیزه سازی برای اتهام قربانی به تخلف سیاسی، خطرناک نشان دادن قربانی و انحراف

اذهان عامه بر خلاف قربانی است.

ـ تعداد قربانی، ناچیز بودن خشونت و موقعیت وقوع جرم، واقعیت نسل کشی را تغییر نمی دهد. زیرا در اجرای نسل کشی انگیزه مهم است که اجراکننده قصد و نیت اجرای جرم با هدف اجرای نسل کشی را داشته باشد.

جرم هدفمند است، اجرای آن عمدی و شعوری است. اگر در قتل عادی حالت ذهنی (عمدی و بی احتیاطی) در نظر گرفته می شود، در جنایت نسل کشی بی احتیاطی وجود ندارد.

ـ تفاوت میان ژینوساید(نسل کشی) با پولیتیساید(سیاست کشی)،کلاسیساید(طبقه کشی) و اتنو ساید (قوم کشی) باید دانست. بهترین مثال پولیتیساید سیاست اریول شارون نخست وزیر سابق اسرائیل است که مخالفان سیاسی اش را در فلسطین هدف قرار داده بود.(۷)

نمونه کلاسیساید سیاست ستالین است که زمینداران بزرگ روسیه(بایارها) قربانی آن بودند. هدف وی ساختن جامعه بدون طبقات بود، نه نابودی گروهٔ اجتماعی. اتنو ساید یا قوم کشی مطابق قطعنامه سازمان ملل ۱۶الف، ماده دوم فقره (د) برابر با نسل کشی است. همچنان نسل کشی جز جرایم علیه بشریت است که بر اساس آن محکمه کیفری هاگ می تواند آنرا بررسی نماید.

اساس حقوقی نسل کشی قرار ذیل است:

۱. کنوانسیون پیشگیری و مجازات جنایت نسل کشی، ۹ دسامبر ۱۹۴۸ که منبع اصلی آن است.

۲. هنجارهای مربوط به جنایت نسل کشی نیز در میثاق بین المللی حقوق مدنی و سیاسی مورخ ۱۶ دسامبر ۱۹۶۶ آمده است. (۸)

۳. در اساسنامه روم دادگاه کیفری بین المللی در ۱۷ ژوئیه ۱۹۹۸. (۹)

ـ پیش نویس قانون جنایات علیه صلح، امنیت و بشریت در سال ۱۹۹۱.

ـ تریبونال های نظامی مانند نورنبورگ، یوگوسلاوی، روندا و غیره

۴. میثاق بین المللی حقوق مدنی و سیاسی ۱۶ دسامبر ۱۹۶۶ و پروتکل اختیاری آن در ۱۹ دسامبر ۱۹۶۶ مجموعه معاهدات بین المللی، قراردادهای جهانی. سازمان ملل متحد، جنیو. ۱۹۹۴. (۱۰)

۵. اساسنامه دادگاه نظامی بین المللی برای محاکمه و مجازات جنایتکاران جنگی اصلی محور اروپا، ۸ اوت ۱۹۴۵. دادگاه نورنبرگ. مجموعه مطالب در هشت جلد، انتشارات «ادبیات حقوقی». ۱۹۹۹. (۱۱)

۶. کنوانسیون سرکوب و مجازات جنایت آپارتاید ۳۰ نوامبر ۱۹۷۳ // مجموعه معاهدات بین المللی، بخش‌های ۱، ۲. موافقت‌نامه‌های جهانی. سازمان ملل متحد، جنیو، ۱۹۹۴. (۱۲)

۷. اساسنامه روم(رم) دادگاه کیفری بین المللی در ۱۷ ژوئیه ۱۹۹۸ // مجموعه معاهدات بین المللی، بخش‌های ۱، ۲. موافقت‌نامه‌های جهانی. سازمان ملل متحد، جنیو. ۱۹۹۴.(۱۳)

ماهیت نسل کشی: مجموعی از حقوق و ارزش های انسان است که مورد تجاوز قرار می گیرد. مانند: حق زندگی، حق داشتن صحت و سلامت، حق مصؤنیت فردی، حق داشتن امنیت، حق آزادی های معنوی و فکری، تفکیک و تعلقیت قومی و ژنتیکی و غیره.

خطرناک بودن نسل کشی در آن است که نه تنها انسان را به شکل فزیکی نابود می کند، بلکه دستاوردهای فرهنگی و معنوی قربانیان را نیز تخریب می نماید.

هدف و انگیزه جرم در نسل کشی: در عقب نسل کشی غرض های زیادی به شکل آشکار و پنهان وجود دارد.

عاملین مستقیم و غیر مستقیم، اجرا کننده، سازمانده، تحریک کننده و اشتراک کننده در جرم هر کدام اهداف و انگیزه های خود شان را دارند:

ـ در نسل کشی یهودی ها، قومی، دینی و احساس خطر از آنها بود.

ـ در نسل کشی ارامنه، تعلقیت به عیسویت و خطر برای امپراتوری عثمانی

ـ در روندا، تعلقیت اقلیت قومی توتسی که هوتو ها با آنها خصومت قومی داشتند. گرفتن قدرت دولتی نیز انگیزه آن بود.

ـ در کمپوچیه تعلقیت به گروه روشنفکر و تحصیلکرده و سطح زندگی و اختلافات طبقاتی (پولیتیساید)

ـ در افغانستان، تعلقیت به قومیت هزاره و مذهب شیعه، تقویت بنیادگرایی و تروریزم، برای برنامه ریزی دورمدت کشور های بزرگ.

اقسام جنایت نسل کشی قرار ذیل است:

۱. قتل

۲. خسارات جدی جسمی و روانی

۳. ایجاد شرایط سخت زندگی

۴. جلوگیری از زایمان و تولید نسل

۵. محو ارزش های فرهنگی

فورم یا شکل نسل کشی: اشکال نسل کشی نشان میدهد که پیشبرد نسل کشی، جنبه قوی سیاسی دارد و اجرا کننده ها برای نابودی مهمترین عنصر موضوع نسل کشی یعنی زندگی قربانیان توجه می کنند.

برعلاوه کشتار جمعی سه قسم نسل کشی تا حال عملی شده است.

۱. کودک کشی: کشتن کودکان از طریق ایجاد فضای مرگ و میر و کار شکنی در رساندن کمک های طبی، مانع شدن دسترسی آنها در بهره برداری از ارزش های فرهنگی و دینی آنها عملی اجرا می شود.

کشتار کودکان کشتار نسل آینده گروه معین است. گرفتن اجباری کودکان از خانواده های شان و دادن آنها به گروه قومی دیگر است. گفته می شود که این کار در کمپوچیه و امریکای شمالی صورت گرفته است.

حلیم تنویر یکی از فاشیستان دوره حکومت اشرف غنی در کنفرانسی در آلمان گفته بود که «دختران هزاره را به پسران پشتون میدهم.» اظهارات وی مطابق ماده سی ام اساسنامه روم عنصر معنوی (ذهنی) جرم را در بر می گیرد(۱۴) زیرا حلیم تنویر قصد و اراده اجرای جنایت را کرده و آن را به زبان خود بیان کرده است. در اینجا معنی «میدهم» در اظهارات حلیم تنویر، تسلیمی بدون رضایت است که توسل به زور می باشد.

۲. کشتار کهن سالان: نبود کهن سالان در یک گروه موجب کاهش ارزش های فرهنگی و اخلاقی می شود. رسم و رواج های اصیل گروه به جوانان انتقال نمی شود، فضای گروه را بی احترامی و خشونت و وحشت پر کرده توازن و موازنه زندگی را برهم می زند. به همین علت جانیان نسل کشی قتل یا حذف و انزوای سالمندان را از طریق نه رساندن کمک های لازم صحی، پخش وایروس و غیره،کهن سالان را از جامعه حذف می کنند.

متاسفانه وایروس کرونا ملیون ها فرد کهن سال را کشت که ضایعه بزرگ فرهنگی در جهان است.

۳. نابودی ارزش های فرهنگی: جانیان نسل کشی ارزش های فرهنگی گروه اجتماعی را به دو حصه تقسیم می کنند: ارزش هایی که مختص به گروه قربانی نسل کشی و بیانگر هویت آنها باشند، نابود می کنند و ارزش های عام گروه را برای گروه قومی خود شان به «غنیمت» می گیرند.

می رسیم به موضوع سوم که عبارت از عوامل و انگیزه نسل کشی است.

عوامل و انگیزه سیاسی نسل کشی

ریشه اصلی نسل کشی ها در قدیم جنبه های اقتصادی داشت که بخاطر آسایش خود دیگران را از بین می بردند، به بردگی می گرفتند و محل زیست قربانیان را اشغال می کردند.

اما با رشد تمدن ها انگیزه نسل کشی به تدریج سیاسی شد و در قرن بیستم به سیستم تبدیل شد، موضوع و مضمون آن مشخصتر شد و برای اجرای آن میتود ها بوجود آمد. اما در افغانستان همان شیوه های قدیم و نو هردو جاری است.

پیش از قرن بیستم، نابودی کامل و بی چون و چرای قربانیان مطرح نبود، می توانست مشروط باشد. مثلا نسل کشی ارمن ها توسط ترکیهٔ عثمانی دارای شرط بود که اگر ارمن ها اسلام را می پذیرفتند، زنده می ماندند و از حقوق شان محروم نمی شدند. همچنان در دوره روسیه تزاری، قربانیان با پذیرفتن عیسوت نجات می یافتند.

اما در قرن بیستم شرایط برای نجات قربانیان از بین رفت و نابودی کلی و بدون چون و چرای آنها رویدست گرفته شد. زیرا انگیزه ها برای نسل کشی عمیقا سیاسی شد.

انگیزه های اجتماعی، فرهنگی، نژادی، قومی و دینی برای اجرای اهداف سیاسی گروه ِ حاکم برعلیه گروهی که قربانی نسل کشی است، زمینه سازی و اجرا می شود.

اگر در سابق پذیرش دین قربانی را از نسل کشی نجات میداد، اکنون با پذیرش سیاست ناممکن است. زیرا در پذیرش دین، کمیت دین باوران افزایش می یافت، اما در انگیزه سیاسی این کار ناممکن است. مثال نسل کشی افغانستان این حقیقت را ثابت ساخت که با پذیرفتن سیاست های دولت های مجاهد، طالب، کرزی و غنی، نسل کشی تشدید شد و زمینه های بیشتر کشتار و محرومیت هزاره ها گسترش یافت.

اشتراک «نماینده» های قوم قربانی در دولت، روند نسل کشی را تشدید و به مراتب پیچیده تر ساخت.

موضوع در جنبه سیاسی نسل کشی ایجاد شرایط لازم برای اجرای جنایت

نسل کشی است که در اجرای دو کار مهم عملی می شود.

یک: وارد کردن اتهام سنگین بر قربانیان پیش از اجرای جنایت: اجرا کننده های نسل کشی جرم را بطور آنی و تصادفی اجرا نمی کنند، اول قربانیان به کار خلاف منافع مردم متهم می شوند، تا بتدریج در جامعه مضر معرفی شده، منفور شوند و در انزوار قرار بگیرند. مثلا:

ـ در جرمنی، یهودی ها متهم به انحصار اقتصاد و اشغال جهان شده بودند.

ـ در ترکیه اتهام تضعیف و سرنگونی ترکیه عثمانی

ـ در روندا، عقده قدرت به دست اقلیت توتسی و محرومیت اکثریت هوتو ها به تحریک کشور استعماری بلژیک

ـ در افغانستان مردم هزاره در ساحات خود حکومت های محلی داشتند که توسط میرهای هزاره اداره می شدند. خصوصیت اتهام برای نسل کشی مردم هزاره در افغانستان در امتداد ۱۳۶ سال همواره تغییر کرده است و مراحل مختلف دارد. با تکفیر کردن، صدور فتوا و سایر شیوه ها، مردم هزاره را متهم می کردند. این موضوع در بحث های بعدی تشریح خواهد شد.

دو: ایجاد شرایط لازم برای اجرای نسل کشی که معمولا توسط دولت ها و نهاد های دولتی و فرادولتی انجام می شود. گروه های خود سر فاشیستی در اجرای کار شان آنقدر موفق نخواهند بود، اگر دولت ها از گروه های آسیب پذیر کشور شان که قربانی احتمالی نسل کشی باشند، حراست نمایند.

نسل کشی وقتی عملی می شود که دولت با اجرا کننده ها همکار باشد و یا اجرا کننده، خود دولت باشد. اجرا کننده ها زمینه های اجرای نسل کشی را آماده می کنند که مثال های آن قرارذیل است.

۱. برگزاری جنگ یا تعرضات نظامی که به بهانه های دینی، مذهبی و منافع ملی جنگ و بی ثباتی را بوجود می آورند و با استفاده از بی ثباتی بهانه ای برای اجرای نسل کشی را پیدا می کنند.

۲. نبودن سیستم نورم های جهانی تا اواسط قرن بیستم و عدم موجودیت مجازات از نسلَ کشی ها جلوگیری نمی شد. یعنی خلای حقوقی در جهان، زمینه های نسل کشی را مساعد ساخته بود و حالا تناقضات، و عدم اجرای قانون آنرا ممکن می سازد.

۳. عدم مداخله قدرت دولتی در جلوگیری از نسل کشی و بی تفاوتی آنها در

اجرای نسل کشی توسط قدرت های محلی یا نظامیان هم زمینه اجرای آن را مساعد می سازد. اگر در ولایت، منطقه، محل یک کشور وضع بی ثبات شود و قدرت مرکزی در مقابل آن بی تفاوت بماند، در حقیقت حکومت مرکزی در زمینه سازی نسل کشی شریک است. زیرا دولت که از اجرای وظیفه اش که دفاع از شهروندان می باشد، ابا می ورزد و زمینه ساز نسل کشی می شود.

۴. عدم مداخله نهاد های جهانی، قوای نظامی و سیاسی آنها بخاطر رعایت اصل احترام بر حاکمیت ملی کشور ها هم زمینه ساز نسل کشی شده می تواند. زیرا همه کشور ها دارای حاکمیت ملی استند که باید هم باشند. نهاد های جهانی و کشور های دیگر نمی توانند حاکمیت ملی کشورها را نقض کنند که در نتیجه نسل کشی صورت می گیرد. اما متاسفانه در افغانستان موضوع برعکس بود، حاکمیت ملی این کشور را نقض کردند تا نسل کشی ادامه داشته باشد.

۵. رشدِ ضعیفِ انستیتوت های دموکراسی، شفافیت در دولت هایی که در آن نسل کشی صورت می گیرد.

دقیقا مانند حکومت حامد کرزی و اشرف غنی که در کار شان شفافیت نبود، انستیتوت های دموکراسی، نهاد های حقوق بشری و سیستم رسانه ای وابسته به خارج بودند، نتوانستند از روند آشکار نسل کشی جلوگیری کنند.

۶. دولت وظیفه اش برای حراست از گروه های آسیب پذیر جامعه را انجام نمی دهد. باز هم مانند حکومت های حامد کرزی و اشرف غنی که از گروه های آسیب پذیر کشور نه تنها حراست نمی کردند، بلکه اقدامات جدی را برای آسیب پذیری بیشتر آنها انجام می دادند و اجرا کننده های نسل کشی را حمایت و تقویت می کردند.

۷. در چهارچوب جنبه سیاسی نسل کشی، نسل کشی غیر مستقیم، نسل کشی خاموشانه، نسل کشی پنهانی و شیوه های کشف ناشده نسل کشی وجود دارد که اجراکننده ها در روند اجرای آن می توانند در بیرون از مرزهای کشوری باشند، یا زیر سایهٔ عقاید مذهبی، فرقه ای، تعصب کور بدویی ـ قومی و حلقات پیچیده استخباراتی پنهان شده باشد که این موضوعات تا حد لازم در سخنرانی های بعدی تشریح خواهد شد.

جوانب روانشناسی در مراحل اجرای نسل کشی

خواننده های گرامی! موضوع چهارم را از چند پرسش آغاز می کنم .

فرایند های عادی فردی و اجتماعی چطور می توانند آسیب پذیر شوند؟
کدام شرایط اجتماعی و سیاسی برای اجرای آسیب پذیری فرایند های عادی فراهم می شود؟
چرا مردم عادی مرتکب یا تماشاگر جنایات وحشتناک می شوند؟
چرا انسان های متمدن به وحشت و قساوت رو می آورند؟
چرا گروه های انسانی که سال ها و حتی قرن ها زیست باهمی داشته اند، تشنه به خون یکدیگر شان می شوند؟

پاسخ به این پرسش ها را جنبه های روانشناسی نسل کشی می دهد. اجرای عمل نسل کشی آنی و تصادفی نیست، برای اجرای آن، انگیزه سازی و مداخلات جدی در فرایند عادی جامعه ضروری است. این دستکاری روندی است که جنبه های سیاسی، اجتماعی و روانی را طی می کند، تا ذهنیت اعضای گروه اجرا کننده و حتی ذهنیت جامعه را به خشونت و گروه قربانی نسل کشی را به آسیب پذیری آماده نمایند. مهمترین عنصر این روند، انسان زدایی یا حذف اصول و اخلاق انسانی گروه اجرا کننده است. زمانی که انسانیت از ذهن افراد گروهی برداشته شود، اجرای جنایت نسل کشی آسان می شود، وضعیت و حالتی ایجاد می شود که زمینه فعالیت گروه جنایتکار آماده شود و مقاومت جامعه در مبارزه با نسل کشی را برهم زده شود. عواملی که زمینه نسل کشی را آماده می سازد عبارت از بحران های بی ثبات کننده و تحولات سیاسی است که آسیب پذیری جامعه را مهیا می سازد. این عوامل توسط جنگ داخلی، کشتار جمعی، انقلاب، کودتا، شکست در جنگ میان کشور ها، قیام ضد استعماری بیشتر تبارز می کند. زمانی که قدرت مطلق بدست رهبران خودکامه و یا نخبه های متعصب بیاید، پذیرش، طاقت و حوصلهٔ مردم را از میان بر می دارد. از آنجاییکه روند نسل کشی بر اساس دسایس استوار است که حالت دوامدار دارد، سازمانده و رهبران نسل کشی دسایس شان را طوری برنامه ریزی می

کنند که به تدریج به نقطه اوج برسد و اجرای آنرا در بالا ترین نقطه آمادگی روحی و ذهنی عملی کنند.

برنامه سازان و اجراکننده های نسل کشی به وقت کافی نیاز دارند تا زمینه های اجرای نسل کشی را مرحله به مرحله آماده نمایند.

آنها بدون طی مراحل برنامه ریزی شده و سنجیده شده نمی توانند به هدف شان که اجرای نسل کَشی است، برسند. زیرا تغییر ذهنیت و روان گروه های ذیدخل در قضیه نسل کشی کار آسان نیست. آنها بالای سه دسته مردم کار های دقیق تبلیغاتی و عملی را انجام می دهند. این سه دسته عبارت از گروه اجرا کننده، گروه قربانی نسل کشی و مردم جامعه است.

برنامه سازان نسل کشی با کار دوامدار و هدفمند شان، اجرا کننده ها را برای تهاجم، قربانیان را برای آسیب پذیری و مردم را برای اشتراک یا حد اقل بی تفاوتی سوق می دهند.

نسل کشی در اکثر موارد جنایت دوامدار است. سال ها دوام می کند که روان جنایتکاران در کل و روان اجرا کننده های جنایت بطور اخص آماده شود. به راستی که این روند بسیار جالب است.

حالا که فهمیده شد، نسل کشی جنایت آنی نیست، به آمادگی و طی مراحل نیاز دارد، ضرور است که مراحل روانی نسل کشی را نیز بدانیم.

گریگوری ستینتون در ۱۹۹۶ مراحل روانشناسی شکلگیری و اجرای نسل کشی را به ده مرحله تقسیم نموده است. (۱۴)

من کوشش می کنم که با استفادۀ معقول از چهارچوب تهیه شده توسط ستینتون، سخن ها و مثال های خود را بیان کنم.

مرحله اول **طبقه بندی** است که مردم را به علایم قومی، مذهبی، طبقاتی و غیره تقسیم می کنند و بتدریج تفاوت هایی را میان گروه های جامعه بوجود می آورند. با ایجاد نفاق و خصومت، مرز های طبقه بندی را روشنتر و عمیقتر می سازند. برنامه سازان نسل کشی نفاق ملی را میان گروه های قومی، مذهبی و دیگر گروه ها دامن می زنند. جنگ های مجاهدین در افغانستان از نمونه های بارز نفاق ملی و تعمیم نفرت بود که با برنامه قبلا تهیه شده عملی شد.

مرحله دوم **نماد سازی** است. در این مرحله نماد هایی طرح و ترویج می شوند که شامل علایم، نشان ها، شعار ها، نامگذاری ها، برچسپ ها و لاک و مُهر های اند که با مطالعه دقیق جامعه شناسی و روانشناسی، طرح ، عملی

و عمومیت داده می شوند. مثلا: در روسیه گروه های مافیایی تبلیغ میکردند که «جوگی ها دزد هستند»، «یهودیان موذی اند»، «تاجیک ها مواد مخدر را می فروشند» .

در افغانستان می گویند که ازبک ها «کله خام» هستند. این برچسپ برای اجرای صدمه زدن بر هویت این مردم و نسل کشی آنها در آینده است که پس از پایان نسل کشی مردم هزاره رویدست گرفته خواهد شد، علایم نسل کشی فرهنگی ترکتباران افغانستان از دوره محمد گل مومند تا اکنون دیده شده است.

در نماد سازی نسل کشی در افغانستان که قربانی آن در قدم اول مردم هزاره است، برچسپ ها و نامگذاری های ذیل عمیقا تعمیم داده شده است:

ـ ازبک به ازبکستان، تاجک به تاجکستان و هزاره به گورستان

ـ هزاره جاسوس ایران،

ـ هزاره اولادهٔ چنگیز است.

ـ هزاره موشخوار،

ـ هزاره جوالی وغیره.

واضح و روشن است که این موضوعات خودبخودی و بدون انگیزه در زبان و گفتار مردم جامعه بوجود نمی آیند. برنامه سازان با مطالعه دقیق هر جامعه و گروه برچسپ ها و نامگذاری ها را طرح و در خور زبان مردم می دهند.

ـ استفاده از تبعیض، زمانی که گروه مسلط بر قانون و قدرت سیاسی برای نفی حقوق گروه قربانی نسل کشی استفاده می کند.

ـ انکار از حقوق گروه های قربانی نسل کشی.

برنامه سازان و اجرا کننده های نسل کشی، قربانیان نسل کشی را از ساحه تطبیق قانون اساسی خارج می سازند، از حقوق اساسی آنها انکار می کنند. عدالت در مورد گروه قربانی تطبیق نمی شود، ارزش های شهروندی اعضای گروه قربانی پایمال می گردد، تبعیض قانونی شده و به نسل کشی مشروعیت داده می شود.

ـ گسترش قدرت توسط گروه انحصار گر: گروه انحصار گر خود را به قدرت نزدیک می سازد و یا قدرت را بدست می گیرد. بهترین مثال آن در دوره حکومت اشرف غنی است که متعصب ترین افراد از یک قوم قدرت دولتی حکومت دست نشانده غرب را انحصار کردند و با استفاده از ابزار دولتی مانند

شورای امنیت، دلخراش ترین صحنه های نسل کشی مانند فاجعه دهمزنگ را عملی کردند.

ـ مشروعیت بخشیدن به قربانی شدنِ گروه ضعیف، در این مرحله صورت می گیرد. کوشش می شود که تبعیض عمل مشروع و ضروری برای حراست از منافع جامعه نشان داده شود تا به تدریج به ذهنیت افراد جامعه جابجا گردد.

ـ در جلب اعتماد مردم برای تعمیم تبعیض از همه امکانات دولتی استفاده می شود.

مرحله انسان زدایی: انسان زدایی مهمترین مرحله روانشناسی نسل کشی است که که اجرای این جنایت، بدون طی این مرحله ناممکن است.

زمانی که انسانیت ، احساس و عواطف انسانی از جامعه برداشته می شود. افراد گروه اجرا کننده به موجودات وحشی، بی رحم، قسی القلب و درنده تبدیل می شوند.

موجودیت قساوت و بی رحمی در روح و روان اجرا کننده ها ساده نیست، بلکه کار دوامدار تخصصی و مصارف می خواهد.

ـ انکار از انسانیت گروه قربانی وقتی میسر می گردد که انسانیت از ذهن و روان گروه اجرا کننده زدوده شود، مانند گروه داعش، القاعده و غیره.

ـ کوشش می شود که اعضای گروه قربانی با حیوانات، انگل ها، حشرات یا بیماری ها نسبت داده شوند. این کار برای پایین آوردن ارزش انسانی گروه قربانی تعمیم می گردد تا تبعیض را عمیق تر بسازند، مقاومت جامعه در مقابل نسل کشی را از میان بردارند و اجرای نسل کشی را سرعت و سهولت ببخشند.

ـ تبلیغات نفرت هم در این بخش نقش دارد تا با استفاده از تبلیغات، گروه قربانی را منفور و نابکار معرفی کنند. در تبلیغات بر بی ارزش بودن، ضعیف بودن و کثیف بودن گروه قربانی تاکید شود.

ـ دادن آموزش به گروه اجرا کننده در باره قربانی گویا کثیف، مضر و بی ارزش که جامعه از آن باید پاک سازی شود.

موضوع بعدی مرحله روانی نسل کشی، **سازمان** است.

برای اجرای هر کاری میکانیزمی ضرورت است. برای اجرای نسل کشی هم سازمانی باشدکه روند نسل کشی را آغاز، پیگیری و انجام نماید.

قراریکه دیده شده، معمولا دولت ها در اجرای نسل کشی جای خالی سازمان را پر می کنند، یا گروه های اجراکننده خود را به قدرت نزدیک ساخته،

حکومت را به همکار خود تبدیل می کنند و یا خود قدرت را بدست گرفته نسل کشی را عملی می سازند. نسل کشی در آلمان بهترین مثال آن است که فاشیست ها بعد از گرفتن قدرت، نسل کشی یهودی ها را اجرا کردند.

دولت یا سازمان های اجرا کننده می توانند گروه های تروریستی، شبه نظامیان و ملیشه ها باشند. در کشور های بی ثبات مانند افغانستان دولت می تواند برای اجرای نسل کشی با گروه های تروریستی در معامله های پنهانی یا علنی عمل نمایند و سازمانده و اجرا کننده نسل کشی باشد.

همچنان دولت ها می توانند گروه های تروریستی را در خاک خود یا بیرون از مرز ها آموزش بدهند و برای اجرای نسل کشی آماده نمایند. مثال خوب آن پاکستان و افغانستان است.

مرحله بعدی **قطبی سازی** جامعه است.

در این مرحله مردم جامعه به قطب های متضاد دسته بندی می شوند.

در قطب بندی موانع و تابو ها ایجاد می شوند تا مناسبات و روابط مردم را قطبی بسازند و بر قطب بندی تداوم ببخشند.

بهترین مثال تابو سازی قطب بندی منع ازدواج با قطب مخالف است. مثال خوب آن در افغانستان منع ازدواج پسر هزاره با دختر سادات است. این تابو بسیار جالب و در عین حال مضحک است. دو انسانی که با هم توافق ازدواج داشته باشند، تعلقیت خونی نباید مانع آنها شود. این تابو هیچ نوع مشروعیت قانونی اخلاقی و انسانی ندارد. تنها تابوی است که برای قطبی شدن جامعه به ضرر مردم هزاره تعمیم گردیده و کار دور مدت تابوسازی و قطبی سازی نسل کشی است.

در قطبی سازی چیزی مهمی که باید گفته شود اینست که افراد قطب قربانی باید خلع سلاح باشند، در نیروهای نظامی کار نکنند، برعکس، اجرا کننده های نسل کشی باید مسلح باشند و امکانات مادی و قدرت دولتی را در اختیار داشته باشند. بهترین مثال این نوع قطبی سازی افغانستان است که ملل متحد توسط نهاد «دی دی آر» نیروهای نظامی هزاره ها را خلع سلاح کردند و خلع سلاح اقوام دیگر نمایشی بود. اما تروریست ها و کوچی ها را مسلح کردند. خواننده های عزیز شما بگویید خلع سلاح کامل یک قوم با مصارف خارجی و مسلح سازی گروه های متخاصم مقابل توسط حکومت دست نشانده خارجی چه معنی دارد؟ آنها دو قطب قومی را ایجاد کردند،تا یکی را تقویت

و دیگری را تضعیف نموده، آماده قربانی نمایند.

آیا سرکوب مردم بهسود که از خانه و کاشانه شان دفاع می کردند و رهایی حدود هفت هزار تروریست و انتحاری توسط اشرف غنی از زندان، قطبی سازی مطلق و انکار ناپذیر نیست؟ آری، ایجاد قطب های متضاد در جامعه و سرکوب قطب قربانی از حلقات زنجیره مراحل نشل کشی است.

مرحله بعدی **آماده سازی** است.

آمادی سازی بعد از طی مراحل که گفته شد، شرایط را برای آمادگی اجرای نسل کشی مساعد می سازد.

در این مرحله برنامه ریزی نسل کشی توسط رهبران قاتل معمولاً مخفیانه صورت می گیرد و با روش های ذیل عملی می شود.

ـ طرح های کشتار جمعی

ـ طرح پاکسازی

- ساختن ارتش و گروه های مسلح

ـ ایجاد ترس و وحشت

ـ ایجاد گروه ها در داخل گروه های قربانی

ـ در پایان این مرحله، روند تدریجی و خاموشانه نسل کشی به پایان می رسد و روند نسل کشی در مراحل طوفانی، علنی و عملی قرار داده می شود.

مرحله **آزار، شکنجه و تعقیب**: در این مرحله آزار و اذیت ، تجاوز جنسی بر افراد گروه قربانی، ترور نخبه ها و اعضای فعال گروه قربانی مانند کارمندان رسانه ها، تخریب ارزش های فرهنگی و دینی، مانع شدن از اجرای مناسک دینی با تهدید، در خط اول برنامه اجرا کننده ها قرار میگیرد.

همچنان در این مرحله، تکه تکه کردن اجساد، تجاوز جنسی، تخریب ارزش های فرهنگی و دینی تشدید می گردد.

مرحله **نابودی**: در مرحله نابودی اجراکننده ها به تهاجم آماده شده یا حملات شان را آغاز کرده اند، گروه قربانی به آخرین مرحله آسیب پذیری رسیده و حاضر است که قربانی نسل کشی شود و افراد جامعه هم تا حدی با اجرای جنایت موافق شده اند یا در اجرای نسل کشی توسط اجرا کننده ها، بی تفاوت ساخته شده اند.

در این مرحله کار های ذیل انجام می شود.

ـ حفر کردن گورهای دسته جمعی

ـ سوختاندن اجساد

ـ پنهان کردن شواهد و مدارک

ـ ترساندن و نابودی شاهدان و کارمندان رسانه ها

ـ جلوگیری از رسیدگی و بررسی جنایات

ـ اجرا کننده های نسل کشی جلو رسیدگی به جنایات را می گیرند، تا زمانی که فرار کنند، تبعید شوند یا با زور از قدرت بر کنار گردند، مانند پل پوت یا ایدی امین، مگر اینکه دستگیر شوند و دادگاهی برای محاکمه آنها تشکیل شود.

مرحله **انکار از نسل کشی** :   انکار از نسل کشی مرحله ای است که بعد از اجرای آن انجام می شود.

اجرا کننده های نسل کشی اقدامات جدی را برای انکار از جنایت شان رویدست می گیرند تا جرم شان را مخفی نموده و از اجرای آن انکار کنند. اما نسل کشی هزاره ها در افغانستان که طولانی ترین نسل کشی در جهان است، هم ادامه دارد و هم در سطح ملی و بین المللی از آن انکار می شود. شیوه اجرایی این مرحله قرار آتی است.

ـ گور های دسته جمعی

ـ سوزاندن اجساد قربانیان نسل کشی

ـ انداختن تقصیر به گردن قربانیان قربانی

ـ نابودی آثار و مدارک جرمی

ـ وغیره

عاملان نسل کشی تلاش می کنند تا شواهد را پنهان کنند و شاهدان را بترسانند. آنها ارتکاب هر گونه جنایتی را انکار می کنند و قربانیان را مقصر آنچه اتفاق افتاده می دانند.

اما هر قدر کوشش شود که آثار جرمی را محو کنند، آثار و مدارک مادی و معنوی باقی می ماند. این بود ده مرحله روانشناسی نسل کشی.

پدیده نسل کشی فرهنگی و تبارز آن در افغانستان

نسل کشی فرهنگی عبارت از نابودسازی ارزش های فرهنگی گروه معین اجتماعی است.

نسل کشی فرهنگی در متن کنوانسیون جلوگیری نسل کشی و مجازات آن

موجود بود، اما پیش از تصویب حذف شد. زیرا کشور های بزرگ نخواستند که در آینده به این جنایت متهم شوند. این موضوع خلای بزرگ را در اجرای عدالت در سیستم قضایی بین المللی بوجود آورده است که در سخنرانی های بعدی به آن بر می گردیم. اما انتقال کودکان از یک گروه به گروه دیگر به معنی از بین بردن زبان همان گروه است که به نسل کشی فرهنگی تمام می شود.

برعلاوه در ماده هفتم اعلامیه سازمان ملل متحد در باره حقوق مردمان بومی در۱۹۹۴ واژه نسل کشی فرهنگی بکار برده شده است. در بند اول این ماده از فرهنگ، ارزش های فرهنگی و هویت مردمان بومی حمایت شده است.

در ماده ذکر شده اقدامات ذیل جرم نسل کشی پنداشته شود.

ـ هر کاری که فرهنگ و ارزش فرهنگی، موجودیت و هویت و اصالت آنها را تهدید کند.

ـ ملکیت، منطقه و منابع آنها

ـ بی جا سازی که حق آنها تلف شود.

ـ هر نوع شکل ادغام کردن با دیگران.

ـ هر نوع تبلیغاتی که بر خلاف آنها باشد. (۱۵)

سیاست نسل کشی عبارت از اجرای عمدی یک سلسله اعمال ظالمانه است که در نابودی گروهی معین انسان ها جهت داده شود و بر اساس امتناع از موجودیت آنها و انکار از حقوق شان رویدست گرفته شود. البته عامل سیاست نسل کشی فرهنگی بیشتر دولت ها و نیروهای متخاصم در حال جنگ می باشند.

مهمترین بخش نابود سازی که در مورد فرهنگ مربوط به گروه قربانی انجام می شود، عبارت از منع استفاده از زبان مادری؛ منع اجرای مراسم ملی و مذهبی، تخریب ارزش های فرهنگی است، مانند تخریب مجسمه ها، کتابخانه ها و آثار ارزش های هنری و تاریخی است.

محدود سازی در ساحه فرهنگی، بویژه در بخش تحصیلات عالی در وقت اشرف غنی مانند سهمیه سازی کانکور برای جلوگیری شمولیت فرزندان هزاره در نهاد های تحصیلات عالی بود.

برگزاری امتحان کانکور برای شمولیت به دانشگاه در دایکندی

در پایان سخنرانی اول، بجای نتیجه گیری از این بخش، می توان گفت که روپوش جنایت نسل کشی تعصبات دینی و قومی، تبعیض نژادی و دینی، غرض های مالی، جنسی افراد اجراکننده است، اما در عقب آنها گروه و نهاد های دولتی، دینی، قومی و مافیایی قرار دارند. در شرایط کنونی نسل کشی مانند ابزاری برای اجرای سیاست های بزرگ جهانی استفاده می شود. مافیای جهانی برای تغییر جغرافیا، دامن زدن نفاق ملی در کشور های ضعیف، بدنامی حکومت ها، ملت ها و تغییر رژیم و استقرار حکومت های دست نشانده از اجرای نسل کشی استفاده ابزاری می کنند.

جنایت نسل کشی آخرین مرحله انحطاط اخلاق، حقوق، سیاست و تمدن ها است. این انحطاط از بطن کشور های بیرون آمده است که ادعای ترویج و تعمیم دموکراسی در جهان را دارند، اما برای منافع شان از همه کار ناروا، منجمله نسل کشی بهره برداری می کنند.

این بود صحبت اول که جنبه های عام دارد. هدف از این صحبت معرفی کلی نسل کشی است.

در صحبت های بعدی داخل موضوع تیوریک حقوقی نسل کشی می شویم.

مأخذ و منابع:

۱. رافایل لیمکین، متحدین در اروپای اشغالی، ۱۹۴۴، ص ، واشنگتن

۲. اتهامنانه تریبونال نورنبورگ برای مجازات فاشیستان، المان، ۱۹۴۵

۳. قطعنامه ملل متحد، کنوانسیون جهانی جلوگیری و مجازات نسل کشی، ۱۹۴۸م

۴. ماده دوم کنوانسیون جلوگیری و مجازات نسل کشی، ۱۹۴۸م

۵. اساسنامه تریبونال نظامی، فقره بی،

۶. اساسنامه تریبونال نظامی، فقره سی،

۷. باروخ کیمرلینگ، انهدام سیاسی، ترجمه حسن گلرخ، ۱۳۸۳ هش (۱۹۰۴م)

۸ میثاق بین المللی حقوق سیاسی و مدنی، دسمبر ۱۹۶۶ م

۹. اساسنامه روم دادگاه کیفری بین المللی در ۱۷ ژوئیه ۱۹۹۸.

۱۰. میثاق بین المللی حقوق مدنی و سیاسی ۱۶ دسامبر ۱۹۶۶ و پروتکل اختیاری آن در ۱۹ دسامبر ۱۹۶۶ مجموعه معاهدات بین المللی، قراردادهای جهانی. سازمان ملل متحد، جنیو. ۱۹۹۴.

۱۱. اساسنامه دادگاه نظامی بین المللی برای محاکمه و مجازات جنایتکاران جنگی اصلی محور اروپا، ۸ اوت ۱۹۴۵. // دادگاه نورنبرگ. مجموعه مطالب در هشت جلد، انتشارات «ادبیات حقوقی». ۱۹۹۹.

۱۲. کنوانسیون سرکوب و مجازات جنایت آپارتاید ۳۰ نوامبر ۱۹۷۳ // مجموعه معاهدات بین المللی، بخش‌های ۱، ۲

۱۳. اساسنامه رم دادگاه کیفری بین المللی در ۱۷ ژوئیه ۱۹۹۸ // مجموعه معاهدات بین المللی، بخش‌های ۱، ۲.

۱۴.گریگوری ستانتون، مراحل روانی نسل کشی، برگه انترنیتی دیدبان نسل کشی https://www.genocidewatch.com/tenstages

۱۵. ماده هفتم اعلامیه سازمان ملل متحد در باره حقوق مردمان بومی در۱۹۹۴

سخنرانی دوم
ترکیب بندی جنایت قتل و مقایسه آن با ترکیب بندی جنایت نسل کشی

۱. ترکیب بندی عناصر جرمی قتل

۲. ترکیب بندی عناصر جرمی جنایت نسل کشی

۳. مقایسه ترکیب بندی عنصر جرمی قتل و جنایت نسل کشی

خواننده های گرامی درود بر شما

در سخنرانی اول تصور عمومی و درک لازم در باره نسل کشی، تفاوت و مقایسه آن با پدیده های مشابه با نسل کشی، عوامل سیاسی و جنبه های روانشناسی و همچنان در مورد اقسام و شکل های اجرای نسل کشی تشریحات لازم داده شد.

اینک در سخنرانی دوم با نگرش عمیقتر تئوریکی ترکیب بندی جنایت نسل کشی را مورد بررسی قرار می دهیم. این سخنرانی جنبه های عمیقِ حقوقی دارد، زیرا در آن به سوال مهمی پاسخ داده می شود که چرا تنها کشتار هزاره ها در افغانستان نسل کشی است و کشتار دیگران هنوز نسل کشی نیست. قسمیکه گفته شد، عنوان سخنرانی دوم «ترکیب بندی جنایت قتل و مقایسه آن با ترکیب بندی جنایت نسل کشی» است.

برای سهولت درک موضوعات مسلکی و حقوقی ترکیب جرمی جنایت قتل را تشریح و سپس ترکیب بندی جنایت نسل کشی را با آن مقایسه می کنیم. سوال؟

چرا جنایت قتل را برای مقایسه با نسل کشی انتخاب کردم؟

جواب:

ـ زیرا مهم ترین هدف اجرای نسل کشی از طریق قتل و کشتار جمعی و انفرادی انجام می شود.

ـ زیرا قتل جرم ثقیل است که مهمترین ارزش انسان یعنی هستی و موجودیت

وی را مورد تجاوز قرار می دهد که از نسل کشی هم همینطور است.

ـ زیرا عناصر جرمی قتل واضح است و شناسایی آن برای افراد عادی آسانتر می شود.

ـ زیرا هم قتل و هم نسل کشی ویژه گی های همسان دارند که هدف قاتل و اجرا کننده نسل کشی نابودی انسانها با انگیزه های مختلف است.

ترکیب بندی جنایت در مثال قتل: در علوم حقوق، بخش مهمی بنام تیوری حقوق است که بر مبنای آن مهمترین معیار ها، مفاهیم، اصول بخش های حقوق و روابط آنها با علوم حقوقی دیگر را مورد مطالعه دقیق علمی قرار می دهد.

تیوری حقوق هر جرم را در چهار عنصر ترکیبی آن مطالعه می کند که عبارت از موضوع جرم، عنصر عینی جرم، عنصر ذهنی جرم، عامل یا اجرا کننده جرم است.

یعنی این عناصر چهارگانه دارایی مفاهیم و معیار هایی اند که اجرای جرم در ترازوی آنها وزن می شود و در صورت عدم موجودیت معیار های لازم اجرای جنایت مفهوم و محتوای دیگری را بخود می گیرد.

موضوع اول: ترکیب بندی عناصر جرمیِ قتل
عنصر اول: موضوع جرم قتل

۱. موضوع اصلی زندگی انسان است.

۲. موضوع فرعی در صورت سؤ قصد: بر قتل سلسله ای از مناسبات اجتماعی مورد تجاوز قرار می گیرد. صحت ، تمامیت جسمانی، آسایش ، خسارات روحی مانند ترس، تشویش و خود را خطر دیدن و غیره.

باید یادآور شد سو قصد عبارت از جرمی است که اجرا کننده همه امکانات و شرایط را برای اجرای قتل انجام داده و می خواسته که قربانی را به قتل برساند، اما بنابر عواملی که خارج از کنترول قاتل بوده به کشتن وی موفق نشده است.

دوم: عنصر عینی جرم

عمل جرمی، رفتار، اجراآت، امتناع وغیره که جنبه عینی، مادی و عملی داشته باشد، مانند شلیک کردن، حمله با اسلحه جارحه، مسموم کردن، وارد کردن ضربه، وغیره، یعنی در موضوع جرمی خسارات لازم وارد شده باشد، مانند

کشته شدن.

سوم: عنصر ذهنی جرم: عنصر ذهنی جرم که جنبه ذهنی داشته باشد، یعنی چیز هایی که در ذهن اجرا کنندهٔ جرم برای اجرای آن شکل می گیرد. مانند:

ـ قصد جرمی، نیت برای اجرای جرم

ـ موجودیت تقصیر و گناه

ـ پیامد عمل جرمی را درک کرده باشد.

مثال: اگر کسی «روباتی» را برای کشتن کسی برنامه سازی و عمل قتل را در ذهن هوشمند وی جاسازی کند، آیا می توان «روبات» را اجرا کننده جرم یا قاتل دانست؟

بیایید همین مثال «روبات» را با افراد انتحاری که بخش زیاد کشتار های نسل کشی توسط آنها اجر شده مقایسه کنیم. انگیزه جرمی انتحاری به مثابه روبات گوشتی رسیدن به حور و غلمان بهشت است، آنها قادر به درک پیامد های جنایی یا سیاسی نسل کشی نیستند. پس اجرا کننده نسل کشی با استفاده از افراد انتحاری، کسانی اند که این «روبات» های زنده را ساخته اند و از آن در اجرای نسل کشی استفاده کرده اند. ساخت انتحاری و انسان زدایی آنها هم کار ساده نیست از عقل و امکانات طالبان و سایر گروه های تیزرو بالا است. در این مورد در سخنرانی سوم و پنجم برمی گردیم.

عنصر چهارم: عامل جرم، اجرا کننده یا اجرا کننده های جرم.

کی می تواند اجرا کننده جرم باشد؟

ـ سن معین را که در قانون جزای هر کشور تعیین شده داشته باشد. سن معین در جرم قتل در اکثر کشور ها ۱۶ ساله است، اما در حقوق جزای بین المللی سن قانونی جرایم سنگین در ۱۸ سالگی تکمیل می شود.

ـ سلامتی روحی و روانی: اجرا کنندهٔ قتل باید شخص سالم باشد، به بیماری یا اختلال روانی و عقلی مبتلا نباشد.

بعد از تشریح عناصر ترکیبی جرم قتل، ترکیب بندی جنایت نسل کشی را با عناصر چهار گانه عمل جرمی بررَسی می کنیم. در این بخش جنایت نسل کشی بطور دقیق و تخصصی مورد شناسایی قرار می گیرد و این معلومات به ما کمک می کند که جنایت های اجرا شده در افغانستان و هر جایی دیگر را تفکیک نماییم که آیا این جنایات عناصر نسل کشی را دارد یا خیر؟

با درک دقیق ترکیب بندی جنایت نسل کشی به این سوال پاسخ روشن داده می شود که چرا جنایت های انتحاری در آموزشگاه ها و عبادتگاه های مربوط به هزاره ها، در کابل نسل کشی است، اما جنایت انتحار و انفجار در شفاخانه چهار صد بستر کابل در مارچ ۲۰۱۷م که ۷۹ نفر کشته و صد زخمی داشت، نسل کشی نیست، جنایت علیه بشریت است. زیرا قصد اجرا کننده ها کشتن افراد مربوط به گروه اجتماعی معین(قومی، ملی، نژادی و دینی) نبود؛ هدف و انگیزه جرمی در اینجا ایجاد بی ثباتی و نا امنی و حمله بر یک نهاد نظامی بود؛ قربانیان از همه گروه بودند، مانند کشتار هزاره ها سیستماتیک نبود و عنصر جرمی نسل کشی در آن دیده نمی شود.

به موضوع اصلی بر می گردیم که ترکیب بندی جنایت نسل کشی است.

موضوع دوم: ترکیب بندی جنایت در جرم نسل کشی قرار ذیل است

اول: موضوع جرم نسل کشی: موضوع جرم یعنی چیزیکه عمل جرمی بالای آن اجرا می شود.

موضوع عام جرمی در جرم نسل کشی مواردی است که در ماده دوم کنوانسیون جلوگیری از نسل کشی تعریف و تشریح شده است و در ماده سوم کنوانسیون اعمال قابل مجازات این جرم را بیان کرده است.

موضوع نسل کشی بطور مشخص می تواند مناسبات، مالکیت، حقوق و آزادی ها، صحت ، تمامیت جسمانی، آسایش وغیره مربوط به گروه های قومی، ملی ، نژادی و دینی باشد.

زندگی ، موجودیت، تمامیت مادی و معنوی این گروه ها در این جمعبندی قرار دارند. در اینجا ضروری است که تعریف حقوقی گروه های اجتماعی را که موجودیت شان موضوع جنایت نسل کشی است بدانیم.

معرفی گروه های قربانی جرم نسل کشی قرار آتی است:

۱.گروه قومی: گروه اتنیکی مشترکات تاریخی و اجتماعی بر اساس فرهنگ مادی و معنوی داشته باشند. مانند هزاره، ازبیک، تاجک وغیره.

۲.گروه ملی: تعدادی از اقوام که از دید تاریخی دارای خاک و ساختمان دولتی مشترک باشد.

۳.گروه نژادی: گروه شکل گرفته در امتداد تاریخ که دارای اناتومی میراثی

باشد. مثلا: رنگ پوست، ساختمان بدن، قدو قامت وغیره.

۴.گروه دینی: گروه های دینی از ادیان جهانی مانند اسلام، عیسویت و بودیزم و گروه کوچک مربوط به ادیان مانند سنی، شیعه، اسماعیلیه وغیره.

در افغانستان نسل کشی جنبه قومی و مذهبی دارد که قوم هزاره و مذهب شیعه را هدف قرار داده است.

دوم: عنصر عینی جرم نسل کشی: عمل جرمی نسل کشی در رابطه با یک یا چند شخص انجام شده باشد. عملی که مناسبات و ارزش های تعیین شده در ماده دوم کنوانسیون جلوگیری نسل کشی و مجازات آنرا نقض کرده باشد. یعنی عمل عینی خارج از ذهن انسان انجام شده و خساراتی را به بار آورده است.

ماده دوم کنوانسیون جلوگیری از ژینوساید و مجازات آن

۱. قتلِ اعضاء آن گروه.

۲. صدَمه شدید نسبت به سلامت جسمی و یا روحی افراد آن گروه.

۳. قراردادن عمدی گروه در معرض وضعیت زندگانی نامناسبی که منتهی بزوال قوای جسمی کلی یا جزئی آن شود.

۴. اقداماتی که به منظور جلوگیری از تولد و تناسل آن گروه صورت گیرد.

۵. انتقال اجباری اطفال آن گروه به گروه دیگر. (۱)

ماده سوم کنوانسیون جلوگیری و مجازات نسل کشی

۱. (ژنوساید) نسل کشی.

۲. تبانی بمنظور ارتکاب ژنوساید.

۳. تحریک مستقیم وعلنی برای ارتکاب ژنوساید.

۴. شروع به ارتکاب به ژنوساید.

۵. شرکت در جرم ژنوساید. (۲)

در صورت اجرای جرم، حجم موارد عینیت جرم و خسارات وارده مهم نیست، بلکه وارد شدن اتهام مهم است.

عنصر عینی جرم در ایجاد محدودیت های شرایط زندگی برای قربانیان نسل کشی عبارت اند :

ـ منع رابط جنسی گروه مشخص با قربانیان نسل کشی،

ـ منع ازدواج با گروه های ذکر شده در ماده دوم کنوانسیون جلوگیری و مجازات نسل کشی.

ـ خسارات به بارداری زنان از راه جراحی، کیموتراپی، و داروهای طبی

ـ سرکوب عملکرد جنسی خساره به آلت جنسی

ـ انتقال اجباری کودکان گروه قربانی نسل کشی به گروه های دیگر

ـ کوچ اجباری و بی جا ساختن

ـ واگذاری گروه در شرایط ناگوار طبیعی بیگانه البته با کوچ اجباری فرق می کند

ـ تغییر دادن و ایجاد شرایط زندگی که هدف نابودی گروه اجتماعی معین باشد.

نوت: ایجاد شرایط زندگی در شرایط ناگوار بیگانه عبارت است از:

ـ آلوده ساختن محل به مواد کیمیاوی، زهری، میکروبی است.

ـ اعمال ممنوعیت در فعالیت ها که نتیجه آن موجودیت گروه را به خطر اندازد.

ـ تخریب خانه ها، محروم ساختن از لباس، انداختن به گرسنگی، مجبور ساختن به کار طاقت فرسای فزیکی.

مثال های آن تخریب خانه های هزاره ها در بهسود، دایمیرداد، ناهور، مالستان و دایکندی است.

سوم: عنصر ذهنی جرم نسل کشی:

ـ عامل جرم باید بداند که عمل خطرناک اجتماعی را انجام می دهد. قصد عمدی برای وارد کردن خسارات جدی جسمی و روحی گروه های اجتماعی (قومی، ملی، نژادی و دینی) داشته است.

ـ او خواسته است که این عمل را انجام دهد. یعنی نیت، قصد اراده اجرای آنرا داشته است. آگاهانه و عمدی عمل جرمی را انجام داده و پیامد وقوع آنرا بداند و بخواهد که این پیامد تحقق یابد.

عنصر ذهنی اجرای نسل کشی پیوند نزدیک با انگیزهٔ جرمی دارد.

ـ هدف آن محو گروه های نژادی، ملی، قومی و دینی/مذهبی بوده است.

خلا ها و تناقضات در حقوق بین المللی عنصر ذهنی نسل کشی در افغانستان را آنقدر پیچیده ساخته است که در چهارچوب علوم حقوقی بین المللی کنونی کار دشوار است. تنها آنرا در چوکات پژوهش و ادبیات علمی باید بررسی کرد. برای بررسی دقیقتر، این موضوع را در سخنرانی سوم دنبال خواهیم کرد.

رکن چهارم: عامل یا اجرا کننده نسل کشی:

اصل مسئولیت فردی: شخصیت فزیکی بدون در نظر داشت تعلقیت اجتماعی، مقام دولتی و غیره تعلقیت شخصی که مستقیم یا توسط کس دیگری در جرم اشتراك داشته باشد.

با تاسف در خلایی که در حقوق بین المللی وجود دارد، عامل جرم نسل کشی تعریف و تشریخ روشن ندارد. اما بنام های هرفرد یا هر کس وغیره از آن یاد می شود.

علامهٔ دیگر عامل نسل کشی سن قانونی است که در حقوق جزای بین المللی سن ۱۸ سالگی تعیین شده است. اما اگر عامل در کشور خود مطابق سن قانونی مطابق قانون جزای کشوری مجازات شود، در آنصورت سن قانونی در قانون جزای کشور مطبوع تعیین می شود.(۳)

علامه مهم عامل نسل کشی سلامت عقلی او است.

اجرا کننده باید خطرات و وخامت کار جرمی اش را درك کرده بتواند و عمدی آنرا اجرا کرده باشد.

بیماری یا اختلال روانی و عقلی نباید شخص عامل را از درك عمل جرمی اش محروم ساخته باشد.

نکته مهم در باره عامل نسل کشی این است که مجازات شخصیت های حقوقی مانند دولت ها و گروه های تروریستی و نهاد های استخباراتی در حقوق بین المللی وجود ندارد، اما خوشبختانه در ادبیات علمی و تحقیقی وجود دارد و دانشمندان حقوق همواره بالای این مساله کار می کنند.

اجرا کننده یا عامل نسل کشی باید مشخصات ذیل را داشته باشد:

ـ شخصی باشد که به سن معین جوابدهی رسیده باشد، سن معین از قانون کشور مطبوع مجرم تعیین می شود.

ـ امراض روحی و روانی نداشته باشد. تصمیم اجرای عمل جرمی را با عقل سالم گرفته باشد.

ـ پیچیدگی اجرا کننده نسل کشی در افغانسنان در کثرت و تعدد آنها است. مثلا: القاعده، طالب، داعش، حکومت، استخبارات، کشور های خارجی وغیره.

تعریف اجرا کننده جرم نسل کشی از جنجالی ترین مساله در حقوق بین المللی است. زیرا ماده سوم کنوانسیون منع و مجازات نسل کشی تنها شخصیت

حقیقی را سزاوار مجازات می داند. یعنی دولت ها نهاد های تروریستی، استخباراتی و سازمان هایی که نسل کشی را طرح و تمویل می کنند مجازات نمی شوند. به این موضوع در سخنرانی سوم که در باره تناقض و خلای حقوق بین المللی است، برمی گردیم.

بررسی عاملین و اشتراک کننده های نسل کشی در مجموع و در نسل کشی افغانستان به طور اخص موضوعی است که تا اکنون بالای آن کار نشده است. خواننده های گرامی ! امید وار هستم که با شنیدن ترکیب بندی جنایت نسل کشی و مقایسه آن با جنایت قتل، تصور روشنی در ذهن شما در مورد جنایت نسل کشی پدید آمده باشد. بر اساس معلوماتی که در این مورد ارائه شد، می خواهم بجای نتیجه گیری در این بخش، به پرسش مهمی پاسخ بدهم که آیا کشتار مردم هزاره در افغانستان نسل کشی است؟

در ادامه، این سوال را در ترازوی بررسی تیوریک علوم حقوق یعنی ترکیب بندی جنایت نسل کشی میزان می کنیم.

موضوع سوم: مقایسه ترکیب بندی عناصر جرمیِ قتل و جنایتِ نسل کشی

۱. موضوع نسل کشی: قاتلی که آموزشگاه «کاج» را در دشت برچی منفجر می سازد، موضوع جرم، کشتار دانش آموزان و تخریب ساختمان آموزشگاه است.

۲. عنصر عینی: عمل انفجار، کشته شدن و زخمی شدن دانش آموزان و تخریب ساختمان جنبه عینی جرم است.

۳. عنصر ذهنی: اجرا کننده در صورتیکه میدانسته که در این ساختمان دانش آموزان هزاره مربوط به مذهب شیعه به قتل می رسند، این عمل را انجام داده است. یعنی خواسته که هزاره های شیعه را از میان بردارد.

۴. عاملین یا اجرا کننده سن قانونی را مطابق قانون جزای افغانستان یا قوانین بین المللی تکمیل کرده، بیماری یا اختلال روانی ندارد. قصد، نیت و تصمیم جرمی اش که کشتار هزاه ها است، با سلامت عقل گرفته شده است. گرچه سلامت عقلی یا زایل بودن عقلی شخص انتحاری بحث برانگیز است. که بحث آن در اینجا گنجایش ندارد.

برعلاوه انطباق عناصر چهار گانه ترکیب جرمی نسل کشی، سیستماتیک بودن

کشتار مردم هزاره نیز معیار جنایت نسل کشی را تکمیل، مستدل و مستند می سازد.

با ملاحظه نکات فوق اکیدا می گویم که در افغانستان نسل کشی مردم هزاره با ابعاد گسترده آن ادامه دارد که در سخنرانی های پنجم تا یازدهم به تفصیلِ آن می پردازیم.

خواننده های عزیز ! تفکیك نسل کشی Genocide با جرایم علیه بشریت Crimes against humanity و جرایم جنگی War crimes بسیار مهم است .

قسمیکه در سخنرانی اول تشریح شد، تفاوت نسل کشی با جنایت علیه بشریت اینست که هدف، عاملین و انگیزه های هر دو متفاوت می باشند. با وجودیکه نسل کشی هم جزء جنایت علیه بشریت است. هدفِ اجرا کننده های جنایت علیه بشریت نابودی جزیی یا کلی گروه های اجتماعی (قومی، ملی، دینی و نژادی) نیست. اهداف، موضوع جنایت عام است و به گروه های اجتماعی بستگی ندارد. موضوع و عاملین جنایت در نسل کشی مشخص است و هر کدام آنها تعریف دقیق حقوقی دارد.

عده ای از افراد با سه علت نسل کشی مردم هزاره را رد می کنند و هر کشتاری را نسل کشی میدانند. علت اول در نازل بودن سطح دانش حقوقی و سیاسی افراد است. علت دوم تعصب و حسادت های قومی است و علت سوم در ناقص بودن تعریف اجرا کننده های نسل است که گرداننده های روند نسل کشی با استفاده سؤ از این شیوه، میان مردم نفاق ایجاد می کنند، تا بتوانند جنایت نسل کشی را پنهان و از آن انکار نمایند.

هر سه دسته جنایت هم نسل کشی، هم جنایات علیه بشریت و هم جرایم جنگی در افغانستان به شکل گسترده اجرا شده است. بهتر است اکثر جرایمی که در افغانستان اجرا می شود، در دسته بندی «جنایت علیه بشریت» مورد ارزیابی قرار داده شود. موقف جنایت علیه بشریت نسبت به جنایت نسل کشی در حقوق بین المللی روشن ترو اساسات حقوقی آن گسترده است. جنایت نسل کشی کدام امتیاز خاص ندارد که بعضی از افراد می گویند، چرا کشتار هزاره ها نسل کشی است و کشتار قوم آنها نسل کشی نیست. تنها جنبه اخلاقی آن مهم است. زیرا قومی که قربانی نسل کشی شده است، باید نسلِ کشی آنها به رسمیت شناخته شود. در غیر آن نسل کشی هم جز «جنایت علیه

بشریت» است. از آنجای که نمونه های عملی جنایات علیه بشریت و جرایم جنگی در سخنرانی اول تشریح شده، در این جا با مثال های اجرای این جرایم اکتفا می کنیم.

جرایم جنگی در افغانستان بطور گسترده اجرا شده است که اجرای آن را می توان از هر نقطه این کشور مثال آورد. در جریان این سخنرانی از فاجعه شفاخانه چهارصد بستر مثال داده شد که نمونه روشنی از وقوع جنایات علیه بشریت است. زیرا در این جنایت، از سلاح کشتار جمعی یعنی مواد انفجاری استفاده شده، از گروه های آدمکش یعنی تروریست ها و انتحاری های استفاده شده و شماری زیادی مریضان، کارمندان امور صحی به قتل رسیده اند یا زخمی شده اند.

فاجعه افشار نه تنها نسل کشی است، بلکه از نمونه های انکار ناپذیر جنایات علیه بشریت و جرایم جنگی نیز در این فاجعهٔ خونبار موجود است.

نمونه های بروز جرایم علیه بشریت در فاجعه افشار را می توان در اعدام های خودسرانه، تروریزم دولتی، آدم ربایی، استفاده از گروه های آدمکش، تجاوز جنسی به پیمانه وسیع که مثال آن انتقال اجباری ۵۰ زن در کوه خواجه رزاق بود، تبعیض قومی و مذهبی، آزار و اذیت دینی، وغیره را میتوان مثال آورد. همچنان نمونه های اجرای جرایم جنگی در فاجعه افشار عبارت اند از قتل های نامحدود در جریان جنگ، گروگان گیری و کشتار گروگان ها، برخورد خشن با اسرای جنگی، کشتار اسران جنگی، برخورد زشت با اهالی ملکی و اخراج آنها از مناطق شان، غارت ملکیت های شخصی، ویرانی عمدی خانه ها، تجاوز جنسی در جریان جنگ و غیره.

نمونه دیگر جنایت علیه بشریت، کشتار چنداول است. در دوم و سوم سرطان ۱۳۵۸ هجری خورشیدی شورش ضد حکومتی چنداول توسط نیروهای نظامی وقت بی رحمانه سرکوب شد که اعمال جنایتبار جرایم علیه بشریت شامل آن است. این جنایت از کشتار نامحدود گرفته تا دستگیری های گسترده را در بر داشت. جنایات این فاجعه در نسل کشی شامل نیست، زیرا حکومت نیت و قصد نابودی گروه های اجتماعی را نداشت، شورشیان را بنام عناصر ضد انقلاب سرکوب کرده بود. همچنان سرکوب تظاهر کننده های حوت ۱۳۵۸ هجری خورشیدی در کابل نیز عناصر جرمی جنایت علیه بشریت را دارد که قابل نکوهش بوده، اجرا کننده های آن باید مجازات شوند.

ماخذ و منابع

۱. ماده دوم کنوانسیون جلوگیری و مجازات نسل کشی، ۱۹۴۸م و ماده ششم اساسنامه روم دادگاه بین المللی، مصوبه ملل متحد ۲۰۰۲م

۲. ماده سوم کنوانسیون جلوگیری و مجازات نسل کشی، ۱۹۴۸م

همچنان اتهام اجراکننده های نسل کشی در یوگوسلاویا مطابق تریبونال یوگوسلاوی ...م

۳. ماده بیست و ششم اساسنامه روم دادگاه بین المللی، مصوبه ملل متحد ۲۰۰۲م

۴. ماده هفتم اساسنامه روم دادگاه بین المللی، مصوبه ملل متحد ۲۰۰۲م

۵. ماده هشتم اساسنامه روم دادگاه بین المللی، مصوبه ملل متحد ۲۰۰۲م

سخنرانی سوم
خلأ ها در حقوق بین المللی، تناقضات و تخلفات در عملکرد ساختار های جزایی و قضایی جهانی

۱. حقوق بین المللی چیست؟
۲. مرور کوتاهی برسیستم قضایی حقوق بین المللی
۳. خلا ها و تناقضات در قانونگذاری و اجرای حقوق جزای بین المللی
۴. رابطه حقوق بین المللی و نظم جهانی
۵. خلأ ها در قانون، تخلفات در اجرای قانون و تناقضات در عملکرد اجرا کننده های حقوق بین المللی و کشور ها

بعد از سخنرانی اول « مفهوم، تشریح و جوانب سیاسی و روانشناسی نسل کشی» و سخنرانی دوم «ترکیب بندی جنایت قتل و مقایسه آن با ترکیب بندی جنایت نسل کشی»، اینک نوبت سخنرانی سوم است.

در سخنرانی اول در باره معرفی همه جانبه جنایت نسل کشی و در سخنرانی دوم عنصر ترکیبی جنایت نسل کشی در مقایسه با جرم قتل تشریح شد. با تشریح عناصر جرمی نسل کشی و استدلال آن بر مبنای تئوریکی علوم حقوق، جنایاتی که در افغانستان اجرا می شوند، مشخص گردید که کدام آنها جنایت علیه بشریت است، کدام آنها جرایم جنگی و کدام آنها نسل کشی است.

در جریان پیشبرد سخنرانی های اول و دوم، همواره با تناقضات و خلاهای حقوقی بر می خوردیم که سوال برانگیز بود. اینک ضرور است که منابع، علت ها، انگیزه ها و تدوام این تناقضات را بدانیم. عنوان سخنرانی سوم «تناقضات و خلا های حقوقی در حقوق بین المللی، بویژه در حقوق جزای بین المللی» است. این سخنرانی به ما کمک می کند، تا با عملکرد حقوق بین المللی، نهاد های جهانی و نظم جهانی آشنا شویم، تا در درک مسایل جهانی در باره رویداد های حقوقی و سیاسی، بویژه وقوع و تدوام نسل کشی دچار سردرگمی نشویم. زیرا نسل کشی جرم سیاسی است که توسط نهاد های

دولتی و فرادولتی انجام می شود، همچنان جنبهٔ «حقوقی» دارد که خلا ها، تناقضات و اجرایی نشدن حقوق بین المللی به آن تداوم می بخشد. یعنی نه تنها سیاست بر ایجاد، اجرا و تداوم آن نقش دارد، حقوق یا دقیقتر تجاهل و تغافل اجرا کننده های حقوق و سیستم قضایی بین المللی هم بر ادامه این پدیده ضد انسان و انسانیت کمک می کند.

خواننده های گرامی!

سخنرانی سوم را به نکات ذیل تقسیم می کنم، تا تشریح آن آسان شود.

۱. حقوق بین المللی چیست؟

۲. مرور کوتاهی برسیستم قضایی حقوق بین المللی

۳. خلا ها و تناقضات در قانونگذاری و اجرای حقوق جزای بین المللی

۴. رابطه حقوق بین المللی و نظم جهانی

۵. خلأ ها در قانون، تخلفات در اجرای قانون و تناقضات در عملکرد اجرا کننده های حقوق بین المللی و کشور ها

خواننده های گران ارج!

از آنجاییکه پنج موضوع فوق هر کدام مباحث بزرگ و گسترده را در بر می گیرد، کوشش می کنم، تنها به آن پهلو های این موضوعات توجه کنم که با نسل کشی و جنایات رابطه دارند. من از تشریح مفصل مباحث بزرگ جهانی خودداری می کنم. با مسایل فوق تا حدی تماس خواهم داشت که به آن ضرورت است.

موضوع اول: حقوق بین المللی چیست؟

حقوق بین الملل تعهدات حقوقی دولت ها در روابط آنها با یکدیگر و همچنین در رفتار با افراد در داخل مرزهای دولتی تعریف می شود.

مناسباتی که تنظیم آن به جامعه بین‌المللی بستگی دارد، مانند حقوق بشر، خلع سلاح، جنایات بین‌المللی، پناهندگان، مهاجرت، مسائل شهروندی، رفتار با زندانیان، استفاده از زور، اجرای جنگ و غیره نیز می تواند در ساحه فعالیت حقوق بین المللی قرار داشته باشند.

همچنان موضوعات جهانی مانند محیط زیست، توسعه پایدار، آب های بین المللی، فضا، ارتباطات جهانی و تجارت جهانی شامل حقوق بین الملل می شوند.

یعنی فعالیت در عرصه های بالا به تنظیمات و استحکامات حقوقی نیاز دارد که تنظیم کننده این مناسبات حقوق بین المللی است.

چیزی که در تعریف حقوق بین المللی زیاد یادآوری نمی شود، اما جایش را دارد، جلوگیری از برهم خوردن نظم عمومی بین المللی است. نظمی که روز بروز به نفع کشور های بزرگ و زورمند غربی می چرخد.

از تفصیل حقوق بین المللی که موضوع اصلی صحبت ما نیست می گذریم. مروری بر تهداب حقوقی مسایل بین المللی می کنیم.

مهمترین اسناد حقوقی در عرصه بین المللی قرار ذیل است:

ـ منشور ملل متحد

ـ اعلامیه جهانی حقوق بشر

ـ کنوانسیون اروپایی برای حمایت از حقوق بشر و آزادی های اساسی (۱۹۵۰)

ـ میثاق بین المللی حقوق مدنی و سیاسی (۱۹۶۶)

ـ میثاق بین المللی در مورد حقوق اقتصادی، اجتماعی و فرهنگی (۱۹۶۶)

ـ اساسنامه دیوان قضایی بین المللی (ICJ)

ـ کمیسیون حقوق بین المللی در سازمان ملل متحد

ـ کنوانسیون ها، میثاق ها و قرارداد ها و پیمان نامه های بین المللی، معاهدات، پروتوکول ها وغیره.

هرگاه به اسناد حقوقی معتبر بین المللی دقیق شویم و آنها را با ساحه تطبیقی مورد بررسی قرار بدهیم، همه از دو نقص خالی نیستند، از خلاهای عمدی که پر نمی شوند و از عدم تطبیق عمدی که همواره تکرار می شود.

خواننده های عزیز! در لابلای این سخنرانی کوشش می کنم که این دو نکته را بر آن توجه صورت نگرفته است، برجسته ساخته علت، عوامل و انگیزه های آنرا تشریح کنم. از منشور سازمان ملل متحد مثال می آورم. در ماده دوم منشور ملل متحد، شورای امنیت که نمایندگی پنج کشور عضو دایمی و ده کشور عضو موقتی است، پنج کشور صلاحیت مطلق دارند. مجمع عمومی ملل متحد که درآن همه کشور های عضو نقش دارند، صلاحیت مشورتی به شورای امنیت را دارد(۱) و مطابق ماده دوازدهم منشور ملل متحد، مجمع عمومی حق مشورت را ندارد اگر شورای امنیت مشورت نخواسته باشد. (۲)حالا شما قضاوت کنید خواننده های عزیز، در سازمان ملل متحد که بزرگترین نهاد جهانی و گویا برای رفاه، ترقی و رهایی بشریت باید باشد،

تا این حد بی عدالتی است. بی عدالتی شرم آوری که توسط قانون بین المللی (منشور ملل متحد) تنظیم شده و بالای مردمان سراسر جهان تطبیق می شود. پنج کشور برنده جنگ جهانی امریکا، انگلستان، فرانسه، چین و روسیه حق «ویتو» دارند، هر فیصله ای را که یکی از این پنج کشور نخواهد، فیصله شورای امنیت باطل می شود.

همچنان در ماده ۵۲ و ۵۳ منشور ملل متحد که در باره توافقات منطقه ای و کمک نظامی میان کشور ها است، استعمال قوا توسط سازمان ملل متحد با خلاهای عمدی همراهی می شود. با استفاده از این تناقضات امریکا سیاست تغییر رژیم و تغییر جغرافیا را مطابق منافع ملی خودش عملی کرده؛ با استفاده از همین تناقضات قوای نظامی اتحاد شوروی وارد افغانستان شده بود و با استفاده از همین تناقض، کشور های بزرگ بر کشور های ضعیف «تجاوز» می کنند، زیرا منشور سازمان ملل متحد تجاوز را قانونی ساخته است. (۳)

در ماده دوم منشور ملل متحد که از اصل حاکمیت ملی، حل مسالمت آمیز، عدم استعمال زور در مناقشات و عدم مداخله بر کشور های عضو تاکید شده است، توسط کشور های زورگو رعایت نمی شود که مثال آن افغانستان است. مثال افغانستان در بخش های نقض حاکمیت ملی، استعمال زور و مداخله در همه امور توسط امریکا آنقدر برجسته است که لزوم به تشریح ندارد. در افغانستان نقض حاکمیت ملی به آنجا رسیده بود که تشکیل حکومت وحدت ملی در دوره اشرف غنی و عبدالله عبدالله توسط جان کری وزیر خارجه امریکا صورت گرفت.

بارزترین نمونه استعمال زور توسط امریکا در افغانستان این است که نه تنها از هر نوع زور کار گرفت، بلکه افغانستان را به گروه تروریستی طالبان تسلیم کرد و زور و استبداد دایمی را در این کشور مستقر نمود.

اگر از منشور ملل متحد بگذریم، سند مهم دومی که بزرگترین منبع حقوق بین المللی است، اعلامیه جهانی حقوق بشر میباشد.

در اعلامیه جهانی حقوق بشر زیباترین و گسترده ترین ارزش های انسانی بازتاب یافته است. اعلامیه جهانی حقوق بشر بر علاوه موقف و موقعیت جهانی اش، توسط قانون اساسی اکثر کشور های جهان پذیرفته شده و بخش یا فصلی از قانون اساسی را به آن اختصاص داده اند. اما متاسفانه این ارزش ها وقتی مورد توجه نهاد بین المللی قرار می گیرند که منافع کشور های بزرگ

و مافیای الیگاشی مالی جهانی مطرح باشد، باز هم بهترین مثال آن افغانستان است.

کنوانسیون ها، میثاق ها و قراداد ها ، پیمان نامه های بین المللی، معاهدات، پروتوکول ها وغیره همه وقتی اجرایی می شوند که کشور های بزرگ به ویژه کشور های غربی خواسته باشند. در غیر آن تحرک اجرایی ندارند.

موضوع دوم: مرور کوتاهی بر سیستم قضایی بین المللی

سیستم قضایی بین المللی شامل نهاد های بین المللی است که دارای صلاحیت های جهانی بوده و با همکاری با صلاحیت داخلی کشور ها، وظایف خود را برای به محاکمه کشاندن مرتکبین جنایات علیه بشریت، نسل کشی و جرایم جنگی انجام می دهند.

در کشور هایی که جنایات اجرا می شود، اما مجازات وجود ندارد، برای جلوگیری از تکرار جنایات و جبران خساره نهاد های قضای بین المللی در صورت لزوم و امکان مداخله می کنند.

سیستم قضایی بین المللی دارای ساختار های ذیل است.

۱. دیوان قضایی بین المللی ICJ INTERNATIONAL COURT OF JUSTICE

در ماده دوم اساسنامه دیوان قضایی بین المللی آمده است: دیوان بین‌المللی قضایی عبارت است از یک هیات مشتمل برقضات مستقل که بدون توجه به ملیت آنها از میان کسانی انتخاب می ‌گردند که عالی‌ترین مقام اخلاقی را دارا بوده و هر یک واجد شرایطی باشدکه برای انجام مشاغل عالی قضایی در کشور خود بوده یا از جملهٔ متبحرین در علم حقوق اند که تخصص آنها در حقوق بین‌المللی شهرت به سزایی دارد.(۴)

وظایف دادگاه حل مسایل میان کشور ها است مرجع قضایی اصلی سازمان ملل، دیوان بین المللی قضایی (ICJ) است که به حل و فصل اختلافات بین دولت ها مطابق با قوانین بین المللی می پردازد. دیوان بین‌المللی قضایی(ICJ) همچنان در مورد موضوعاتی که توسط ارگان‌ها و آژانس‌های تخصصی سیستم سازمان ملل ارائه می‌شود، نظرات مشورتی صادر می‌کند.

۲. دادگاه جزایی بین المللی (ICC)

ماده ۵ اساسنامه دادگاه بین المللی جنایی، جرایمی که در قلمرو قضایی دادگاه می‌باشند، قرار ذیل شرح داده است.

صلاحیت قضایی دادگاه محدود به جدی‌ترین جنایاتی است که مایه نگرانی عموم جامعه بین‌المللی باشد. دادگاه بر طبق این اساسنامه در مورد جرایم ذیل صلاحیت قضایی دارد:

الف) جنایت نسل کشی

ب) جنایت علیه بشریت

ج) جنایات جنگی

د) جنایت تجاوز» (۵)

این نهاد بین المللی یک دادگاه دایمی است که در سال ۲۰۰۲ تاسیس شد و می تواند افرادی که مظنون به نسل کشی، جرایم علیه بشریت و جرایم جنگی باشند و مقامات ملی نمی توانند یا نمی خواهند اقدام کنند، مورد تعقیب قرار می دهد و در صورت امکان مجازات می کند.

مشکلات و نواقص کار: یکی از مشکلات دیوان کیفری، عدم قدرت اجرایی است، زیرا دیوان کیفری دارای دو ساختار بخش قضایی و بخش سیاسی است که در بخش قضایی دارای ریاست، دادستانی، دبیر خانه و شعب مقدماتی دادرسی و شعب تجدید نظر است، ولی بخش سیاسی آن از مجمع دولت های عضو تشکیل می شود و نقش قوه مقننه را ایفا می نماید، چون فاقد قوه مجریه می باشد، حتی به منظور اجرای قرارها و حکم هایش فاقد پلیس اجرایی است. لذا این نهاد نیازمند همکاری دولت های عضو می باشد و این نوع افعال یعنی تلفیق قانونگذاری، عدالت و اجرای آن با دشواری روبرو است.

۳. دادگاه جزایی نظامی ویژه یا تریبونال: تا حال بعد از دادگاه نورنبرگ سه دادگاه نظامی در مورد قضایای روندا، یوگوسلاوی و دادگاه توکیو برگزار شده که وظایف خود را بطور کامل انجام داده اند. این دادگاه ها تنظیم کننده های موقتی خود را داشته که اکثرا تابع فیصله های سازمان ملل متحد بوده اند. (۶)

۴. دادگاه های مختلط: در کشور های در حال جنگ، درگیر بحران و یا نبود حاکمیت ملی با ثبات که کشور ها نتوانند عدالت را تامین کنند، برگزار می شود. این نوع دادگاه در مورد قضایای بوسنی تاسیس شده بود. (۷)

۵. عفو بین الملل: International Amnesty نهاد بین المللی برای ایجاد یک سیستم قضایی جهانی است که کار آن برقراری عدالت، حقیقت یابی و جبران خساره میباشد. وظایف عمده عفو بین الملل قرار ذیل است:

ـ همکاری برای موثریت کار دادگاه جزایی بین المللی (۸)

ـ تقاضا از حکومت ها در اجرای صلاحیت های جهانی در کشور شان

ـ پیشنهاد برگزاری دادگاه های ویژه

ـ کوشش برای تقویه قوانین بین المللی در کشور های جهان.

بطور فرضی می توان گفت اگر جهان را به مثابه کشوری تصور کنیم، دادگاه جزایی بین المللی دیوان عالی و عفو بین الملل، وظایف مشابه با دادستانی کل را انجام می دهد، اما سازمان غیر دولتی است.

عفو بین الملل چهار اصل کاری دارد. عدالت، حقیقت، غرامت کامل و تضمین عدم تکرار. (۹)

بیایید اجرای این چهار اصل را در افغانستان مورد بررسی قرار بدهیم.

اصل عدالت حقوق بین المللی در افغانستان طوری بود که قضا در انحصار خارجی ها بود، نهاد های قضایی فقط ابزاری برای دفاع منافع خارجی و گروه حاکم بود. حاکمیت ملی در تامین عدالت اجرا نمی شد.

در دوره های حکومت های دست نشانده کشور های غربی، اجرای عدالت در بخش، سیاست، اقتصاد، مساله ملی رعایت نمی گردید، کشور های غربی گروهی از افراد معلوم الحال را در قدرت دولتی حمایت می کردند، آنها همه دارایی افغانستان را غارت کردند، کمک های خارجی را در تبانی با گروه های مافیایی کشور های گویا کمک کننده به خارج انتقال دادند، مردم افغانستان را در فقر، خصومت های قومی و طبقاتی دچار نمودند.

آنها مردم را از ساختن دولت مطابق نیاز شان محروم ساختند. به ساختار های دولتی، انتخاباتی، حقوق بشری و مدنی کشور مداخله کردند.

چیزی بنام اصل حقیقت در عملکرد حکومت های دست نشانده وجود نداشت. اصل حقیقت در حقوق بین المللی و مقایسه آن در افغانستان لکه ننگ بر پیشانی کشور های غربی در افغانستان است.

اصل غرامت کامل وجود نداشت. ترور، اختناق، انفجار، انتحار، نسل کشی، جنایت علیه بشریت و جرایم جنگی خسارات جبران ناپذیر را بر مردم افغانستان وارد نمود که بجای پرداخت غرامت اجرا کننده های جنایت تشویق و حمایت می شد و با وارد کردن فشار توسط کشور های غربی بالای حکومت افغانستان، جنایتکاران از زندان رها می شدند.

اصل تضمین عدم تکرار در افغانستان نه تنها وجود نداشت، بلکه جنایتکران را به قدرت آوردند، تا به جنایت شان با استفاده از دستگاه دولت ادامه بدهند.

موضوع سوم: خلا ها و تناقضات در قانونگذاری و اجرای حقوق جزای بین المللی: در سیستم حقوقی بین المللی دو نوع اسناد حقوقی دیده می شود اعلامیه ای Declarative مانند اعلامیه جهانی حقوق بشرو اسناد حقوقی نورماتیفی که دارای مجازات اند.

اسناد حقوقی نورماتیفی حقوق جزای بین المللی توسط مجمع عمومی ملل متحد تصویب شده اند که گویا داری «»صلاحیت«» جهانی است.

مهمترین اسناد حقوق جزایی بین المللی قرار ذیل است:

۱. اساسنامه دادگاه جزایی بین المللی روم

Rome Statute of the International Criminal Court

۲. کنوانسیون جلوگیری و مجازات نسل کشی

۳. همه کنوانسیون های که جنبه های قضایی و جزایی دارند.

۴. منشور دادگاه نظامی بین المللی برای محاکمه و مجازات نظامی جنایتکاران محور اروپا

۵. سابقه قضایی

۶. منشور لندن

۷. تریبونال روندا و یوگوسلاوی

ـ ...وغیره

از آنجای که موضوع اصلی ما تشریح تناقض و خلاهای حقوق بین المللی و حقوق جزای بین المللی است، نکاتی چند را از مهمترین سند حقوقی یعنی اساسنامه دادگاه جزایی بین المللی روم(رم) مورد بررسی قرار می دهیم.

در بررسی این سند مهم حقوقی سه نکته را مد نظر می گیریم که عبارت از خلا ها ، تناقضات و عدم اجرای عمدی قانون توسط نهاد های بین المللی است.

این حقیقت را با طرح پرسش هایی برجسته می سازم

ـ چرا نسل کشی کُرد ها به رسمیت شناخته نمی شود و نسل کشی ارمن ها به رسمیت شناخته می شود؟

ـ چرا مردم یمن توسط اتحاد سعودی بمباران می شود، مورد حمایت کشور های غربی از جمله امریکا قرار می گیرد، اما بر یوگسلاویا حمله کردند و کشوری را پارچه پارچه و محاکمه نظامی بین المللی را برگزار کردند؟

ـ چرا نسل کشی مردم هزاره در موجودیت چهل کشور غربی گویا حامیان صلح و دموکراسی به آخرین اوج خود رسید؟

ـ چرا امریکا در دوحهٔ قطر با گروه هایی توافقنامه امضا کرد که اجراکننده های نسل کشی، جنایت علیه بشریت و جرایم جنگی بودند؟

ـ چرا جنایات جنگی امریکا در افغانستان توسط نهاد های قضایی بین المللی مورد بررسی قرار نمی گیرد؟

پاسخ به پرسش های فوق شیوه کار حقوق بین المللی و ابزاری بودن آن را به اثبات می رساند.

خواننده های گرامی بعد از این مقدمه به اصل موضوع برمی گردیم، خلا ها، تناقضات و عدم اجرایی شدن حقوق بین المللی را از دو دیدگاه مورد بررسی قرار می دهیم.

دیدگاه اول: تناقضات حقوق جزای بین المللی از دید تیوریکی حقوقی

یک : موجودیت تناقض و امکان تصادم با حاکمیت ملی کشور های مستقل.

دو: ضمانت اجرایی مناسب و مشروع وجود ندارد.

قوانین بین المللی توسط کشور های بزرگ طرح شده و کشور های ضعیف با این مساله کشانیده شده اند. پس رای مردمان یا نهاد های قانونگذار کشور ها در آن وجود ندارد. به این علت تطبیق آن بالای مردمان کشور های که در طرح و تصویب این قوانین نقش ندارند، غیر قانونی و زورگویی توسط قانون است.

سه: اصل قانونی بودن جرم و مجازات دایمی نیست بعد از وقوع جرم نوشته می شود.

چهار: سیستم دادگاه دایمی نیست و در صورت ضرورت تشکیل می شود. پس ابتکار تشکیل آنها هم بدست کشور های زورمند است.

پنج: تعلقیت ملی و مذهبی قاضی ها هم سوال برانگیز است. اکثریت قاضی های نهاد های بین المللی از کشور های اروپایی و عیسوی هستند.

شش: یک سان بودن قانون برای همه شهروندان در داخل کشور یک اصل است اما در دادگاه جزایی بین المللی این اصل عملی نمی شود. کشور قوی برای کشور های ضعیف پرونده سازی می کنند. بطور مثال، امریکا به کشورهای پاناما، هائیتی، ویتنام، گرینادا، سودان و افغانستان حمله کرد، ولی مجامع بین المللی عکس العمل نشان ندادند.همچنین امریکا به بهانه نسل

کشی مردم کوزوه توسط صرب ها به یوگسلاوی حمله کرد.

بنابران با فقدان دستگاه اجرایی منظم بین المللی، تضمین اجرا و رعایت یک عهدنامه مربوط به جرائم بین المللی یا تحقق نمی پذیرد یا در مورد تمام مجرمین بین المللی اجرا نمی شود. این تناقض زمینه اجرای حقوق جزای بین المللی را توسط کشور های بزرگ مطابق با منافع کشوری آنها مساعد می سازد.

در حال حاضر برخی از دانشمندان وجود حقوق جزایی بین‌المللی را به معنای محدود تشخیص می‌دهند و مفهوم کلی را انکار می‌کنند، برخی دیگر از تفسیری گسترده حمایت می‌کنند، در وجود حقوق جزایی بین‌الملل به شدت مشکوک هستند و برخی دیگر نگرش منفی نسبت به اصطلاح «جنایی یا جزای بین‌المللی» دارند. برخی از کارشناسان، وجود حقوق جزایی بین‌المللی را به این دلیل که هیچ نهاد مرکزی قانونگذار و مجری قانون وجود ندارد، منتفی می‌دانند. بسیاری از دانشمندان با توجه به حقوق جزای بین‌الملل از منشور حقوق ملی، نقد خود را موجه به استدلال عدم بلوغ نظام حقوق جزایی بین‌المللی و مغایرت آن با ایده‌ها و الزامات حقوق داخلی می‌دانند.

دیدگاه دوم: خلا ها و تناقضات حقوق جزای بین المللی از دید منافع اقتصادی، سیاسی و نظامی:

۱. دوگانگی سیاست در اجرا یا عدم اجرای حقوق بین المللی،

۲. بی اعتبار شدن حقوق بین المللی در استفاده ابزاری توسط کشور های غربی،

۳. اختلافات سیاسی و آیدیولوژیکی میان تطبیق کننده و کشور ها،

۴. افراط گرایی کشور های غربی در روند جهانی ساختن کشور های فقیر،

۵. مجازات مخالفین کشور های بزرگ یا استفاده ابزاری از حقوق بین الملل،

۶. تطبیق حقوق بین المللی در صورت سلب حاکمیت ملی کشور های ضعیف،

۷. وابستگی مالی و مادی نهاد های قضایی بین المللی به کشور های بزرگ.

موضوع چهارم: رابطه حقوق بین المللی و نظم جهانی

مطالعه سه موضوع بالا یعنی حقوق بین المللی، سیستم قضایی بین المللی و حقوق جزای بین المللی نشان می دهد که در جهان نظمی وجود دارد که

در عقب آن نهاد ها و کشور هایی قرار دارند. در حالیکه اکثر کشور های آسیایی، افریقایی و امریکای جنوبی در آن نقش ندارند. نظم جهانی از غرب آغاز شده و توسط کشور های غربی با ذوق و سلیقه خود شان اداره می شود. وخامت وضع کنونی، بهار عربی، تسلیم دادن افغانستان به تروریزم، سیاست تغییر جغرافیا و سیاست تغییر رژیم در کشور های ضعیف توسط کشور های غربی نشان داد که ماهیت و عملکرد نظم جدید جهانی روز به روز آشکار تر می شود.

گرداننده های نظم جدید جهانی همه نهاد های جهانی، حقوق بشر و حقوق بین المللی و منجمله حقوق جزای بین المللی را برای سرکوب مخالفان شان استفاده می کنند.

آنها مصروف درهم کوبیدن حاکمیت ملی کشور ها و تطبیق نظمی جدید شان در جهان هستند.

من در نوامبر ۲۰۰۹ مقاله ای را در باره عملکرد «دولت جهانی» نوشته ام که لینک آنرا با این سخنرانی پیوست می کنم.

https://www.kabulpress.org/article4875.html

لینک فوق حاوی مقاله ای بنام «شیوه های اداره دولت جهانی در افغانستان» است(۱۰) که کار و ساختار جامعه جهانی را با مثال های انکار ناپذیر تشریح کرده است.

موضوع پنجم: خلأ در قانون، تخلفات در اجرای قانون و تناقضات در عملکرد اجرا کننده های حقوق بین المللی و کشور ها

اول: در مورد کنوانسیون جلوگیری از نسل کشی و مجازات آن

کنوانسیون جلو گیری و مجازات نسل کشی مصوب مجمع عمومی سازمان ملل متحد و سند معتبر جهانی دارای خلا ها و تناقضاتی است که قرار ذیل مورد بررسی قرار می گیرد.

۱. مسوولیت فردی در جرم نسل کشی خلای بزرگ در حقوق بین المللی است.

در ماده چهارم کنوانسیون جلوگیری و مجازات نسل کشی آمده است که «اشخاصی که مرتکب نسل کشی و یا اعمال مشروحه در ماده سوم شوند اعم از اینکه اعضاء حکومت یا مستخدمین دولت و یا اشخاص عادی باشند

مجازات خواهند شد.»

یعنی ماده چهارم کنوانسیون جلوگیری از نسل کشی، تنها فرد را عامل جرم نسل کشی می داند. سازمان ها، دولت ها، گروه های تندرو دینی، نهاد های استخباراتی، گروه های شبه نظامی را به صفت عامل یا اشترک در جرم نپذیرفته است.

اگر نسل کشی هزاره ها در افغانستان را مثال بیاوریم، انواع اجرا کننده و شُرکای جرم به شکل مستقیم و غیر مستقیم، پنهان و آشکار در خارج و داخل افغانستان در عقب این جنایت قرار دارند که از آنها حتی نام برده نمی شود. این خاموشی را کی و چطور برقرار کرده است؟ بدون شک دست های در عقب آن وجود دارد.

۲. دانستن پیامد های عمل خطرناک اجتماعی را تشریح نکرده است. عنصر ذهنی اجرای جنایت نسل کشی مغشوش و مبهم است. مثلا در افغانستان آیا فرد انتحاری می تواند اجرا کننده جرم باشد؟

نهاد های جهانی مانند عفو بین الملل، حقوق بشر و موسسات علمی تحقیقی جهانی در این مورد که آیا افراد انتحاری دارای عقل سالم هستند که بخاطر رسیدن به دختران بهشت به صفت اجرا کننده های جرم نسل کشی در افغانستان عمل می کنند؟ این مساله مهم انسانی است. نهاد های بین المللی که خود را مدافع حقوق، امنیت و ترقی بشر جا زده اند، باید در این زمینه کار کنند، که نکرده اند.

۳. ابهامات و تناقضات در مورد اجرا کننده ها و شُرکای جرمی در نسل کشی مسأله پیچیده و مبهمی است که راه حل حقوقی روشن ندارد.

در حقوق بین المللی در باره شرکت در جرم نسل کشی اختلاف نظر وجود دارد. تجربه دادگاه کیفری روندا ۲۰۱۵ و یوگوسلاویا نشان داده است که از سه مشترک جرم نسل کشی اجرا کننده باید در اجرای نسل کشی مجازات شود و سه مشترک دیگر یعنی رهبر، محرک و کمک کننده ها در نسل کشی هر کدام جرم مستقل است. زیرا محرک و همکار جرمی می تواند نیت به غیر از نسل کشی را داشته باشد. از طراح و رهبر جرم حرفی به میان نیامده است. پس چرا دادگاه های یوگوسلاوی و روندا نهاد های دولتی و سیاسی و نظامی را متهم نمی کنند، زیرا می دانند که برای صدور اتهام بر تخلفات روزمره کشور های بزرگ، منجمله امریکا راه باز خواهد شد.

من با در نظرداشت نسل کشی هزاره ها در افغانستان و نزدیکی مشترکین جرم در اجرای آن به این باور هستم که نظریه های دادگاه های کیفری یوگوسلاوی و روندا با نسل کشی در افغانستان مورد ندارد و همچنان با ماهیت این نظریه در کل مخالف هستم. زیرا کسانی با این نظریه موافق اند که کشور های بزرگ ناقص حقوق بین المللی، همچنان گروه های تروریستی سیاسی، دینی و استخباراتی را که در اجرای نسل کشی در نقاط جهان دست داشته اند، از محاکمه و مجازات فرار می دهند.

۴. سازمانده، الهام دهنده و طراح نسل کشی مافیای جهانی است که مفکوره نابودی مردم هزاره را بنابر تعلقیت شان به قوم هزاره و آیین تشیع طرح و اجرای آنرا بطور سیستماتیک پلان کرده و بشکل دوامدار در عقب اجرای آن قرار دارند و بخاطر اجرای آن شیوه ها، اسلوب های جرمی و تکتیک های نو را طرح و در اختیار شرکای جرمی شان قرار می دهند. همچنان بخاطر اجرای آن منابع مالی تأمین و انگیزه های جدید را زمینه سازی می کنند. محیط جرمی ایجاد می کنند، تعصب مذهبی، بنیادگرایی دینی ، نفرت و یکدیگرناپذیری را تشویق و تقویت می کنند. در جرایم سازمان یافته در سطح یک کشور، زندان ها، فاحشه خانه ها، مدارس و دیوانه خانه ها وغیره را به حیث محیط جرمی برمی گزینند، ولی مافیای جهانی می توانند کشوری را به محیط جرمی شان تبدیل کنند که افغانستان و پاکستان برجسته ترین مثال های این کار آنهاست. اگر از موضوع دور نشویم، این محیط جرمی به مافیایی جهانی نه تنها ادامه اجرای جرم نسل کشی را ممکن می سازد، بلکه با استفاده از این محیط جرمی جرایم زیاد را به راه می اندازند، مانند تجارت مواد مخدر، قاچاق اعضای بدن انسان، تجارت سکس وغیره.

دوم: تناقضات در عملکرد نهاد های بین المللی: نقش، موضع گیری و فعالیت نهادهای بین المللی در افغانستان مهم است، اما شرح مفصل این موضوعات بحث کنونی را حجیم می سازد، لازم می دانم برای تشریح این مساله چند مثالی را از کار چند نهاد بین المللی در افغانستان ارائه کنم. در سخنرانی کنونی تنها مثال هایی را از فعالیت نهاد بین المللی یعنی نمایندگی ملل متحد در افغانستان(یوناما)، محکمه بین المللی جزایی و نهاد های حقوق بشر پیشکش می کنم و قضاوت را به خواننده های عزیز می گذارم. زیرا از قضایای فاجعه بار افغانستان وقت زیادی نگذشته و همه آنها را به یاد دارند.

۱. عملکرد «یوناما» در افغانستان، آئینه تمام نمایی حقوق بین المللی است. در باره فعالیت یوناما در افغانستان به دو مثال انکار ناپذیر از موضع گیری و فعالیت های این نهاد بین المللی که مجری حقوق بین المللی در افغانستان بود، توجه شما را جلب می کنم.

مثال اول: واکنش جدی و افراطی یوناما در قضیه شخصی احمد ایشچی و عبدالرشید دوستم بود. چرا مسؤلان یوناما در باره کشتار وحشتناک اعضای جنبش های «تبسم»، «روشنایی» و «رستاخیز تغییر» که صدها انسان در اعتراضات مسالمت آمیز به خاک و خون کشانیده شدند، خاموش ماندند؟ چرا یوناما در اعتراض با کشتار های دوامدار مردم هزاره در غرب کابل و جاهای دیگر اعتراضی نداشتند؟ آیا اجرای کنوانسیون ملل متحد در باره جلوگیری و مجازات نسل کشی مکلفیت نهاد های بین المللی نیست؟ پس چرا یوناما در برابر نسل کشی آشکار مردم هزاره خاموش بود؟

مثال دوم اینست که «کای آیده» نماینده ملل متحد در افغانستان، در حمایت از تقلب انتخابات به نفع حامد کرزی متهم شد و این کار وی به رسوایی رسانه ای تبدیل شد. چرا سازمان ملل و اتحادیه اروپا خاموش ماندند و تا امروز خاموش اند؟

برگه انترنیتی دوچه ویله در گزارش دهم میزان ۱۳۸۸ خود می نویسد: «بان کی مون دبیر کل سازمان ملل متحد پیتر گالبریث معاون فرستادهٔ ویژهٔ این سازمان در افغانستان را از وظیفه اش برکنار کرد. گالبریث با کای آیده آمر ناروژی اش بر سر طرز عملکرد در برابر بی نظمی ها در انتخابات ریاست جمهوری افغانستان، دعوا کرده بود. گالبریث در یک صحبتش با رسانهٔ بی بی سی گفت که کای آیده می خواهد تقلب در انتخابات افغانستان را بی ضرر جلوه بدهد. گالبریث عالیرتبه ترین امریکایی در مأموریت ملل متحد در افغانستان بود.»(۱۲)

گالبریث می گوید: «کای آیده نمی خواست که نماینده گان سازمان ملل متحد در این رابطه حرف بزنند. بطور مثال او نمیخواست که ما مشکلات مربوط به سهمگیری در انتخابات را در برابر سفیر ها در کابل مطرح کنیم. ما می دانستیم که شمار مردمی که در جنوب کشور در انتخابات سهم گرفته بودند بسیار اندک بود، در حالیکه برعکس از همان مناطق رقم بلند آراء گزارش شده بود. آنگاه که شواهد مبنی بر تقلب دیگر نمی شد پنهان

گردند، آیده هم در مورد سخن گفت، اما موضوع را بسیار کوچک جلوه می داد.»(۱۳)

در نتیجه می توان گفت که کای آیده نماینده سازمان ملل متحد (رئیس یوناما) در تقلب انتخابات ریاست جمهوری افغانستان نقش داشت و رئیس جمهور تقلبی را به قدرت آورد.

۲. در باره دیوان جزای بین المللی ICC باید گفت که افغانستان در سال ۲۰۰۳ به دادگاه جزای بین المللی پیوست که در آن وقت جرایم علیه بشریت توسط سازمان «سیا» انجام شده بود. از همان وقت تا کنون جرایم زیاد جنگی، نسل کشی توسط نظامیان امریکایی، حکومت افغانستان، طالبان و داعش انجام شده که تحقیقات آن بنابر دلایل معلوم به پایان نمی رسد. مثلا در سال ۲۰۲۰ زمانی که حکومت افغانستان خواست که تحقیقات به حکومت موکل شود، تحقیقات به تعویق انداخته شد. یعنی حکومت دست نشانده امریکا ادامه تحقیق را سبوتاژ کرد. بعد از کار شکنی های زیاد «فاتو بنسوده» تحقیقات خود را در مورد جرایم جنگی در افغانستان مستند سازی کرد که دادرسان مذکور توسط امریکا تحریم شد و تحقیقات متوقف گردید.

در ۳۱ اکتوبر ۲۰۲۲ قضیه بررسی جنایات افغانستان دوباره آغاز شد تا دیده شود که این بار به کجا می رسد. (۱۴)

باید گفت که بزرگترین مانع بررسی جنایات جنگی و جرایم علیه بشریت در افغانستان همواره حکومت افغانستان و ایالات متحده امریکا بوده اند. جای تاسف است که دادستان های دیوان جزایی بین المللی در گزارشات شان از وقوع نسل کشی نام نمی برند، با ذکر اعدام های صحرایی، قتل های غیر قانونی، ناپدید شدن هزاره ها و بدرفتاری با هزاره بسنده می شوند.

۳. نهاد های حقوق بشر، هم کمیسیون مستقل حقوق بشر افغانستان، هم نهاد های حقوق بشری بین المللی مانند عفو بین المللی، دیدبان حقوق بشر و کمیسیون حقوق بشر ملل متحد در باره نسل کشی در افغانستان روش و موضع گیری مشابه داشته اند. گویا همه آنها از یک دست اداره می شوند. همه منکر نسل کشی مردم هزاره در افغانستان بوده و نخواسته اند که اجرا کننده های نسل کشی در افغانستان را از خود ناراض بسازند.

۴. عفو بین الملل: این نهاد بجای کشتار هزاره ها و انتفاد از نسل کشی، بیشتر از وقوع جرایم جنگی در افغانستان گزارش میدهد و هیچگاهی واژه

نسل کشی را به زبان نمی آورد. بلی ارتکاب جرایم جنگی توسط طالبان مبنی بر کشتار نظامیان سابق حقیقت انکار ناپذیر است، اما نسل کشی مردم هزاره مبنی بر کشتار، کوچ اجباری و بی جا سازی به مراتب بیشتر از کشتار نظامیان رژیم سابق است. همچنان در کشتار نظامیان سابق هم اکثر قربانیان هزاره هستند که کشتار های افراد خیزش های مردمی و اعضای خانواده های آنها در ولایت های غور، دایکندی، سرپل و سایر نقاط کشور شاهد این مدعا است. پس کار عفو بین الملل با نهاد های دیگر جهانی که نسل کشی مردم هزاره را انکار می کنند، همآهنگ است.

بدون تردید، اغماض و خاموشی نهاد های حقوقی، قضایی و جزایی بین المللی در باره نسل کشی آشکار مردم هزاره بدون علت نیست. نهاد های جهانی که مانند رسانه های کشور های غربی از یک دست اداره می شوند، کاری را می کنند که از مرجعه تصمیم گیری برای شان داده می شود.

جالب است که عفو بین الملل کشتار هزاره ها را جنایت جنگی گزارش میدهد تا از نسل کشی نام برده نشود، اما دادگاه جزایی بین المللی به درخواست عفو بین الملل توجه نمی کند و درخواست را بدون بررسی میگذارد.

زیرا عفو بین الملل نهاد غیر دولتی است که گویا در سیستم قضایی و جزایی بین المللی شامل نیست. دادگاه جزایی بین المللی مکف نیست که در خواست آنرا بررسی کند. برعکس اگر درخواست عفو بین الملل مطابق منافع کشور های بزرگ باشد، آنقدر سریع و جدی عملی می شود که گویا عفو بین الملل نهاد دادستانی در سیستم قضای بین المللی باشد.

۵. دیدبان حقوق بشر: کارمندان دیدبان حقوق بشر نیز ادبیات دقیقن سنجیده را در گزارشات شان بکار می برند تا از استعمال واژه نسل کشی در افغانستان خودداری کنند. این نهاد نیز مانند عفو بین الملل غیر دولتی است، اما در ایالات متحده امریکا موقعیت دارد. قابل ذکر است که هم عفو بین الملل و هم دیدبان حقوق بشر، در قضایای مربوط به منافع کشور های غربی احساس نمی شود که غیر دولتی باشند، در غیر آن در عملکرد آنها تناقض، تجاهل و اغماض دیده می شود.

خواننده های گرامی! بعد از بررسی نقایص، تناقض، خلاء و عدم اجرای حقوق بین المللی باید دانست که خوشبینی جدی در رشد حقوق بین المللی در عرصه های پژوهش و کار علمی تحقیقاتی توسط دانشمندان حقوق وجود

دارد که فراورده های علمی آنها به تدریج به اسناد حقوقی تبدیل می شوند. من مطمئن هستم که علم و دانش بر پلشتی ها غلبه خواهد کرد. زیرا تکرار و تداوم بیش از حد بی عدالتی چرخه زمان را مجبور می سازد که به علم و دانش، عقل و منطق تن در دهد.

سوم: خودکامه گی امریکا در قلمرو حقوق بین المللی: این موضوع را در مثال مصؤنیت قضایی نظامیان امریکایی در افغانستان تشریح می کنم. در این مورد مقاله ای را نوشته بودم که در سال ۲۰۱۱ در کابل پرس نیز نشر شده است. https://www.kabulpress.org/article54915.html

مصؤنیت قضایی نظامیان کشوری که در کشور دومی در حال جنگ است، بی عدالتی مطلق، بی داد، استبداد و زورگویی است که مثال آن، دادن مصؤنیت قضایی به نظامیان امریکایی در افغانستان است. ایالات متحده امریکا با استفاده از زور و حکومت دست نشانده، بر حاکمیت ملی و قانون اساسی افغانستان پا گذاشته، مصونیت قضایی نظامیان خود را توسط پارلمان فاسد افغانستان به تصویب رسانید.

یعنی امریکا جنایتکاران آینده اش در افغانستان را تضمین کرده است که مجازات نشوند. سربازان امریکا می توانند در سرزمین دیگران مرتکب جنایت شوند، اما کشور میزبان حق ندارد که مجرمین امریکایی را مجازات کند. هدف من از آوردن این مثال معرفی وضعیت حقوق بین المللی است که کشور بزرگ و زور گو می تواند از اجرای حقوق بین المللی فرار کند و حتی برای مجرمین شان مصونیت قضایی را از حکومت دست نشانده بدست آورد. (۱۱)

نهادی که این بی عدالتی بین المللی را مورد بازپرس قرار بدهد وجود ندارد، قانون، کنوانسیون یا قراردادی بین المللی وجود ندارد که این عمل امریکا را نقض حاکمیت ملی افغانستان دانسته از آن جلوگیری نماید.

خواننده های عزیز، این بود سخنرانی سوم «خلا ها، تناقضات و عدم اجرای حقوق بین المللی. هدف از تشریح موضوع این است که خواننده های گرامی بایست بدانند چیز های که بنام انسان و انسانیت؛ بنام دفاع از انسان و حقوق انسان، بنام نجات و ترقی انسان بوجود آمده، اند، مورد استفاده نادرست کشور های زورمند قرار می گیرند.

مردم باید بدانند، وقتی از این ارزش های انسانی بهره مند می شود که حد

اقل سرنوشت کشور شان را بدست داشته باشند، حق شان را بخواهند و به این امید نباشد که سیستم های حقوقی، قضایی و جزایی بین المللی از آنها دفاع می کنند. این دفاع صورت نخواهد گرفت اگر سرنوشت کشوری بدست مردمش نباشد.

سخنرانی بعدی «به رسمیت شناختن نسل کشی و موانع آن» است. بسیار جالب است که چرا «کمیسیون مستقل حقوق افغانستان» نتوانست نسل کشی مردم هزاره را به رسمیت بشناسد و چرا معاونان «منتخب» حامد کرزی و معاونان «منتخب» اشرف غنی شرط شرکت شان در حکومت را به رسمیت شناختن نسل کشی مردم هزاره نگذاشتند و چرا در اعتراض از فجیع ترین نسل کشی مردم هزاره از حکومت های کرزی و غنی استعفا ندادند. این موضوعات را در سخنرانی بعدی دنبال می کنیم. در این سخنرانی دیده خواهد شد که سیستم ها، ساختار های سیاسی جهانی و منافع قدرت های بزرگ در روند به رسمیت شناختن نسل کشی و ایجاد موانع برای به رسمیت شناختن نسل کشی نقش دارند. امریکا نسل کشی ارمن ها را وقتی به رسمیت شناخت که منافع کشورش در آن دقیق محاسبه شده بود، امریکا و انگلیس هیچگاهی نسل کشی مردم هزاره را به رسمیت نمی شناسند زیرا خود آنها در اجرای این نسل کشی نقش دارند. پس باید امیدی از کشور های که در نسل کشی مردم هزاره نقش دارند، نداشته باشیم و وقت خود را در این راه ضایع نکنیم. البته هدف من ردِ کارِ عدالتخواهی در این کشور ها نیست.

مأخذ و منابع

۱. منشور ملل متحد، ماده دوم،

۲. منشور ملل متحد ماده ۱۲،

۳. منشور ملل متحد ماده ۵۲ و ۵۳

۴. اساسنامه دیوان قضایی بین المللی، ماده دوم

۵. ماده پنجم اساسنامه دادگاه بین المللی جنایی، ۱۷ ژوئیه ۱۹۹۸،روم.

۶. مهسا شیروی، اشکان آقا سید علی دربندی، دادگاه های کیفری بین المللی نسل سوم، ۱۳۹۸ هخ، ایران

۷. همان منبع

۸. اساسنامه عفو بین الملل، برگه انترنیتی عفو بین الملل،

/how-were-run/amnesty-international-statute/۲-https://fa.amnesty.org/who-we-are

۹. همان منبع

۱۰. ثنا نیکپی، شیوه های اداره دولت جهانی در افغانستان، کابل پرس، اپریل ۲۰۱۰م

https://www.kabulpress.org/article4875.hml

نیکپی، پلان سه مرحله ای کشور های غربی در افغانستان، جولای ۲۰۱۷م ، تورنتو، ص ۱۴۰ ـ ۱۸۲

۱۱. ثنا نیکپی، در باره پایگاه نظامی امریکا در افغانستان، کابل پرس، ۱۴ فبروری ۲۰۱۱م،

https://www.kabulpress.org/article54915.html

۱۲. برگه انترنیتی دوچه ویله در گزارش دهم میزان ۱۳۸۸ هخ

۱۳. همان منبع

۱۴. برگه انترنیتی دیدبان حقوق بشر، ۲۲ نومبر ۲۰۲۲م.

https://www.hrw.org/gbz/news/2022/11/03/icc-afghanistan-inquiry-can-resume

سخنرانی چهارم

به رسمیت شناختن نسل کشی

به مثابه اقدام بزرگ سیاسی و موانع آن

۱. به رسمیت شناختن نسل کشی چیست؟
۲. فاکتور های به رسمیت شناختن نسل کشی
۳. روند و مراحل به رسمیت شناختن نسل کشی
۴. به رسمیت نشناختن یا انکار از نسل کشی

خواننده های عزیز در ادامه سخنرانی ها در باره نسل کشی، زیر عنوان «شرح تئوریک نسل کشی و گستردگی نسل کشی مردم هزاره»، نوبت به سخنرانی چهارم است.

این بار سخنرانی را از سخنان چند دانشمند افغانستان آغاز می کنم که در سال ۲۰۲۳م در یک کنفرانس آنلاین در باره نسل کشی مردم هزاره نشر شده بود.

نصیر مهرین
تاریخ نگار، نویسنده بیش از سی جلد کتاب در عرصه های تاریخ، جامعه شناسی و هنر

بریده ای از سخنان نصیر مهرین در باره موجودیت نسل کشی هزاره ها:
«در مورد نسل کشی مشخص هزاره ها در افغانستان از مدت ها به اینطرف برای من هیچ تردیدی وجود ندارد. وقتی کاتب ارجمند می گوید، وقتی غلام

محمد غبار اشاره می کند، وقتی با وضاحت بیشتر محمد صدیق فرهنگ اشاره می کند، بجایی می رسیم که در افغانستان نسل کشی وجود داشته است. یا به عباره دیگر دولت وقت برخی از مردم را با تعقیب مذهبی، با تعصب قومی، چنان اذیت کرده، مناطق شان را گرفته، حکم صادر کرده، فتوای ملا ها را گرفته اند. وقتی می خواهیم در باره عوامل رفتن هزاره به کویته و رفتن شان به جاهای دیگر مثل خراسان تحقیق بکنیم ما ناگزیر هستیم که عوامل اصلی آنرا در درون جامعه جستجو کنیم، ما را به این نتایج می رساند که در آن اوضاع و احوال همچنان نسل کشی را انجام داده اند.» (۱)

نسیم رهرو
نویسنده کتاب «رنجهای مقدس»

بریده ای از سخنان نسیم رهرو در باره نسل کشی هزاره ها

«... و اما به گواهی تاریخ در این میان مردم هزاره ستم مضاعف کشیدند، در سرکوب های که این قوم شریف تحمل کرده، از تبعیض و تفاوتی که در حق آنها قایل شدند همه می دانیم. همه دوستان آگاهی دارند که چگونه امیر عبدالرحمن کله منار ها ساخت، ۶۰ در صد مردم هزاره را قتل عام کرد.» (۲)

باری جمال نویسنده و پژوهشگر

بریده ای از سخنان باری جمال در پاسخ به پرسش ثنا نیکپی

اگر شما زمامدار افغانستان می بودید، نسل کشی هزاره ها به رسمیت می شناختید و از آنها معذرت می خواستید؟

پاسخ باری جمال: «اگر من زمامدار افغانستان می بودم، این حالتی در ده سال و پانزده سالی که آمده، واقعن از صمیم قلب بر شما می گویم و دل خود را برای تان باز می کنم که آنقدر تاثیر خراب را بر من داشته که مرا کشته باشند و یا اولاد مرا کشته باشند. من واقعا معذرت می خواستم، من آغوش خود را برای هزاره ها باز می کردم، به هزاره ها می گفتم، بیایید که شما را ببوسم، و از شما معذرت بخواهم، شما بزرگ باشید و من کوچک تان باشم. هزاره ها سرتاج افغانستان اند، مردم افغانستان بدون هزاره ها زندگی کرده نمی توانند. خدا آنها را کم نداشته باشد» (۳)

خواننده های ارجمند پیش از سخنرانی چهارم، تذکر کوتاهی از سخنرانی های اول، دوم و سوم دارم.

در سخنرانی اول تصور عمومی و درک لازم در باره نسل کشی، تفاوت و مقایسه آن با پدیده های مشابه با نسل کشی، عوامل سیاسی و جنبه های روانشناسی نسل کشی و همچنان در مورد اقسام و شکل های اجرای نسل کشی تشریحات لازم داده شد.

در سخنرانی دوم عناصر ترکیبی جنایت نسل کشی در مقایسه با جرم قتل تشریح شد. با تشریح عناصر جرمی نسل کشی و استدلال آن بر مبنای تئوریکی علوم حقوق، جنایاتی که در افغانستان اجرا می شوند، مشخص گردید که کدام آنها جنایت علیه جنایات بشریت، کدام آنها جرایم جنگی و کدام آنها نسل کشی است.

در سخنرانی سوم «تناقضات و خلا های حقوقی در حقوق بین المللی، بویژه در حقوق جزای بین المللی»، در باره موضوعاتی چون حقوق بین المللی چیست؟؛ مرور کوتاهی بر سیستم قضایی حقوق بین المللی؛ خلا ها و تناقضات در قانونگذاری و اجرای حقوق جزای بین المللی؛ رابطه حقوق بین المللی و نظم جهانی و خلا ها و تناقضات در کنوانسیون جلوگیری و مجازات نسل کشی، توضیحات لازم داده شد.

خواننده های گرامی! اینک سخنرانی چهارم را زیر عنوان « به رسمیت شناختن نسل کشی به مثابه اقدام بزرگ سیاسی و موانع آن» بررسی می کنیم که موضوعات این سخنرانی قرار ذیل است:

موضوع اول: به رسمیت شناختن نسل کشی چیست؟

موضوع دوم: فاکتور های به رسمیت شناختن نسل کشی

موضوع سوم: روند و مراحل به رسمیت شناختن نسل کشی

موضوع چهارم: به رسمیت نشناختن یا انکار از نسل کشی

علت های انکار از به رسمیت شناختن نسل کشی مردم هزاره در افغانستان و موانع آن با دو نکته زیر تشریح می شود:

ـ موانع نسل کشی مردم هزاره و تفاوت آن با نسل کشی های دیگر

ـ فرصت های از دست رفته مردم هزاره در روند به رسمیت شناختن نسل کشی

موضوع پنجم: نقش هزاره های خارج از کشور در جلوگیری از نسل کشی و روند به رسمیت شناختن آن

موضوع اول: به رسمیت شناختن نسل کشی چیست؟

به رسمیت شناختن نسل کشی شامل اقدامات مدنی، سیاسی و حقوقی است که بعد از طی مراحل پیچیده به شکل های غیر رسمی و رسمی انجام می شود، دارای پیامد های مهم حقوقی، سیاسی، فرهنگی و اجتماعی می باشد.

سیاست‌های به رسمیت شناختن نسل کشی تلاش‌هایی برای تفسیر یک رویداد خاص به‌عنوان «نسل کشی» یا تعیین رسمی به این عنوان است. چنین تلاش‌هایی ممکن است بدون توجه به اینکه آیا این رویداد با تعریف نسل‌کشی که در کنوانسیون نسل کشی ۱۹۴۸ آمده است یا خیر، رخ می دهد.

همانطوریکه جنایت نسل کشی جنبه سیاسی دارد، توسط دولت ها و نهاد های فرادولتی انجام می شود، موضوع به رسمیت شناختن آن هم با ابهامات یکجا است. زیرا در این مورد پژوهش های علمی جداگانه انجام نشده و تنها در موارد رویداد های قبلی مانند به رسمیت شناختن نسل کشی ارمن ها و یهودی ها ، در ادبیات حقوقی و سیاسی موادی کافی موجود بوده و در باره به رسمیت شناختن نسل کشی کرد ها و هزاره ها هیچ اقدامی صورت نگرفته است. متاسفانه ادبیات سیاسی و حقوقی در باره نسل کشی در کل، غنی و در

باره به رسمیت شناختن آن بسیار فقیر است.

اسناد حقوقی، تحقیقات علمی در تعریف و تشریح به رسمیت شناختن نسل کشی به قدر کافی وجود ندارد.

علت این خلأ در ادبیات حقوقی و سیاسی اینست که دلسوزی جمعی جهانی در این مورد وجود ندارد. گرداننده های نظم جهانی یا کشور های بزرگ اگر خواستند، به نسل کشی های گذشته مطابق میل شان بطور جداگانه مانند نسل کشی یهودیان و نسل کشی ارمن ها پرداز میدهند و به نسل کشی های را که نخواسته اند به رسمیت بشناسند، توجه نمی کنند. رویهمرفته به مسایل تئوریک مساله به رسمیت شناختن نسل کشی هم توجه صورت نمی گیرد. چوکات علمی این مسأله هم تهیه و ترتیب نشده است.

این برخورد مسئولیت پژوهشگران کشور هایی را که در آن نسل کشی انجام شده، سنگین تر می سازد تا به رسمیت شناختن نسل کشی مردمان شان را بدون اتکا به تجربه علمی جهانی انجام بدهند. همچنان برای بقایای قربانیان نسل کشی نیز دشواری هایی را بوجود آورده است. پس دانشمندان و بازماندگان قربانی نسل کشی در افغانستان هم با این مشکل روبرو اند. بهترین راه عبور از این دشواری، پژوهش با استفاده از تجارب نسل کشی های که به رسمیت شناخته شده اند، می باشد که آنرا بر مبنای استناد ملی شان مورد ارزیابی قرار بدهند و بر جمع آوری مدارک عینی و مادی بیشتر متکی باشند. فاکت ها، اسناد، ارقام، مدارک و شواهد را جمع آوری، ردیف بندی و مستند سازی کنند، تا بتوانند روند به رسمیت شناختن نسل کشی را به روند انکارناپذیر و برگشت ناپذیر تبدیل کنند. عمده ترین مانع به رسمیت شناختن نسل کشی جبران خساره است که بعدا به این موضوع برمی گردیم.

موضوع دوم: فاکتور های به رسمیت شناختن نسل کشی

فاکتور های به رسمیت شناختن نسل کشی عبارت از عواملی اند که در روند به رسمیت شناختن و انکار از نسل کشی تاثیر گذار اند. در اینجا چهار فاکتور ذیل را یادآور می شویم.

یک: دوجانبه: هرگاه گروه قربانی نسل کشی و حکومت اجرا کننده به توافق برسند یا حکومتی بنابر ملحوظات عینی جنایت حکومت های گذشته اش را بپذیرد و از قربانیان معذرت بخواهد این امر فاکتوری به رسمیت شناختن نسل

کشی دو جانبه است. چنین امری تنها در کشور های که دموکراسی در آنها ریشه های عمیق داشته باشد و نشاختن نسل کشی مانع پرستیژ حزب بر سر قدرت باشد یا به موضوع انتخاباتی چند حزب رقیب تبدیل شده باشد، امکان پذیر است. اما در کشور دیکتاتوری این امر ناممکن و محال است.

معذرت خواهی دولت کانادا از بومیان کانادایی و جاپانی های کانادایی از نمونه های فکتور دو جانبه اعتراف برجنایت گذشته است. (۴)

دو: جیوپولیتیک دینی: همانطوریکه عوامل جغرافیایی مانند موقعیت، شکل هندسی کشور ها، عوامل طبیعی، جمعیت، منابع طبیعی ، ذخایر معدنی، آب و هوا و غیره در سیاست کشور و روابط سیاسی انها با کشور های دیگر تاثیر گذار است، موجودیت باور های دینی جمعیت یک کشور یا یک جغرافیا نیز تاثیر انکار ناپذیر برسرنوشت سیاسی آن ها دارد، به همین منوال جیوپولیتیک دینی نیز بر سیاست کشور و جغرافیای معین تاثیر می اندازد. نسل کشی و به رسمیت شناختن آن نیز از جغرافیای دینی متاثر است. مثلا جغرافیای دینی بر به رسمیت شناختن نسل کشی ارمن ها مساعد است، اما برای به رسمیت شناختن نسل کشی کرد ها مساعد نیست. برای به رسمیت شناختن نسل کشی هزاره ها، جغرافیای دینی بنابر تعلقیت شان به تشیع مساعد نیست. زیرا تشیع یکی از انگیزه های نسل کشی هزاره است.

سه: سیاست های بزرگ: یعنی دلچسپی، نقش، و سهم کشور های بزرگ. در اینجا موضوعی مورد بحث است که به رسمیت شناختن نسل کشی با کشور های بزرگ مانند امریکا، چین، روسیه وغیره چه مناسبتی دارد؟ کشور های بزرگ تاثیر گذار بر سیاست جهانی در این نسل کشی چه نقشی، سهمی یا دلچسپی دارند، مثلا به رسمیت شناختن نسل کشی ارامنه توسط امریکا و منکر بودن نسل کشی مردم هزاره توسط امریکا از مثال های این فاکتور است.

چهار: جنبه جیو استراتیژیک : افاده واژه جئو استراتیژیک در آن است که کدام کشور به جغرافیای معین کدام استراتیژی یا برنامه های دراز مدت را دارد. (۵) مثلا امریکا در جغرافیای منطقه ای که افغانستان در آن موقعیت دارد، پلان دور نمایی بی ثباتی و تقویت بنیادگرایی دینی را دارد. هزاره ها بنابر هزاره بودنش قومی است که طرفدار صلح و ثبات هستند و بنابر تعلقیت شان بر مذهب شیعه برای امریکا مناسب نیستند. این امر در به رسمیت شناختن نسل کشی مردم هزاره در افغانستان تاثیرات ناگوار را تحمیل می کند. تا این

استراتیژی امریکا پابرجا باشد، نه تنها مانع بزرگ برای به رسمیت شناختن نسل کشی مردم هزاره خواهد بود، بلکه فاکتور ادامه نسل کشی هم بوده می تواند.

موضوع سوم: روند و مراحل به رسمیت شناختن نسل کشی

گرچه از دید سرسری به رسمیت شناختن نسل کشی با فیصله نهاد های قضایی بین المللی، یا حد اقل توسط کشور ها عملی می گردد. اما از دید عمیق علمی به رسمیت شناختن نسل کشی روند طولانی دارد که می توان آنرا به دو مرحله مورد بررسی قرار داد. هر مرحله به رسمیت شناختن نسل کشی با موانع، مشکلات، انکار و کارشکنی، خاموشی و بی تفاوتی کشور ها نهاد های ذیربط در مورد اجرا و موجودیت نسل کشی همراه است که رسیدن به آخرین مرحله آن یعنی به رسمیت شناختن رسمی، سال ها، دهه ها و سده ها را می پیماید.

گرچه از دید تیوریک مرحله بندی به رسمیت شناختن نسل کشی کار ساده نیست، اما برای آسانی کار و بررسی بهتر، من آنرا در دو مرحله به رسمیت شناختن غیر رسمی و رسمی بررسی می کنم.

مرحله اول: به رسمیت شناختن از دید گسترده یا به رسمیت شناختن غیر رسمی، طولانی ترین روند شناخت نسل کشی است که می تواند به رسمیت شناختن رسمی بینجامد و می تواند سال ها و قرن ها دوام کند.

به رسمیت شناختن نسل کشی از دید گسترده، شناخت در ذهنیت مردم کشور و مردمان جهان و موجودیت نسل کشی در ادبیات علمی و پژوهشی، در رسانه ها، در برگزاری کنفرانس ها، مستند سازی ها، در دادخواهی های مردمی، اعتراضات و راهپیمایی ها تبارز می کند.

به رسمیت شناختن غیر رسمی به تدریج مراحل دشواری را طی می کند تا به رسمیت شناختن رسمی تبدیل شود. طوریکه اقدامات مدنی، رسانه ای، علمی و پژوهشی، هنری و اعتراضات مردمی ذهنیت عامه مردم کشوریکه در آن نسل کشی صورت گرفته و ذهنیت عامه جهان را آماده پذیرش فاکت نسل کشی می سازد.

یگانه چیزی که این روند را سریع می سازد، ادامه فاکت نسل کشی است. نسل کشی که در گذشته های دور انجام شده و ادامه ندارد، شناسایی آن

دشوار تر است. بهترین مثال آن نسل کشی کرد ها و نسل کشی ارامنه است. نسل کشی های که ادامه داشته و فاکت های تازه دارد، شناسایی آن در ذهنیت عامه مردم آسان تر است.

زیرا مناسبات و روابط کشورهای جهان نمی تواند با دسیسه های دایمی پیش برود، مردم از آن خسته و بیزار می شوند.

اگر کشوری یا سیستمی از فاکت های نسل کشی که در برابر چشمان مردمان جهان انجام می شود، انکار کند، وجدان و ذهنیت مردمان شان را می آزارد. تداوم آزار و اذیت به اعتراض و جنبش تبدیل می شود. این امر نوعی از شناسایی غیر رسمی نسل کشی را فراهم می سازد.

شناختن نسل کشی شیوه های زیاد دارد که در چهارچوب اقدامات سیاسی، علمی، هنری و کار های عملی انجام می شود.

فعالیت های سیاسی: اشتراک در انتخابات، شمولیت در ائتلاف های سیاسی با داشتن برنامه های تغییر ناپذیر در باره به رسمیت شناختن نسل کشی، تشکیل احزاب سیاسی با اهداف مشخص جلوگیری از نسل کشی و به رسمیت شناختن آن.

فعالیت های دیپلوماتیک: در صورتیکه دولت منتخب از ائتلاف سیاسی بوجود آید که نمایندگی گروه اجتماعی نسل کشی در آن موجود باشد.

کار رسانه ای: این روش موثر ترین کار در به رسمیت شناختن نسل کشی است که هزاره های بیرون مرزی این کار با موفقیت انجام داده و انجام می دهند.

فعالیت های اعتراضی مدنی: جوامع هزاره در کشور های اروپایی، امریکا، کانادا و آسترالیا فعالیت های موفقیت آمیزی در این زمینه داشته و دارند.

اقدامات حقوقی و حقوق بشری: این کار تا حدی صورت گرفته است. خوشبختانه نهاد های مردم هزاره روز به روز دروازه های بسته نهاد بین المللی را می کوبند و به تدریج اسناد و مدارک فاکت نسل کشی را به نهاد های جهانی و حقوق بشری تسلیم می دهند.

پژوهش علمی: افراد متخصص و نهاد های پژوهشی مصروف تعریف و تشریح نسل کشی مردم هزاره در چوکات علم و دانش حقوقی هستند. امیدوارم سخنرانی های بنده نیز بتواند نقشی را در این زمینه داشته باشد.

برگزاری کنفرانس ها شناختن نسل کشی را به تدریج آماده می سازد،

جوانب وقوع نسل کشی را تشریح می کند، مردم را با فاکت های نسل کشی آشنا می سازد و ادبیات و مواد معلوماتی و پژوهشی را بجا می گذارد.

مستند سازی توسط نهاد ها و دانشمندان و پژوهشگران و فلم سازان بخش مهمی شناسایی نسل کشی را که آماده سازی فاکت نسل کشی برای به رسمیت شناختن رسمی باشد، آماده کرده و می کنند.

لابی گری روش جدیدی است که در دهه اخیر مورد استفاده بیشتر قرار گرفت. نهاد ها و فعالان هزاره در انگلستان، آسترالیا، کانادا و ایتالیا با استفاده معقول از این شیوه صدای رسای شان در باره فاکت وقوع نسل کشی مردم هزاره را از تریبون های پارلمان کشور های نامبرده بلند کرده اند.

اقدامات هنری مانند ساختن مجسمه ها ، منومنت ها و نقاشی و نشر رمان ها و داستان ها و تهیه فلم های مستند و اخباری را در روند به رسمیت شناختن نسل کشی دارد.

برگزاری نمایشگاه های عکاسی، مواد مربوط به نسل کشی از شیوه های انگشت نشان کردن جنایت نسل کشی است.

سرودن اشعار و نوشتن داستان ها برای ایجاد ادبیات و ذهنیت لازم به رسمیت شناختن نسل کشی صورت گرفته است که اشتراک کامران میرهزار در همایش های بزرگ شعرای جهانی و تصویب قطعنامه ها و اعتراض نامه ها در باره نسل کشی مردم هزاره موثر و کارا است.

موجودیت قبر ها یادگاری ها یاد بود ها خاطره ها هم کمک می کند که مردم به فاکت ها و موجودیت نسل کشی آشنا باشند.

قابل یادآوری است که شیوه های گفته شده در بالا، تغییر و تحرک کمی برای شناسایی و به رسمیت شناختن نسل کشی است. به رسمیت شناختن رسمی آن بدون طی کردن مرحله تدریجی آن دشوار و ناممکن است. همین فعالیت های تدریجی است که روند نسل کشی را به مرحله کیفی آن یعنی به رسمیت شناختن رسمی تحویل می دهد.

مرحله دوم: به رسمیت شناختن از دید محدود یا به رسمیت شناختن رسمی که آخرین مرحله به رسمیت شناختن نسل کشی است.

تجربه به رسمیت شناختن نسل کشی نشان داده است که رسیدن به آخرین مدارج این روند همواره دَو گزینه مهم را طی کرده است.

گزینه اول، شناختن فاکت یعنی موجودیت پدیده نسل کشی با اجماع و وفاق

سیاسی در یک یا چند کشور است.

در شناخت نسل کشی موجودیت فاکت و آماده سازی آن مهم است. در این جا مجموعه منابع، شاهدان، چشمدیدها، تعقیب عدلی، تصاویر، مواد ویدیویی، بررسی محلات نسل کشی، از کار های است که توسط نهاد های بین المللی انجام می شود.

گزینه دوم، به رسمیت شناختن با فیصله نامه هر کشور و یا نهاد های معتبر بین المللی صورت می گیرد.

به رسمیت شناختن نسل کشی یهودی ها در سال های جنگ دوم جهانی، اول با اجماع سیاسی پذیرفته شد بعد توسط محکمه بین المللی (تریبونال نورنبرگ ۱۹۴۵م) تائید شد. (۶)

به رسمیت شناختن نسل کشی یوگوسلاوی که توسط سازمان ملل متحد به رسمیت شناخته شد، متهمین نسل کشی در تریبونال یوگوسلاوی مجازات شدند. بعداً در سال ۲۰۰۵ ایالات متحده امریکا آنرا به رسمیت شناخت. یعنی در عقب به رسمیت شناختن آن امریکا قرار داشت. (۷)

به رسمیت شناختن نسل کشی روندا بعد از صدور قطعنامه شورای امنیت ملل متحد آغاز شد و محکمه نظامی روندا (تریبونال روندا) هزاران متهم به نسل کشی و جنایت علیه بشریت را مجازات کرد.

روند به رسمیت شناختن نسل کشی ارمن ها طولانی است که در آن از پاپ ایوان دوم تا پاپ فرانسیس، دولت ارمنستان، و اکنون امریکا سهم داشته اند. اما این روند توسط دولت ترکیه و عده ای از کشور ها به رسمیت شناخته نمی شود. (۸)

در سال ۱۹۹۱ روسیه نسل کشی قوم کلمیک را که در دوره ستالین به ورال و آسیای میانه بی جا شده بودند به رسمیت شناخت. (۹)

در صورتی که پذیرش فاکت در اجماع سیاسی بین المللی یا به رسمیت شناختن فاکت نسل کشی توسط یک کشور انجام شود، تائید آن می تواند در محاکم ملی یا بین المللی صورت بگیرد.

دشواری شناسایی فاکت نسل کشی در آنست که دولت ها نمی خواهند آنرا به رسمیت بشناسند و نهاد های بین المللی نمی توانند از حاکمیت ملی آنها عبور کنند.

نسل کشی ارمن ها در سال های ۱۹۱۵-۱۹۱۷ توسط ترکیه و کشور های

شرق میانه به رسمیت شناخته نشد. زیرا رهبران این کشور از پیامد سیاسی و حقوقی به رسمیت شناختن می ترسند. علت هراس به رسمیت شناختن جبران خساره برای قربانیان و استرداد دارایی ها و ملکیت هایی است که حالا به مالکان جدید داده شده اند. باید دانست که بازگشت ارزش های فرهنگی نابود شده، ناممکن است.

کشور های نظیر افغانستان نه تنها فاکت نسل کشی را به رسمیت نمی شناسند، بلکه از آن انکار می کنند. زیرا میخواهند نسل کشی مردم هزاره را ادامه بدهند.

امضای کنوانسیون جلوگیری نسل کشی توسط کشور های اعضای ملل متحد طولانی ترین وقت را در بر گرفت. چنانچه از ۱۹۲ کشور عضو ملل متحد ۱۵۱ آن کنوانسیون را در پارلمان های شان تصویب کردند.

مختصر اینکه نسل کشی به اشکال ذیل به رسمیت شناخته می شود:

ـ توسط نهاد های معتبر بین المللی مانند سازمان ملل متحد.

ـ توسط کشور های منطقه و جهان.

ـ توسط کشوری که در آن نسل کشی اجرا شده است یا نسل کشی ادامه دارد.

ـ مجازات مجرمین نسل کشی توسط محاکم بین المللی

موضوع چهارم: به رسمیت نشناختن یا انکار از نسل کشی
(انکار دولت اجرا کننده و انکار نهاد های جهانی)

انکار از نسل کشی و به رسمیت نشناختن آن در همه نسل کشی های گذشته در دنیا امر معمول است. هیچ جنایتکاری خواه نهاد های دولتی باشد یا گروه های دیگر، به آسانی حاضر نخواهند شد که جنایت شان را بپذیرند و مسئولیت ثقیل آنرا بدوش بگیرند. این موضوع زیاد پیچیده است. برای تشریح بهتر، آن را در چند نکته تقسیم می کنم:

نکته اول: تشریح مختصر در مورد انکار از نسل کشی مردم هزاره

نکته دوم: علت های انکار از به رسمیت شناختن نسل کشی در افغانستان و موانع آن

نکته سوم: موانع به رسمیت شناختن نسل کشی مردم هزاره و تفاوت آن با نسل کشی های دیگر

نکته چهارم: فرصت های از دست رفته مردم هزاره در روند به رسمیت شناختن نسل کشی

نکته اول: تشریح مختصر در مورد انکار از نسل کشی مردم هزاره: قسمیکه در بخش فاکتور های به رسمیت شناختن نسل کشی تشریح شده عواملی زیادی بالای به رسمیت شناختن نسل کشی ها تاثیر گذار است. از جغرافیا گرفته تا دین و مذهب و از نژاد گرفته تا منافع کشور های بزرگ به روند به رسمیت شناختن ، نشاختن و انکار از نسل کشی تاثیر می گذارد.

قابل ذکر است که در روند به رسمیت شناختن نسل کشی فاکتور های مذکور باید در نظر گرفته شود.

برعلاوه فاکتور ها عوامل، علت و انگیزه به رسمیت نشناختن باید مورد توجه قرار بگیرد.

نکته دوم: علت های به رسمیت نشناختن نسل کشی یا انکار از آن قرار ذیل است.

ـ برائت دادن جنایت شان در برابر مردم خود شان و مردمان کشور های جهان

ـ گریز از جبران خساره

ـ برای ادامه نسل کشی

ـ تکبر و غرور ملی منفی کشور اجرا کننده یا قوم حاکم

علت های انکار از به رسمیت شناختن نسل کشی مردم هزاره در افغانستان و موانع آن در خور تعمق و تأمل است.

در نسل کشی مردم هزاره صلح، مدنیت، روند ترقی جامعه، تضعیف می شود که نسل کشی را خطر بزرگ و نابود کننده برای فرهنگ یک گروه، قوم، ملت و بشریت می توان محاسبه کرد. زیرا مردم هزاره در تاریک ترین نقطه جهان یعنی افغانستان، روشنایی می آورند، در خونین ترین خطه ارض بیرق صلح را بلند کرده اند، در ظلمتکده ای بنام افغانستان به معارف و تحصیل روی آورده اند و در موجودیت مستبد ترین رژیم ها برای اعاده دموکراسی، عدالت و برادری کار کرده اند. رویهمرفته به رسمیت شناختن نسل کشی مردم هزاره در افغانستان به دشواری ها و مشکلات جدی روبرو است. زیرا تقاطع و تقابل منافع کشور های بیگانه در افغانستان ایجاب می کند که این کشور گهواره ای برای پرورش بنیادگرایی، تروریزم و بی ثباتی منطقوی باشد.

انكار از جنایت هولناك از جمله نسل كشی كه در افغانستان انجام شده است، ثابت می سازد كه به رسمیت شناختن رسمی نسل كشی مردم هزاره در این كشور به موانع و مشكلات جدی مقابل است.

یكی از علت های انكار از نسل كشی هزاره ها، تقدیس ها و تكفیر ها است. من شخصا در جامعه و حتی حلقات روشنفكری مردم افغانستان از اقوام مختلف، با این موضوع روبرو شده ام و تجاربی را بدست آورده ام. اكثر روشنفكران افغانستان با شیوه های قالبی و روش های قالبی و سطح نازل دانش و تخصص نمی توانند از تقدیس های كهنه و فرسوده خارج شوند. مثلا اگر حرفی در باره فدرالیزم باشد، در مغز آنها موضوع تجزیه خطور می كند، زیرا درك علمی و تخصصی از تیوری دولت و ساختار های فدرالیزم را ندارند. اگر از نسل كشی حرفی در میان آید مغز تلقین شدهٔ اكثر روشنفكر افغانستان كلمات بی مفهوم تقدیس شده مانند «ضدیت با وحدت ملی»، «چرا كشتار هزاره ها نسل كشی است و كشتار قوم من نسل كشی نیست» و غیره مفاهیم از پیش ترویج شده توسط اجرا كننده های نسل كشی به زبان شان می آید. زیرا آنها نمی دانند كه تفاوت میان نسل كشی، جرایم علیه بشریت و جرایم جنگی چیست؟، آنها درك و فهمی در باره جرایم بین المللی و حقوق بین المللی ندارند.

بدبختی جامعه ما در آن است كه در آن همه دانشمند، همه متخصص، همه سیاست دان و همه حقوقدان پنداشته می شوند.

نكته سوم: موانع نسل كشی مردم هزاره و تفاوت آن با نسل كشی های دیگر

ـ موانع خارجی بر موانع داخلی به رسمیت شناختن نسل كشی در افغانستان تقدم دارد. نقش عوامل و فاكتور های خارجی نسل كشی قوی تر از عوامل داخلی آنست.

ـ در عقب به رسمیت شناسی نسل كشی مردم هزاره دولت وجود ندارد كه به سیاست خارجی اش تبدیل شود. نهاد های بزرگ، معتبر و با ثبات جهانی وجود ندارد تا موضوع را همواره تعقیب نماید.

ـ اجرا كننده های نسل كشی مردم هزاره پیچیده، و قدرت های بزرگ جهانی در عقب آنها قرار دارند.

ـ مردم هزاره احزاب سیاسی ندارند كه حامی منافع والای آنها باشد.

ـ اکثر نسل کشی ها در سطح ملی است، اما نسل کشی مردم هزاره موقف قومی مذهبی را دارد که هردو در اقلیت قرار دارند و به رسمیت شناختن آن توسط اقوام حمایت نمی شود.

ـ حمایت مذهبی ـ دینی جهانی ندارد. از روند به رسمیت شناختن نسل کشی ارمن ها کلیسا های کاتولیک، پاپ، حکومت ارمنستان حمایت می کنند. برعکس روند به رسمیت شناختن نسل کشی مردم هزراه حامی دینی و مذهبی جهانی ندارد.

ـ دادخواهی های پراگنده که با سرکوب روبرو شده اند.

ـ روند به رسمیت شناختن نسل کشی مردم هزاره با دادن خون تقویت میگردد. اجرا کننده ها و انگیره های نسل کشی مردم هزاره در دوره های مختلف تاریخ افغانستان همواره تکرار می شود.

ـ اجرا کننده های نسل کشی از سران مردم هزاره استفاده ابزاری می کنند. در زمان عبدالرحمان خان میران هزاره و در زمان حامد کرزی و اشرف غنی رهبران احزاب سیاسی مجاهد وسیله دست اجرا کننده نسل کشی بوده اند.

ـ در اساسنامه روم سه گزینه برای بررسی جنایات بین المللی وجود دارد که اول کشوری که در آن جرم انجام شده به محکمه بین المللی درخواست بدهد. واضح است که در افغانستان همیشه دولت اجرا کننده نسل کشی بوده است. دوم، دادستان محکمه بین المللی به این نتیجه برسد که جرم بین المللی در جایی صورت گرفته باید بررسی شود. این یگانه راه برای بررسی نسل کشی برای افغانستان است که بسیار دشوار است. سوم شورای امنیت ملل متحد باید به محکمه بین المللی دستور بدهد تا جرایم را بررسی کند. تا شورای امنیت ملل متحد با ماهیت و مکانیزم کنونی اش باشد، این کار برای نسل کشی مردم هزاره دشوار و ناممکن است.

در اوضاع و حالات کنونی مبارزات برای به رسمیت شناختن نسل کشی هزاره ها در افغانستان بار نخست توسط فعالان مدنی، نویسنده ها و رسانه های بیرون مرزی مطرح شد.

این کار در سال های حکومت اشرف غنی که کشتار هزاره ها به سیاست رسمی دولت تبدیل شده بود، قوت گرفت.

نکته چهارم: فرصت های از دست رفته مردم هزاره در روند به رسمیت شناختن نسل کشی است.

مبارزان این روند با نوشتن تحلیل ها، مقالات تحقیقی، نامه ها به مراجع بین المللی، رؤسای جمهور کشور های بزرگ و نهاد های حقوقی و جزایی بین المللی، موضوع به رسمیت شناختن نسل کشی مردم هزاره در افغانستان را در رسانه ها جهانی، ساختند.

با تاسف، برای اینکه این موضوع در سیاست دولت مطرح شود، فرصت های زیادی از دست رفت. رهبرانی که در ساختار ائتلاف های سیاسی حکومت های افغانستان اشتراک داشتند، هیچگاهی این موضوع را در سیاست کشور مطرح نکردند.

هیچ کسی در برنامه مبارزات انتخاباتی اش این موضوع مهم و سرنوشت ساز برای هزاره ها را بالا نکرد و در شرط های شرکت در انتخابات نگنجانیدند. رهبران سیاسی هزاره در دوره های حکومت های حامد کرزی و اشرف غنی نه تنها بهترین فرصت های به رسمیت شناسی نسل کشی را از دست دادند، بلکه نظاره گر بی چون و چرای ادامه نسل کشی آشکار توسط حکومتی بودند که در ائتلاف سیاسی با آن ها قرار داشتند.

چیز مهمی را که قابل یادآوری میدانم، این است که من موانع به رسمیت شناختن نسل کشی مردم هزاره را تشریح می کنم، تا مردم ما با این مشکلات آشنا باشند و در باره راه های عبور از فرار آنها فکر کنند. به رسمیت شناختن نسل کشی هزاره ناممکن نیست. هر قدمی که در این راه برداشته می شود، برای رسیدن به هدف موثر خواهد بود. اقدامات افراد، نهاد ها و جوامع ما بعد از فاجعه کاج در سراسر جهان ثابت ساخت که روند به رسمیت شناختن نسل کشی مردم هزاره را می توان با نیرومندی به حرکت آورد.

فرصت های از دست رفته مردم هزاره در روند به رسمیت شناختن نسل کشی: دو بار فرصتی خوبی برای به رسمیت شناختن نسل کشی مردم هزاره در افغانستان بوجود آمد. دوره حکومت خلق و پرچم و دوره حکومت حامد کرزی که بزرگان هزاره از طریق احزاب سیاسی شان در حکومت ها نقش داشتند، فرصت های بود که برای مردم هزاره امتیازات و ضرر های را در پی داشت.

برای تشریح این موضوع بدون اینکه از موضوع به رسمیت شناختن نسل کشی خارج شوم شرح مختصری را در مورد این دو دوره بیان می کنم.

فرصت اول: مردم هزاره در دوره حکومت وابسته به اتحاد شوروی: در این

دوره تبعیض و نسل کشی متوقف شد. به استثنای گروه های که در مخالف با دولت شورش و اغتشاش را بر پا کردند، مردم عادی هزاره نه تنها قربانی نسل کشی نشدند، بلکه دروازه های نهاد های دولتی از جمله امور نظامی، استخباراتی، کار دیپلوماتیک، تحصیلات عالی در داخل کشور و بیرون از آن، به روی کادر های هزاره باز شدند.

هزاره ها بار اول جنرال، سفیر، وزیر و نخست وزیر شدند. در این دوره تابوهای قرن ها شکست و موجودیت هزاره در ترکیب دولت ناگزیر و برگشت ناپذیر شد.

وزارت امور ملیت ها بجای وزارت قبایل تشکیل شد و اداره آن بدست هزاره ها داده شد. وزارت نو تشکیل نخستین جرگه سراسری مردم هزاره را بر گزار کرد که قرار بود در این جرگه به مردم هزاره خودمختاری داده شود. (۱۰) اما مداخله افراد متعصب پشتون در داخل حزب مانند سلیمان لایق و اطرافیان وی که در آن وقت با حزب کمونیست اتحاد شوروی مصروف لابی گری نقش بیشتر پشتون ها در امور دولتی بودند، مسآله خودمختاری معطل شد.

در این مرحله ارتقای روز افزون کادر های هزاره در دولت، به مفهوم به رسمیت شناختن مردم هزاره و پایان دادن به نسل کشی بود. به قدرت آوردن داکتر نجیب الله به این روند پایان داد و اتحاد شوروی بعد از لابی گری دوامدار گروه های متعصب پشتون، پالیسی اش در حل مساله ملی افغانستان را تغییر داد و بیشتر متکی به یک قوم شد. اگر این تغییرات رخ نمی داد به رسمیت شناختن نسل کشی مردم هزاره در مراحل بعدی ممکن و میسر بود. این فرصت قربانی تغییرات در پالیسی اتحاد شوروی و روسیه شد. دوره های حکومت های وابسته به غرب میخائیل گرباچف و بوریس یلتسن با عاملین ترور، بنیادگرایی و نسل کشی در معامله قرار گرفتند و روند تساوی حقوق ملیت ها (اقوام) متوقف شد و نسل کشی در زمان مجاهدین و طالبان از سر گرفته شد و تا امروز ادامه دارد.

فرصت دوم: مردم هزاره در دوره حکومت وابسته به امریکا : گرچه حکومت های مجاهد و طالبان هم با حمایت امریکا ایجاد شده بودند که نسل کشی مردم هزاره را با فجیع ترین شکل آن عملی کردند، اما موضوع این سخنرانی به رسمیت شناختن نسل کشی مردم هزاره است.

برمیگردیم به بررسی فرصتی که برای به رسمیت شناختن نسل کشی مردم

هزاره موجود بود و اما از آن استفاده معقول صورت نگرفت.

دو بار زمینه مساعد و قابل استفاده در این دوره بوجود آمد که بنابر ماهیت ضد مردمی حکومت و ناقابل بودن رهبران احزاب سیاسی هزاره این فرصت ها به باد فنا رفت. فرصت های مذکور را قرار ذیل مورد بررسی مختصر قرار میدهیم

یک: حکومت های وابسته به امریکا که در ظاهر ماسک دموکراسی را بر رو کشیده بودند، مجبور بودند که چوکات ظاهری دموکراسی را رعایت کنند. در این دوره ساختن ائتلاف های «سیاسی» و تیم های انتخاباتی با ترکیب قومی و مذهبی مود شده بود. هر گاه رهبران احزاب سیاسی که همه امور هزاره را در انحصار داشتند، شرط شمولیت شان در ائتلاف ها و یا در تیم های انتخاباتی، مسأله به رسمیت شناختن نسل کشی مردم هزاره را می گذاشتند و بر شرط شان تاکید می کردند، حتی اگر به هدف نمی رسیدند و ناکام می شدند، بازهم کار زیاد در روند به رسمیت شناختن مردم هزاره انجام می شد.

همچنان در حساس ترین مراحل سرنوشت ساز، زمانیکه هست و نیست حکومت های حامدکرزی و اشرف غنی مطرح بوده، اگر معاونان رئیس جمهور و رجال برجسته هزاره در اعتراض با تشدید نسل کشی آشکار از کرسی های شان استعفا می دادند، کار زیادی در روند شناختن نسل کشی مردم هزاره انجام می شد. اما این کار نه تنها نشد، بلکه مقاومت مردم هزاره در مقابل نسل کشی، توسط رهبران سیاسی هزاره سرکوب می گردید.

چرا فاجعه کشتار کاج به مبارزات نیرومند جهانی برای افشای نسل کشی مردم هزاره تبدیل شد و کشتار هزاره ها در دوره حکومت های حامد کرزی و اشرف غنی چنین بازتاب و نتایج را نداشت؟

علت آن این است که اشتراک احزاب سیاسی مجاهدین هزاره در ائتلاف با حکومت های که عامل نسل کشی بودند، مردم هزاره را غیر مستقیم در خود نسل کشی سهیم کرده بود. سرکوب جنبش روشنایی و سرکوب علیپور در بهسود و جلوگیری از خیزش های مردمی توسط حکومتی که احزاب سیاسی مجاهدین هزاره در تشکیل آن بودند، مقاومت مردم هزاره در افغانستان را ناممکن ساخته بود. اما مقاومت هزاره های بیرون مرزی در سراسر جهان بیرق

مبارزات علیه نسل کشی را برافراشته نگهداری کردند.

دو: کمیسیون گویا مستقل حقوق بشر افغانستان که نهاد با صلاحیت حقوق بشری در افغانستان است، بانو سیما سمر سال ها در رأس آن قرار داشت که می توانست جنایات آشکار علیه مردم هزاره را نسل کشی اعلان کند و آنرا به رسمیت بشناسد.

اما این بانو که بنام بانوی مکتب ساز هم معروف است، هیچ گام جدی را در این راه برنداشت و فرصت طلایی برای مردم هزاره را از دست داد. من به لقب مکتب ساز بودن وی احترام دارم، به راستی خدمات ارزنده ای را در بخش آموزش و پرورش برای مردمش در جاغوری انجام داده است که درخور ستایش است. اما او در عرصه به رسمیت شناختن نسل کشی مردم هزاره نه تنها کاری نکرد، بلکه در سطح جهانی هم در این مورد غیر فعال بود. سیما سمر می توانست با استفاده از موقف وظیفه ای اش موثر ترین لابی گری را برای به رسمیت شناختن نسل کشی مردم هزاره انجام بدهد. اما او این کار را نکرد و فرصت بدست آمده به باد فنا رفت.

موضوع پنجم: نقش هزاره های خارج از کشور در افشای نسل کشی و روند به رسمیت شناختن آن

مبارزه با ادامه نسل کشی مردم هزاره و روند به رسمیت شناختن آن دو عامل مهم داخلی و بیرون مرزی دارد که عامل بیرون مرزی آن نقش بارز در این روند را بازی کرده و می کند.

من باوجودیکه به عامل درونی این روند ارزش زیاد قایل هستم، در اینجا تنها عامل خارجی آنرا تشریح می کنم.

نسل کشی کامل مردم هزاره در زمان اشرف غنی احمدزی و دوره دوم طالبان تکمیل می گردید، اگر مبارزات بی امان هزاره های بیرون مرزی و نهاد های رسانه ای، مدنی و حقوق بشری هزاره در سراسر جهان فعال نمی بودند.

همین هزاره های بیرون مرزی بودند که بطور دوامدار و هدفمند هزاران و صد ها هزار افراد معترض را در بزرگترین شهر های دنیا به خیابان ها سرازیر کردند و طلسم رسانه های انحصاری این کشور را شکستند و ذهنیت مردم جهان را در باره نسل کشی مردم هزاره روشن کردند.

همین هزاره های بیرون مرزی بودند که صد ها نهاد رسانه ای، مدنی و حقوق

بشری ایجاد کردند و واقعیت های نسل کشی را افشا کردند؛

همین هزاره های بیرون مرزی بودند که کمک های مادی و معنوی را در افغانستان سرازیز کردند و از حرکت های داخل کشور حمایت کردند.

همین هزاره بیرون مرزی بودند که با شخصیت های سیاسی و علمی کشور های غربی لابی گری کردند و از طریق آنها مشکل نسل کشی مردم هزاره و به رسمیت شناختن آنرا به پارلمان های کشور های غربی مطرح کردند.

همین هزاره های بیرون مرزی بودند با فرستان نامه های اعتراضی با نهاد های بین المللی و شخصیت های تاثیر گذار جهانی سال های سال مساله نسل کشی هزاره را مطرح کردند.

در آخرین تحلیل این هزاره های بیرون مرزی بودند که بعد از فاجعه کاج جهان را به شور انداختند و تنها توفان تیوتری آنها به ۴۳ میلیون نفر حمایت کننده تقرب کرد.

بیایید نکات برجسته تبارز این اقدامات عدالتخواهانه را در چند مورد یا آور شویم.

لندن: ادعاهای نسل کشی هزاره در تحقیق پارلمان بریتانیا به این نتیجه رسید که هزاره‌ها در معرض خطر جدی نسل‌کشی به دست طالبان و دولت اسلامی خراسان هستند، که «مسئولیت همه دولت‌ها برای حفاظت از هزاره‌ها و جلوگیری از نسل‌کشی احتمالی را ایجاد می‌کند». « سال گذشته، کارشناسان موزه هولوکاست ایالات متحده گفتند که هزاره ها با «خطر جنایت علیه بشریت یا حتی نسل کشی» روبرو هستند و این وضعیت تنها بدتر شده شده است. نقش مهم را در این روند نهاد های مدنی هزاره در انگلستان بازی کرده اند. (۱۱)

حمیرا رضایی: یکی از فعالان نهاد های هزاره حمیرا رضایی در باره گزارشی که با پارلمان اروپا داده شده می نویسد: «این گزارش مشخصاً از دولت بریتانیا می‌خواهد حملات هدفمند بر هزاره‌ها را به رسمیت بشناسد و چشم‌هایش را بر روی وضعیت باز نگه دارد و در اسکان مجدد مهاجرین در بریتانیا، به هزاره‌ها اولویت بدهد. گزارش همچنین از دیوان بین‌المللی کیفری و سازمان ملل متحد می‌خواهد که اوضاع را رصد کنند، شواهد موجود را گردآوری کرده و تحقیقات در زمینه اقدامات خشونت‌بار صورت گرفته علیه هزاره‌ها به عنوان نسل کشی و جرائم علیه بشریت را آغاز کنند.» (۱۲)

کانادا : در کانادا علی میرزاد صدای قربانیان نسل کشی را در پارلمان فدرال بلند کرد و با برگزاری کنفرانس مطبوعاتی در ساختمان پارلمان کانادا، نسل کشی هزاره را به مردم کانادا و مردمان جهان معرفی کرد. (۱۳)

۸صبح، کابل: «ریچارد بنت، گزارشگر ویژه حقوق بشر سازمان ملل متحد برای افغانستان، روز یک‌شنبه، ۱۸ ثور ۱۴۰۱، به مناسبت یک‌ساله‌گی حمله به مکتب سیدالشهدا اعلام کرد که هزاره‌ها و شیعه‌های افغانستان از سال‌ها به این سو به صورت دومدار و هدف‌مندانه کشته می‌شوند. (۱۴)

ریچارد بنت تأکید کرده است که ناکامی در محافظت از هزاره‌ها که هدف دایمی کشتار هستند، نتایج و پیامد منفی داشته است.

به گفته بنت، از زمان تسلط طالبان، حملات بی‌رحمانه علیه جامعه هزاره که مسولیت شماری از آن‌ها را داعش بر عهده گرفته، ادامه یافته و به شهروندان پاسخ مناسب داده نشده است.

آسترالیا: هزاره های آسترالیا کار های زیاد را در روند معرفی فاکت نسل کشی در افغانستان از راه های کار فرهنگی، مدنی، رسانه ای، حقوق بشری و لابی گری انجام داده اند. (۱۵)

ایتالیا: در ایتالیا افراد و نهاد های وجود دارند که در معرفی نسل کشی مردم هزاره از شیوه های مختلف و بویژه برگزاری راهپیمایی های بزرگ کار گرفته شده که تاثیرات جهانی داشته است.(۱۶)

امریکا: در ایالات متحده شخصیت ها و نهاد های زیادی فعالیت دارند که کار های زیادی را در شناسایی نسل کشی و روند به رسمیت شناختن آن انجام داده اند، به گونه مثال از یک نهاد علمی پژوهشی در این کشور یادآوری می کنم. دانشمندانی که در نهاد عمیقا تحقیقی «سازمان تحقیقات و مطالعات پرسش» گردآمده اند، کار موثر را در روشن ساختن زوایای تاریک نسل کشی مردم هزاره انجام داده اند که از نام های دانشمندان عزیز هر یک احسان شایگان، فرخنده اکبری، دکتر نظیف شهرانی و سایر دست اندر کاران این نهاد به نیکویی یادآوری می کنم. (۱۷)

همچنان از شخصیت های پرتلاش در این روند، از نام ستاره محمدی به خوبی یادآوری باید کرد که طنین صدای رسا و بلندبالایش قضیه نسل کشی مردم هزاره را در دهلیز ها و اتاق های نهاد های قضایی بین المللی به گوش مردم جهان رسانیده است. (۱۸)

ناروی: کامران میرهزار در ناروی در چندین دهه کار های بزرگ را در روند جلوگیری از نسل کشی هزاره ها انجام داده است. گرچه نمی توان کار آقای میرهزار را محدود به جغرافیای مشخص دانست. او فعالیت های گسترده هنری، تخصصی و رسانه ای را در بازتاب دادن رنج های بی پایان مردم هزاره و روند به رسمیت شناختن نسل کشی مردم هزاره کار کرده است.(۱۹)

نقش رسانه ها : رسانه ها از جمله رسانه های اجتماعی نقش قاطع و بارز را در شناسایی و به رسمیت شناختن نسل کشی بازی کرده است. تعداد رسانه های که در این عرصه کار کرده اند زیاد است. برای معرفی فعالیت رسانه ها به شماری از رسانه های بزرگ بسنده می شویم: رسانه هایی را که در این عرصه کار کرده اند به دو دسته تقسیم می کنم.

دسته اول که دو دهه و بیشتر از آن فعالیت داشته اند، مانند کابل پرس، مردم هزاره (با تغییر نام «هزاره انترنشنل) و شبکه جهانی هزاره های اسماعیلی.

دسته دوم رسانه های که کمتر از یک دهه فعالیت کرده اند مانند جمهوری سکوت، هزاره ورد، افغانستان مرکزی و فعالیت های رسانه ای بازل نیکو بین و غیره.

نقش هزاره های بیرون مرزی، تاثیر گذاری نهاد ها و رسانه های آنها در افشا، جلوگیری و روند شناسایی نسل کشی مردم هزاره آنقدر مؤثر و کارا است که خاموشی مرگبار هزاره های شریك در حکومت فاسد و فاشیست را تلافی کرد و با استفاده از راه ها، شیوه و اشکال کار خستگی ناپذیر و داومدار جهان را به شور آوردند و مسأله نسل کشی مردم هزاره را جهانی ساختند.

خواننده های عزیز این بود، سخنرانی چهارم در باره به رسمیت شناختن نسل کشی.

با تأسف بنابر ضعف ادبیات حقوقی و سیاسی در افغانستان و سطح نازل دانش تخصصی در بخش حقوق و سیاست در این کشور و جوامع ما در بیرون از مرز ها، ارتکاب جنایات هولناك ضد بشری مانند جنایت علیه بشریت، جنایات جنگی و بویژه نسل کشی مردم هزاره دیدگاه های علمی وجود ندارد. مردم ما حتی تا سطح روشنفکران نمی توانند جنایت علیه بشریت و نسل کشی را از هم تفکیك کنند. این نقص به ادامه جنایات بین المللی از جمله نسل کشی کمك می کند و در روند به رسمیت شناختن آن موانع ایجاد می کند و این موانع توسط سطح نازل درك مردم ما از شناخت جرایم، دوامتر میگردد.

بر اساس درک عمیق از این مشکل در سخنرانی های اول تا چهارم تفکیک و شناخت عمیق از جنایات فوق را شرح دادم و در سخنرانی بعدی « ابعاد گسترده نسل کشی مردم هزاره در افغانستان» (۲۰) گستردگی نسل کشی مردم هزاره را در همه عرصه ها در چوکات علوم حقوق و با ارائه فاکت های انکار ناپذیر تشریح خواهم کرد تا از یک سو دید روشنی در این مورد به وجود بیاید و از سوی دیگر کار موثری در روند به رسمیت شناختن آن اجرا شود.

منابع و مأخذ

۱. باز نویس از سخنرانی نصیر مهرین در کنفرانس آنلاین در باره نسل کشی مردم هزاره، ۲۰۲۲م

۲. باز نویس از سخنرانی نسیم رهرو در کنفرانس آنلاین در باره نسل کشی مردم هزاره، ۲۰۲۲م

۳. باز نویس از سخنرانی باری جمال در کنفرانس آنلاین در باره نسل کشی مردم هزاره، ۲۰۲۲م

۴. Canada's Trudeau apologizes for residential schools, No-vember 14, 2017,

https://www.aljazeera.com/news/2017/11/24/cana-das-trudeau-apologises-for-residential-schools/

۵. ترودو از ایتالیایی — کانادایی ها به خاطر حصر آنها در دوران جنگ جهانی دوم معذرت خواهی کرد، نشریه «سلام تورنتو»، ۲۰ نوامبر ۲۰۲۳ م

۶. تبین نقش آسیای جنوب غربی در آینده نظام اقتصادی جهانی، پژوهشی از عباس احمدی، محمد واثق و یاشار ذکی، نشر شده در «پژوهش های جغرافیای انسانی»، شماره ۴، ص ۱۱۳۰، ۱۳۹۸ هخ .

۷. چهارمین کنفرانس بین المللی پژوهش و تکنولوژی، سان پطرزبورگ، روسیه، ص ۲، ۲۰ جولای ۲۰۱۶م ۷.همان منبع، ص۲

۸. همان منبع ص ۴ ـ ۵

۹. ... در باره نسل کشی مردم کلمیک

۱۰. جرگه سراسری ملیت هزاره، سنبله ۱۳۶۶ هخ، کابل.

۱۲. اقلیت هزاره در افغانستان در معرض نسل کشی قرار دارند، برگه انترنیتی

صدای امریکا ، شانزدهم سنبله ۱۴۰۱ هـخ

https://ir.voanews.com/a/british-parliament-report-hazara-minority-afghanistan-genocide/6734876.html

۱۳.   سخنرانی علی میرزاد در پارلمان کانادا، برگه کابل پرس، ۱۷ دسمبر ۲۰۱۸م،

https://www.facebook.com/kabulpress/posts/10155589004022693/?_rdr

۱۴.   نشریه «هشت صبح» ۱۸ ثور ۱۴۰۱ هـخ

۱۵.   برگه انترنیتی، بامیان نیوز،

https://bamyannews.com/index.php/2018-03-02-10-30-32/81-2018-05-14-08-39-43

۱۶.   برگه انترنیتی «هزاره های ایتالیا

https://www.facebook.com/ItalianHazaras

۱۷.   سیمینار پژوهشی آنلاین توسط سازمان تحقیقات و مطالعال پرسش، سوم می ۲۰۲۲،

۰tU۰wZhXwQw=https://www.youtube.com/watch?v

۱۸.   سخنرانی ستاره محمدی سخنگوی شورای هزاره در شورای جهانی حقوق بشر، در مورد نسل کشی هزاره

https://www.youtube.com/watch?v=gf5Qb_eg7g8

۱۹.   Poems for the HAZARAS

" Kamran Mir Hazar"، کانال یوتئوب کامرام میر هزار

۲۰. سخنرانی های ثنا نیکپی، کانال یوتئوب: (Yar Video@daripost)

فصل دوم
ابعاد گسترده نسل کشی مردم هزاره

سخنرانی پنجم
گستردگی ابعاد زمانی و مکانی
نسل کشی مردم هزاره

۱.شرح ابعاد گسترده نسل کشی مردم هزاره
۲. تلفات جانی و کشتار مردم هزاره
۳. خسارات مالی و مادی مردم هزاره
۴. تلفات سرزمینی مردم هزاره
۵. تلفات ارزش هَای فرهنگی و تاریخی مردم هزاره

شرح ابعاد گستردهٔ نسل کشیِ مردمِ هزاره

خواننده های عزیز ! سخنرانی پنجمِ در بارهَ نسل کشی را، از شنیدن آهنگی از فردین فریاد شروع می کنیم که در سوگ فاجعه هولناک کاج سروده شده است. لینک آهنگ در یوتوب: https://www.youtube.com/watch?v=xrleeDl2MOw

عنوان سخنرانی پنجم، «گستردگی ابعاد زمانی و مکانی نسل کشی مردم هزاره» است که اولین سخنرانی مربوط به فصل دوم کتاب می باشد. کسانی که سخنرانی های اول تا چهارم را شنیده اند، برای درک این سخنرانی آماده اند، زیرا سخنرانی های گذشته پا بپای موضوعات پیچیده و تئوریک حقوقی در مورد نسل کشی، از مسایل عام به مسئله مختص رسیده است که عبارت از ابعاد گسترده نسل کشی مردم هزاره در افغانستان است.

مشکل نسل کشی مردم هزاره در آن است که اجرا کننده های آن صد ها مرتبه قوی تر و بزرگتر از قربانیان نسل کشی اند. در اطراف آن دام های تبلیغاتی، آیدیولوژیک و تقدیس های مذهبی و قومی پهن شده است که حتی نویسنده ها و افراد مخالف نسل کشی را نیز فریفته و اسیر ساخته است که نمی توانند از تابو ها و تقدیس های کهن عبور کنند و واقعیت های موجودیت روند آشکار نسل کشی را بپذیرند و از آن سخن به زبان آورند.

کسانی در دام ایدئولوژی جنگ و جهاد هستند فاجعه هولناک افشار را پذیرفته نمی توانند. اجرا کننده های آن را آنقدر مقدس ساخته اند که در زیر سایه کیش شخصیت آنها، جنایت بزرگ نادیده گرفته می شود؛ کسانی آنقدر در قید تبلیغات دروغین و مرگبار «وحدت ملی» هستند که یاد آوری از نسل کشی را مخالفت با «وحدت ملی» می دانند و مغز های تلقین شده آنها توان عبور از این دروغ بزرگ را ندارند؛ کسانی علنی از شمشیر سخن می گویند و فقط قبیله خودش را مالکِ ملک دیگران می دانند و به باور آنها هزاره ها باید به گورستان بروند؛ کسانی هم برای برچیدن یک مذهب و برای حاکمیت مذهب خودش در خارج از کشور تربیه می شوند؛ و کسانی هم برای رسیدن به زیبارویان بهشت، هزاره ها را می کشند.

نکات فوق می رساند که نسل کشی مردم هزاره گسترده ترین نسل کشی در جهان است.

خواننده های عزیز، بخش اساسی سخنرانی را از نمایش ویدیوکلیپ هایی که موجودیت نسل کشی مردم هزاره ها در آنها تائید می شود، آغاز می کنیم. کلیپ ها شامل اعترافات یا تاکید نسل کشی مردم هزاره توسط اجرا کننده های نسل کشی و همچنان مسئولان نهاد های بین المللی و نهاد های دولتی کشور های جهان می باشد. (۱)

کلیپ اول: سخنان عبدالمنان نیازی در باره کشتار هزاره ها

«هزاره ها را می کُشم که درسی در تاریخ و آینده، برای نسل آینده شان باشد. به مردم هزاره اعلان می کنم، روزانه صد ها نفر شان را می کشیم. شبانه می کشیم. تا حال آنها طریقه کشتن ما را به خواب ندیده اند. فکر می کنند مثل جنگ های سابق است. هر شب در هر منطقه ای داخل شوند، پنجاه تا شصت نفر آنها را می کشیم. به شکل مرموزی می کشیم. به شکلی می کشیم که این ها (هزاره ها) نمی فهمند که از کجا کشته شدند.»

کلیپ دوم: سخنان فرد داعشی چند لحظه پیش از سربریدن فرد هزاره: «کامره نزد ما موجود است که همه هزاره ها هستند. ما از حکومت می خواهیم که طلب مجاهدین را بجا کنند، اگر طلب مجاهدین بجا نمی شود، انجام همه شان همین رقم خواهد بود.»

کلیپ سوم: سخنان حلیم تنویر در کنفرانسی که در آلمان برگزار شده بود. «من اگر در قدرت آمدم، اختلاط اقوام را می آورم. دختر هزاره را به بچه

(پسر) پشتون می دهم. سابق ما علفچر داشتیم. کوچی ما از طرف جلال آباد می آمد، می رفتند به بامیان»

کلیپ چهارم: فریاد فرد هزاره در مارش اعتراضی قتل شکریه تبسم و مسافران هزاره در زابل که در نهم نومبر ۲۰۱۵ سر بریده شدند.

«صدای ملت افغانستان را به گوش جهانیان برسانید که در افغانستان زن، بچه و کودک امنیت ندارند، در راه ها سر بریده می شوند.مادران ما تکه می شوند، بچه ها سربریده می شوند. گناه ما چیست؟ این ظالم ها سر مادر های ما را می برند، سر طفل های ما را می برند. گناه ما چیست؟ مرگ بر اشرف غنی، مرگ بر عبدالله. ما این حکومت مریض را نمی خواهیم، ما حکومت مرده را نمی خواهیم، ما حکومت زنده می خواهیم، ما حکومت عادل می خواهیم، ما حکومت صلح می خواهیم. ما دیگر حکومت ظالم را نمی خواهیم. مردم ما تباه شدند، جوانان ما غرق دریا شدند، جوانان ما به کام اروپا رفتند، ملت ما تباه و دربدر شد. دیگر ما این زندگی را نمی خواهیم.»

کلیپ پنجم: سخنان دردآور بانویی از بازماندگان جنایات افشار کابل.

«افراد مسلح داخل خانه ها شدند، همه چیز به خاک یکسان شده بود. در قدم اول همه چیز را چور کردند و بُردند، بعد وهابی ها مرد ها را از خانه ها کشیدند به درخت آویزان کردند و سر های شان را بریدند. همه چیز را شورای نظار با خود برد. پنجاه، شصت زن را در کوه خواجه رزاق بالا کردند.»

کلیپ ششم: کشتار خونین دهمزنگ و سرکوب جنبش روشنایی.

فرد اول:«پیش از اینکه انفجار شود، موتر های امنیتی پیشروی دکان ها قطار شده بودند، در حدود بیست موتر امنیتی در اینجا بودند. بعد از شروع آلارم پولیس حرکت کردند. بعد از حرکت آنها انفجار صورت گرفت. این یک توطئه است.»

فرد دوم: «جامعه جهانی به ما گفته بود که تفنگ های تان را بگذارید. ما تفنگ ها را گذاشتیم. در صندوق ها رای دادیم، حکومت تشکیل دادیم. امروز این کشتار ها را ببینید.»

فرد سوم: «نی تروریست بود، نی القاعده بود، دولت بود، دولت. دولت این رقمی تا دولت مدنی تفاوت دارد.»

فرد چهارم: «ما نسل کشی شدیم، امروز نسل ما از بین رفته، ما به جرم عدالتخواهی نسل کشی شدیم.»

کلیپ هفتم: سخنرانی نماینده پارلمان در مجلس انگلستان در باره کشتار هزاره ها

«دو هفته پیش در افغانستان ۳۵ دختر و زن جوان کشته شدند. آنها هزاره بودند، دومین قومیت پرنفوس در کشور، آنها توسط طالبان قتل عام شدند. همین اکنون هزاره ها از اطراف و اکناف کشور، از جمله رای دهنده های من در پیشروی پارلمان گرد آمده اند. آنها حمایت ملی را می خواهند. این کشتار باید پایان یابد. از نخست وزیر خواهشمندم که از هزاره ها حمایت کند و به کشتار هزاره ها پایان داده شود.»

کلیپ هشتم: اظهارات گریگوری ستانتن بنیادگذار دیدبان نسل کشی در یک گفت و شنود رسانه ای

«از ۱۸۹۰م تا حال آنها(هزاره ها) دارند نسل کشی می شوند. زمانیکه کشور بدست حاکم وقت افتاد ۶۰ در صد شان را کشتند. این یک نسل کشی واقعی بود.»

کلیپ نهم: سخنان نماینده پارلمان در اجلاس پارلمان کانادا

«هزاره ها قربانی درجه اول تروریزم در افغانستان هستند.»

کلیپ دهم: ستاره محمدی در دیوان جزایی بین المللی

«نسل کشی هزاره ها در رژیم کنونی طالبان شدیدا ادامه دارد.»

بیننده های عزیز در ویدیو کلیپ های فوق موجودیت فاکت نسل کشی مردم هزاره از زوایای مختلف بیان شد، اکنون به سخنرانی برمیگردیم.

بُعد زمانی نسل کشی مردم هزاره

دوره امارت امیر عبدالرحمن خان دست نشانده انگلیس از سال ۱۸۸۰ تا ۱۹۰۱ بود.

نسل کشی مردم هزاره در سال ۱۸۹۳ آغاز شد.

این روند از دید زمانی طولانی ترین نسل کشی در جهان است که بعد ۱۳۰ سال هنوز هم ادامه دارد.

تنها در دوره امیر عبدالرحمن مردم هزاره در حدود ۶۰ تا ۶۲ در صد نفوس خود را از دست دادند. زمین و محلات زیست آنها به زور تصاحب شد و به قبایل پشتون داده شد. کسانی که زنده مانده بودند، به کشور های همسایه و کوه های صعب المرور متواری شدند.

نسل کشی مردم هزاره در همه زمانه ها به شکلی از اشکال تدریجی و تشدیدی، خاموشانه و پنهانی، مستقیم و غیر مستقیم کشتار جمعی و نخبه کشی ادامه داشته است.

تنها امیر عبدالرحمن خان سه بار به هزارستان حمله کرد و سه دوره در نابودی مردم هزاره اقدام نمود.

عبدالرحمن خان در دوره سلطنت خود هزاره ها را با همه علایم و مشخصات نسل کشی نابود کرد و بعد از مرگش کشتار هزاره ها را در ذهن بازماندگانش به میراث گذاشت و این میراث شوم و جنایتبار تا اکنون ادامه دارد.

بُعد زمانی نسل کشی مردم هزاره بعد از گذشت بیش از صدو سی سال طولانی ترین نسل کشی ها در جهان است و ادامه آن بر گستردگی زمانی آن می افزاید.

تداوم نسل کشی مردم هزاره در امتداد زمانه ها جبر و ستم همان زمان را متحمل شده و از جبر یک زمانه به جبر و استبداد زمان دیگر محول شده است. طوریکه هر کس و هر دوره استبداد و قساوت خود را بر این مردم تحمیل کرده است.

در زمان جنگ هزاره ها بی رحمانه کشته شدند و در وقت صلح به محرومیت، تعصب، تبعیض روبرو بودند و زمانی برای آسایش و شگوفایی هزاره میسر نبود. اگر بود، اندك و زودگذر بود.

نسل کشی مردم هزاره در زمان حاکمیت زمداران دست نشانده، بویژه دست نشانده های کشور های غربی تشدید شده و گاهی هم به شکل تدریجی و خاموشانه ادامه داشته و هیچ زمانی متوقف نشده است. ادامه نسل کشی مردم هزاره در ابعاد زمانی که افغانستان در عمیق ترین انزوا قرار گرفته بود، ادامه داشت. مثال موجودیت نسل کشی مردم هزاره در زمان محمد ظاهر شاه نیز توسط افراد روحانی مزدور و جاسوس جایش را داشت که در بخش نسل کشی خاموشانه و پنهانی، در سخنرانی یازدهم به آن برمیگردیم.

همچنان در زمان نخست وزیری هاشم خان کاکای ظاهر شاه، مالیات مخصوصی فقط برای هزاره ها وضع شده بود که گویا هزاره‌جات سرزمین روغن زرد می‌باشد. این مالیه، بنام «روغن کته پاوی» (۲) یاد می شد که تنها مردم هزاره باید سالانه در برابر هر راس گاوآن را می پرداختند. دیده می شود که حتی در دوره سلطنت محمد ظاهر شاه هم پدیده ها و مظاهر اجبار و نسل

کشی بر قوم هزاره ادامه داشت. در حالیکه مالیه در هر کشوری باید سراسری باشد. این بار سنگین تبعیض و بی عدالتی با قیام ابراهیم گاوسوار در سال ۱۳۲۵ هجری خورشیدی (۱۹۴۶م) از شانه های مردم هزاره برداشته شد. (۳) بعد از معلومات دقیق به این نتیجه می رسیم که حتی زمانی چرخه های تاریخ در افغانستان به کندی حرکت می کرد، اما چرخه ماشین نسل کشی فعال نگهداری شده بود.

بُعد زمانی نسل کشی مردم هزاره هر فرد اندیشمند را وادار می کند که در باره طلسم بی پایان هزاره کشی بیندیشد و مکانیزم اجرایی این جنایت را که گاهی به اشکال مرموز و گاهی هم بطور آشکار اجرا می شود، شناسایی کند. چرا این چرخ خون توقف نمی کند؟، چرا در هرحالتی و هر زمانی به شکلی از اشکال بروز می کند ؟، این چرخه بدست کیست ؟ و چرا انرژی چرخ دهنده آن تمام نمی شود؟

اگر در مورد پهلو های زمانی نسل کشی هزاره ها با دید و نگرش ژرف ببینیم، ما را بجایی می کشاند که در کشف این روند جادویی و شکستاندن طلسم نسل کشی باید راه رفت و مشکلات زیاد از جمله اتهامات و تکفیر ها را پذیرفت، ولو اگر از جانب دوست باشد یا دشمن.

خواننده های عزیز جوانب و ابعاد زمانی نسل کشی مردم هزاره فوق العاده پیچیده و جالب است که به تجسس و پژوهش بلند و گسترده نیاز دارد. در صحبت کنونی تا اینجا بسنده می شوم، امید وارم توفیق داشته باشم که در آینده در این بخش کار بیشتر کرده بتوانم. می رسیم به بعد مکانی نسل کشی مردم هزاره.

بعد مکانی نسل کشی مردم هزاره و تلفات سرزمینی در نتیجهٔ نسل کشی

بُعد مکانی نسل کشی مردم هزاره آنقدر وسیع است که از افغانستان گرفته تا پاکستان، ایران و حتی کشور های اروپایی به شیوه هایی گونه گون تبارز کرده است. مثلا دو سال پیش حلیم تنویر در کنفرانسی که در آلمان برگزار شده بود، بیان داشت که «اگر به قدرت بیایم دختران هزاره را به پسران پشتون میدهم.»(۴) این اظهارات حلیم تنویر مطابق بند پنجم ماده دوم کنوانسیون جلوگیری از نسل کشی و مجازات آن عناصر ذهنی جنایت نسل کشی را احتوا می کند که در

آلمان اجرا شده، باید مطابق قوانین آلمان مجازات می شد.

از دید زمانی و مکانی نسل کشی مردم هزاره طولانی ترین نسل کشی در جهان به حساب می آید که در جغرافیای وسیع صورت گرفت و هنوز هم ادامه دارد. برای تشریح وسعت جغرافیای نسل کشی مردم هزاره، این موضوع را در دو بخش اجرای نسل کشی در داخل افغانستان و بیرون از کشور مورد بررسی قرار می دهیم.

نسل کشی هزاره ها در افغانستان در چهارچوب دایمی سیاست تغییر جغرافیا، در بی جا سازی هزاره ها و جابجا کردن کوچی ها و ناقلینی که از پاکستان آمده اند و متوطن ساختن سایر گروه های متعصب قومی و مذهبی برای گرفتن مناطق سوق الجیشی و حاصلخیز بوده است.

جغرافیای وسیع هزاره ها در طول سده ها از ستاگیدیا گرفته تا غرجستان، هزارستان و هزاره جات، یاغستان و اجرستان همواره مورد تهاجم و غارت و جابجا شدن گروه های متجاوز قومی قرار گرفته است که اهداف متجاوزان، نابودی این خطه به قصد نابود کردن یک قوم بوده است که نسل کشی مردم هزاره را در بر می گیرد.

در عصر حاضر نسل کشی هزاره ها با کشتار، بیجا سازی و کوچ اجباری در پایتخت و اکثر ولایت های افغانستان به شدت ادامه دارد.

در سیاست تغییر جغرافیای افغانستان در زمان امیر عبدالرحمن خان، هزاره ها از ولایت های، ارزگان، غور، هرات، بلخ، سمنگان بخشهایی از بامیان هرات، فراه، قندهار، غزنی، پروان، بغلان، بلخ و بادغیس و اکثر ولایت های افغانستان رانده شدند که در نتیجه توازن اتنیکی و دموگرافیک جغرافیای وسیع هزاره برهم زده شد.

کاظم یزدانی در کتاب «پژوهشی در تاریخ هزاره ها»، جغرافیای هزاره را با وسعت و مساحت ذیل قید کرده است: «تاریخ نشان میدهد که محل سُکنای هزاره ها در گذشته بسی وسیع تر از امروز بوده است و روزگاری این مردم از هزارستان تا نواحی سند و چترال گسترده بودند و نشان زندگی شان در بسیاری از نقاط جلال آباد، لغمانات، بگرامی، کابل، کاپیسا، خوست، گردیز، لوگر، کتواز، گیرو، قلات، بُست، فراه، هلمند و زمین داور بجای مانده است و بعضی اسامی جغرافیای مناطق مذکور تا هنوز با نام سابق هزارگی خویش یاد می شوند.» (۵)

این اظهارات کاظم یزدانی در منابع مهم مانند کتاب نخستین شهر، نوشته روث وایت هاوس، کتاب «تاریخ تمدن از آغاز تا امروز» نوشته جان ناس و دیگر منابع معتبر نیز تاکید شده است.

پالیسی تغییر جغرافیای هزاره در همه دوره های بعدی به نحوی از انحا ادامه داشته است.

جنرال الکساندر لیاخفسکی در کتاب «تراژیدی و شجاعت در افغانستان» چاپ ۱۹۹۵ م، مناطق هزاره نشین افغانستان را در شش ولایت نشان میدهد.

مطابق پژوهش اکادمی علوم قزاقستان در نوشته بنام «هزاره های افغانستان»، جغرافیای هزاره جات (هزارستان) قرار ذیل تشریح شده است. «موقعیت فشرده مساحت تاریخی هزاره ها در افغانستان، عبارت از هزاره جات است که در امتداد کوه های مرکز افغانستان تا قسمت شرق کوهستانات ایران ادامه دارد. در دوران پارس ها و یونانی ها این منطقه قسمتی از پاراپامیزاد (هندوکش) بود. مرز های دقیق هزاره جات از شهر های کابل، غزنی، قلات، در شمال غرب تا بلخ و اندراب، در غرب تا هرات میباشد، اما مشکل است که آنرا دقیق تعیین کرد. (۶)

پژوهشگران مشهور در عصر حاضر ولایت های بامیان، وردک، غزنی، ارزگان، بغلان، سمنگان، بلخ، پروان، دایکندی و غور یا قسمت های آنرا مربوط به هزاره جات میدانند. (۷)

پژوهشگر مشهور روسی جنرال سنیسرف در کتاب «افغانستان»، مرز هزاره جات را قرار ذیل مشخص کرده است. «مرز شرقی این منطقه از نصف النهار ونی عبور می کند. مزر غربی آن در نصف النهار میان مرغاب و میمنه موقعیت دارد. مرز شمالی آن از کانال عرضی خط الراس بند ترکستان میگذرد. مرز جنوبی آن موازی با شهر غزنی است. در قسمت بزرگ این منطقه بزرگ هزاره ها و در غرب آن ایماق ها زندگی دارند که مرز دقیق میان آنها ذکر نشده است. (۸)

اکادمیسین پروفیسور دکتر رحیم دادیخدایف دانشمند تاجکستان در کتاب «افغانستان امروز» چاپ ۱۹۸۸م می نویسد: « در قرن بیستم بویژه در دوران پادشاهان اخیر افغانستان سیاست های مهاجرت و زبان به نفع حاکمان بالایی عملی شد. بر اساس این سیاست ها در نواحی شمال افغانستانَ گروه های پشتو زبان جابجا شدند. برای رشد پشتو و رساندن آن تا سطح زبان دولتی اقدامات

زیاد، تا ایجاد اکادمی زبان و ادبیات پشتو (پشتو تولنه) کار شد. تلاش آموزش یك زبانی بودن پشتو ناکام شد، اما آموزش زبان پشتو برای کارمندان دولت حتمی شد. برای آموزش زبان پشتو به کارمندان دولت معاش اضافی داده می شد. چاپ نشریه به زبان پشتو افزایش یافت، نشرات در رادیو، تلویزیون و نشر کتب در این زبان رشد نمود.» (۹)

میر غلام محمد غبار در کتاب افغانستان در مسیر تاریخ نوشته است، «این شورش طوری فجیع و با قساوت از طرف دولت خاموش ساخته شد که به هزار ها خانوار مردم در ماورای جیحون و ایران و هند انگیسی فرار کرده بودند... وقتیکه بقیه مردم هزاره بعد از ختم جنگهای دو ساله برگشتند آنقدر کم بودند که مثلا از بیست هزار خانوار مردم بهسود فقط شش هزار خانوار باقی مانده بودند. تمام قلعه و مساکن مردم هزاره تخریب و مزارع شان پایمال شده بود. طبق امر امیر، دختر و پسر بیگناه هزاره در داخل و خارج افغانستان و هم در ماورای سرحدات شرقی افغانستان فروخته شدند.» (۱۰)

امیر عبدالرحمن خان در کتاب «تاج التواریخ» می نویسد: «به جهت اینکه مطالعه کنندگان کتاب خود را در باب هزاره قدری مطلع نمایم اظهار می دارم که این طایفه در قلب مملکت افغانستان واقع شده اند و دره های محکم و قلل جبال شامخه را از کابل و غزنین و کلات غلجایی تا نزدیك هرات و بلخ ممتد است، در تصرف دارند. علاوه بر این قلعه های بزرگی که در نقطۀ مرکزی مملکت و بالطبع مستحکم است وطن آنها می باشد. هزاره در تمام مملکت افغانستان منتشر می باشند و به هر ولایت و قصبات و قلعه دیده می شوند. در افغانستان مثلی می گویند که اگر هزاره های خر بار کش نبودند و از عهده کار های ما برنمی آمدند باید خود مان مثل الاغ کار خود را می کردیم.» (۱۱)

این سخنان عبدالرحمن سه حقیقت تلخ را بیان می کند. اول اعتراف عبدالرحمن خان در باره موجودیت سراسری هزاره ها در افغانستان، اعترافی است که وسعت جغرافیای هزاره ها را به اثبات می رساند. دوم ارزش کاری و مفیدیت اجتماعی هزاره ها را نشان می دهد که بدون هزاره ها از عهده کار های شان بر نمی آمدند. سوم «خربار کش» خطاب کردن، نفرت شخصی و قومی وی به هزاره ها را نشان می دهد. یعنی عبدالرحمن پادشاه همه اقوام افغانستان نبوده است. اینکه این حقایق از زبان دشمن و قاتل هزاره بیان شده است ثقه بودن این واقعیت ها را نشان می دهد. اما اقدامات جدی تغییر

جغرافیای هزاره در دوره های حکومت های طالب، حامد کرزی و اشرف غنی احمدزی تشدید شد که از پایتخت کشور گرفته تا نقاط مهم سوق الجیشی را در بر می گیرد. جنگ ها، کشتار ها و بی جا سازی ها در بهسود و دایمیرداد، جلریز، بلخاب، دشت برچی، مالستان، مربوطات غزنی و بامیان، ارزگان، دایکندی، از مثال هایی اند که مردم افغانستان و جهان شاهد آن اند. اظهارات سلطان علی کشتمند سابق دو دوره نخست وزیر افغانستان در کتاب خاطراتش، بهترین بیان تغییر جغرافیا مبنی بر بیجا سازی یک قوم و جابجا کردن قوم دیگر در خانه و کاشانه آنها است. سلطان علی کشتمند نخست وزیر پیشین افغانستان در دهه هشتاد میلادی در کتاب «خاطرات دوران کودکی و جوانی» می نویسد: «طی سالهای زیادی، هزاره ها در مجموع و خانواده های پدری و مادری من نیز فرود و فراز های گوناگون را از سر گذرانده اند. در دهه هشتم سده نزدهم، در پی حوادث بزرگی که در سرتا سر هزارستان(هزاره جات) بوقوع پیوست، خانواده پدری ام مجبور به ترک خانه و کاشانه شان گردیدند، راهی بخش های مختلف سرزمین های نزدیکتر شدند تا اینکه سال ها بعد از پایان جنگ خانه برانداز امیر عبدالرحمن خان با هزاره ها (۱۸۸۱–۱۸۸۳)، در حوالی کابل اقامت گزیدند. اصلا ایشان منسوب به هزاره های دایه و فولادی هستند که در زمین اجرستان(هجرستان) متوطن بودند. در این سرزمین ها هفتصد قلعه مربوط به هزاره ها وجود داشته است که در جریان جنگها باشندگان اصلی آنها کشته شده اند یا رانده شده اند و آن منطقه اکنون عمدتا در تصرف قبایل ملاخیل و اکا خیل و تا حدودی افراد قبایل دیگر قرار دارد..»(۱۲)

می توان گفت که امیر عبدالرحمن خان بقایای هزاره ها را بعد از کشتار گسترده از مراکز ولایت های افغانستان به کوه ها متواری ساخت. هزاره نقاط صعب المرور را به محلات قابل زیست تبدیل کردند. ولی طالب، حامد کرزی و اشرف غنی، زمینه تهاجم کوچی، طالب و داعش را در نقاط دور دست مردم هزاره مساعد ساخت تا ملکیت های آنها را غصب کنند. قضایای بی جا سازی در مالستان، دایکندی و بلخاب از نمونه های جنایت نسل کشی است که توسط گروه ها و حکومت های وابسته به غرب انجام شده است. خوانند های عزیز ! جنبه خارجی جغرافیای نسل کشی هزاره ها را از پاکستان آغاز می کنیم.

هزاره های پاکستان از بهترین نمونه های بی جا سازی مردم هزاره است. بومان علی قاسمی در مقاله اش زیر عنوان «سیری بر تاریخ هزاره در پاکستان» می نویسد: «با در هم شکستن نیروهای مقاومت مبارزین هزاره در مقابل نیروهای خون آشام عبدالرحمانی هزاره های که توان مهاجرت را داشتند خانه و سرزمین خود را ترک گفته و با پای پیاده از طریق کوه و بیابان وارد کشور همجوار افغانستان یعنی هند بریتانیایی شدند. این آخرین دهه قرن ۱۹ میلادی بود یعنی بین سالهای ۱۸۹۰ الی ۱۸۹۵ مهاجرین ستمدیده هزاره به مجردیکه وارد سرزمین هند بریتانیایی شدند احساس آرامش نموده و در اولین شهر که خودرا رسانیدند سکونت اختیار نموده و اقامت کردند. (۱۳) محمد عیسی غرجستانی در کتاب «کله منار ها در افغانستان» به استناد از فیض محمد کاتب می نویسد: «باوجودیکه استحکام مردم هزاره چون خود را نظر به کرداری که با دولت کرده بودند، سزاوار هلاک و دمار دیده از بیابان و کوهسار فرار نموده هزاران تن در ماوراء النهر و خراسان، سیستان و بلوچستان، سند و هند رفته ملازمت خدمت مردم خارج مملکت بودند.» قسمت اول این نقل قول از روش های ویژه کاتب است که کتاب وی زیر نظر دربار نوشته می شد، اما بخش دوم جمله حقایق تلخی را بیان می کند که مردم هزاره در فرار از استبداد امیر در جغرافیای گسترده ای آواره شده اند و در هر جایی که بوده اند باز هم در خدمت مردم بوده اند. با مشقت توانسته اند، خود را در کشور های دیگر سازگار نمایند، زبان، عنعنات و ارزش فرهنگی شان را به تدریج از دست بدهند. (۱۴) البته دلایلی که چگونه هزاره ها درشالکوت سابقه یا شهر کویته کنونی ماندگار شدند زیاد است که دلایل مهم و عمده ان، اول: نداشتن توان مالی برای ادامه دادن راه مسافرت طولانی و نامعلوم تا دیگر شهر های هندوستان، دوم : سازگاری آب و هوای کویته با مردم هزاره که اصالتا از مناطق سرد سیر هزارستان هجرت نموده بودند . سوم: احساس آرامش و سکون پس از ماه ها مهاجرت و هزاران ترس و وحشت و نجات یافتن از خطرات مرگ و موضوع چهارم : آشنایی با زبان مردم این شهر که بیشتر آن ها را پشتون ها و بلوچ ها تشکیل میدادند. بلوچ ها از اثر رفت و امد زیاد به ایران بیشتر آشنایی به زبان فارسی داشتند که هزاره ها در شهر کویته کنونی یا شالکوت ان زمانی با بلوچ ها به زبان فارسی و همچنین با پشتون ها به زبان خود شان رفع مشکل میکردند .» (۱۵)

دانشنامه آزاد در گزارشی می نویسد: «اقلیت هزاره در کویته، پاکستان مرکز ایالت بلوچستان، بنابر گزارش‌ها قربانی آزار و اذیت و خشونت هستند. مطابق برخی از این گزارش‌ها حداقل ۸۰۰ مرد، زن و کودک هزاره در کویته در سال‌های اخیر جان خود را از دست داده‌اند و بیش از ۱۵۰۰ نفر نیز مجروح شده‌اند. گروه سنی مذهب و تندرو پاکستانی، لشکر جنگوی را عامل این حملات دانسته‌اند..» (۱۶)

برگه اینترنتی «شبکه اطلاع رسانی افغانستان» در مقاله ای بنام «مسئولیت نسل کشی هزاره بر عهده کیست؟» می نویسد: «دولت پاکستان لشکر جنگوی را عامل این حملات انتحاری بیان کرده است اما شواهد نشان می دهد که رهبران این گروه پس از حملات تروریستی سال ۲۰۰۸ پس از مدت کوتاهی بدون محاکمه از زندان رها شده اند! این نشان می دهد که برخی ها خواهان جنگهای فرقه ای و مذهبی در این کشور می باشند. هرچند بسیاری معتقدند وهابی های افراطی آل سعود حامی این تروریستها بوده و برای پیشرفت فرقه ساختگی خود، دست به چنین اقداماتی می زنند. عده ای نیز بر این باورند که غربیها بخصوص آمریکا و انگلیس برای منحرف ساختن اذهان عمومی در مسایل مهم منطقوی، گروه هایی را اجیر کرده اند تا هر از گاهی با انجام عملیاتهای تروریستی ذهن مردم را معطوف خود کنند. این نظر ها نشان می دهد چه کسانی مسوول این کشتارها می باشند: دولت پاکستان، افراطیون آل سعود و یا کاخ سفید؟ اما پاسخ هرچه باشد حاصلش این می شود که برخی ها در پشت پرده می خواهند با این هزاره کشی بین شیعه و سنی اختلاف بیندازد و در میان آب گل آلود به اهداف شوم خود برسند.» (۱۷)

برگه اینترنتی «جاده ابریشم» در مقاله زیر عنوان نفوذ ایران در میان روحانیون هزاره در پاکستان» می نویسد: «هزاره‌های بلوچستان بی‌خبر از اینکه جنگ توسط عبدالرحمن از خانه‌ی والی بلوچستان اداره می‌شد، برای شکایت پیش حاکم انگلیسی به کویته آمده بودند. حاکم انگلیسی به خاطر جنگجو بودن مردم هزاره، این‌ها را در قوای مسلح تشویق کرده و به نام پیش‌قراولان هزاره (Hazara Pioneers) یک فرقه تشکیل داده و برای جنگ در کشورهای مختلف فرستاده است. این یک فرقه‌ی مهندسی بوده که پل، ساختمان و خط ریل در بلوچستان را توسط آنان اعمار کرده‌اند. منظور تذکر رویدادهای تاریخی این است که هزاره‌ها در آبادی پاکستان و دفاع از حریم

این کشور نقش جدی داشته‌اند؛ تنها مهاجر نبوده‌اند که باردوش حکومت همسایه شده باشند. در حال حاضر نیز هزاره‌ها در حکومت محلی بلوچستان کار می‌کنند و دو نفر نماینده در پارلمان دارند؛ قادر نایل و عبدالخالق هزاره. آقای هزاره وزیر ورزش، آثار عتیقه، جوانان و فرهنگ است.»

در جای دیگر این مقاله آمده است که «شبکه‌های تروریستی که در بلوچستان فعالیت دارند و هرازگاهی مردم هزاره را مورد هدف قرار می‌دهند لشکر جهنگوی، تحریک طالبان، داعش، لشکر عایشه، لشکر عمر و شبکه تروریستی القاعده اند که در کشتارهای بی‌رحمانه‌ی مردم هزاره دست دارند. (۱۸)»

خواننده‌های عزیز! هرگاه پیدایش گروه‌های آدمکش نامبرده را مورد بررسی قرار بدهیم، به وضاحت دیده می‌شود که کشور‌های غربی از جمله امریکا آنها را خلق کرده اند. پس آنها وظایف شان را در هر جغرافیای که باشند، انجام می‌دهند چه در افغانستان چه در پاکستان و چه در هر جایی دیگری.

موجودیت هزاره‌ها در ایران هم نمی تواند جز جغرافیای نسل کشی‌ها نباشد. هزاره‌های ایران هم به نحوی از انحا مورد سرزنش قرار گرفته اند. برگه «مرکز دایرۀ المعارف بزرگ اسلامی» می نویسد: « بَرَبَری، یا بربر، نام گروهی از هزاره‌های مهاجر افغانستان ساکن در نواحی شرقی ایران، این گروه از هزاره‌ها که در دهۀ ۱۸۹۰م (سالهای میان ۱۳۰۸–۱۳۱۸ق) از ناحیۀ بربرستان یا هزاره‌جات (منطقۀ مرکزی افغانستان) به ایران کوچ کرده اند، ظاهراً به جهت انتساب به آن ناحیه، در ایران به بربر و بربری معروف شدند. نام آنها را از بربری به خاوری (منسوب به خاور یا خراسان) تغییر دادند. بربریهای ساکن ایران بیشتر شیعی مذهبند (دوازده امامی) و به گویش هزارگی از گویشهای زبان فارسی دری صحبت می‌کنند.» (۱۹)

دکتر حفیظ الله سحر شریعتی در برگه انترنیتی جاغوری دراین مورد می نویسد: « هزاره‌های مهاجر به ایران، با پذیرفتن تابعیت ایرانی به آرامش نسبی رسیدند و به عنوان شهروند در جامعۀ ایران پذیرفته شدند و این پاره از پیکر هزارستان بزرگ، عنوان کلان قومی‌شان (هزاره) را سوگمندانه برای همیشه از دست دادند و نام «خاوری» را به جای واژۀ «هزاره» پذیرفتند؛ ولی ضمن حفظ هویت مذهبی‌شان، نام و نشان‌های طایفۀ هزاره‌گی و خاستگاه‌شان را حفظ کردند که نام طایفه‌هایی مانند جاغوری، پولادی، دای‌زنگی و... با زیر مجموعه‌های کوچک‌تر مانند مسکه، ممکه، اوقی، اشکه، قلندر و... نشان از

آن دارند.» (۲۰)

«مختصر اینکه «هزارستان ناحیه‌ای وسیع و بیشتر کوهستانی در ارتفاعات مرکزی افغانستان است که سکونت‌گاه تاریخی قوم هزاره می‌باشد. مرزهای آن، تقریبی از حوزه بامیان به شمال، از سرچشمه رودخانه هلمند به جنوب، از فیروزکوه به غرب، و از گذرگاه سالنگ به شرق محصور می‌شود. در طول تاریخ مرزهای آن همواره در حال تغییر بوده و به‌طور تقریبی تعیین شده‌است. بر اساس تقسیمات کشوری کنونی افغانستان، هزارستان بر ولایت‌های مرکزی بامیان، دایکندی، غور و بخش‌های بزرگی از غزنی، ارزگان، پروان، میدان، بلخ، بغلان، سمنگان، سرپل و ... منطبق است.»

برگه انترنیتی «افغانستان انترنشنل» بی جا سازی عمده هزاره ها را در گذشته ها به سه منطقه نشان میدهد.

در این برگه تشریح شده است که «هزاره ها در طول تاریخ به سه حوزه جغرافیایی مشخص آواره شده اند: «شبه قاره هند، ایران و آسیای مرکزی. پیامد فرار هزاره ها از قتل عام توسط افغان ها از افغانستان به ایران و آسیای مرکزی و شبه قاره هند به خصوص ایالت بلوچسان پاکستان کاملا از هم متفاوت بوده است. هزاره ها در کویته پاکستان هویت اتنیکی، زبانی و فرهنگی خویش را تا حدی حفظ کرده است. این امر سبب شده است تا هزاره ها در کنار تعامل با دولت، نظام اقتصادی، سیاسی و فرهنگی پاکستان به مثابه یک خرده قدرت سیاسی، اقتصادی و فرهنگی در شهر کویته، مرکز این ایالت، نقش آفرینی کنند. شهر کویته همیشه برای هزاره های افغانستان نقش یک پایگاه استراتژیک را داشته است.» (۲۱)

این برگه بی جا سازی و مهاجرت هزاره ها را که تا اکنون ادامه دارد، چنین بیان میدارد: «سی سال کوچ و مهاجرت مداوم اختیاری و اجباری از افغانستان، حضور هزاره ها را جهانی ساخته است.

اکنون هزاره ها در سرتاسر دنیا یک جمعیت شناور مهاجر را تشکیل می دهند. تاثیرات کوتاه مدت این مهاجرت ها فوق العاده ارزنده بوده است. در مرحله نخست این مهاجرت ها، افراد و مجموعه های در معرض خطر شکنجه و کشتار را نجات داده است. در مرحله دوم، این مهاجرت ها عمدتا در کشور های توسعه یافته صورت گرفته است. آنجا فرصت های شغل بهتر و بیشتری وجود داشته است. این جمعیت مهاجر با فرستادن پول نقش بزرگی

در تغییر وضعیت اقتصادی مردم خود در کشور مادر داشته است. مسأله سوم تاثیر فرهنگی و آموزشی جمعیت مهاجر بوده است. جمعیت مهاجر با تعامل با فرهنگ میزبان الگوها و رفتارهای عقلانی تری را تجربه کرده و تعدادی هم از امکانات آموزشی معیاری بهره جسته اند و هزاره ها برای اولین بار در تاریخ آموزش خویش، شاهد ظهور گروهی از تحصیل کرده ها است که تا حدی ظرفیت ورود به بازار جهانی کار را دارد و می توانند از فرصت های بازار جهانی کار استفاده کند و به نحوی از روند جهانی تحولات بهره مند شود.

برگه اَنترنیتی «تابناک» موضوعی را در مورد مهاجرت چند مرتبه یا چند لایه ای مهاجرین هزاره تشریح کرده است که مهاجرین هزاره از افغانستان مجبور به ترک خانه و کاشانه شان شده به ایران آواره می شوند، در ایران با آزار و اذیت ماموران امنیتی روبرو می شوند و از کشور دوم به کشور سوم سوریه مهاجرت می کنند، بدبختانه در سوریه هم قابلیت زیست پیدا نمی کنند و به کشور چهارم یعنی عراق می روند. آنها در هر کشوری که بوده اند به صفت اقلیت عذاب و اهانت را متحمل شده اند. در افغانستان بنام هزاره، در ایران بنام اقلیتی که قیافه های شان با ایرانی ها متفاوت تر بوده، در عراق و سوریه به صفت اقلیت مذهبی شیعه.» (۲۲)

یعنی فرار از جغرافیا و تغییر چند مرتبه ای بعُد مکانی نتوانسته است، هزاره ها را از آزار و اذیتی که از جنایت نسل کشی در افغانستان آغاز شده نجات بدهد.

در نتیجه باید گفت که هزاره ها روی همرفته در زمان حاضر هم در حالت از دست دادن جغرافیای کنونی شان در ادامه نسل کشی است.

مأخذ و منابع

۱. پنج ویدیو کلیپ زیر فاکت انکار ناپذیر موجودیت نسل کشی در افغانستان است:

- در پارلمان انگلستان

https://www.youtube.com/watch?v=4I2ZbCiFGsc

- عبدالمنان نیازی: هزاره هر کجایی که باشند، می کشیم.

https://www.youtube.com/watch?v=YrQYuAKUis0&t=71s

- قتل عام هزاره ها در افشار کابل

https://www.youtube.com/watch?v=E62xmpv1a3U

- در پارلمان کانادا

https://www.youtube.com/watch?v=2nwbUaC7gww

- نشست دیدبان حقوق بشر در باره کشتار هزاره ها در افغانستان

https://www.youtube.com/watch?v=FsH2iUaImiE&t=276s

۲. پدیده کوچی گری از عبدالرحمان تا کرزی،

http://zayeri.blogfa.com/post/24

۳. علی نجاتی، روایت افتخار، تاریخچه مبارزات ابراهیم خان گاوسوار، ۱۹۹۸م،

۴. بی بی سی ۹ دسامبر ۲۰۱۹م

https://www.bbc.com/persian/afghanistan-50712466

۵. کاظم یزدانی، پژوهشی در تاریخ هزاره ها، تهران، ۱۳۶۸ هخ، ص ۳۷۰،

۶. الکساندر لیاخفسکی، تراژیدی و شجاعت، مسکو، ۱۹۹۵م، ص ۴۳.

۷. م.م. سگرالینوف، هزاره های افغانستان، پژوهشی از اکادمی علوم قزاقستان، ۲۰۱۵م

۸. سنسیرف اندری افگینویچ، افغانستان، ۱۹۲۱ ص ۱۲۳-۱۲۴، مسکو

۹. رحیم دادخدایف، «افغانستان امروز» ، دوشنبه، ۱۹۸۸م، ص ۳۵-۳۶

۱۰. افغانستان در مسیر تاریخ، چاپ وزارت دفاع افغانستان، صص ۶۷۰ ، ۱۹۶۷م

۱۱. امیر عبدالرحمان، تاج التواریخ، پشاور، ۱۳۷۵، ص ۲۶۳،

۱۲. سلطان هلی کشتمند، یادداشت هاس سیاسی و رویداد های تاریخی، ج ۱-۲، ۲۰۰۲م، ص ۳۴

۱۳. بومان علی قاسمی، «سیری بر تارخ هزاره در پاکستان» (مقاله)،

۱۴. محمد عیسی غرجستانی، کله منار ها در افغانستان، کویته پاکستان، ۱۳۷۲ هخ، ص ۲۱۳.

۱۵. همان منبع

۱۶. دانشنامه آزاد و ویکی پیدیا،

https://fa.wikipedia.org/wiki/%D9%85%D8%B1%D8%AF%D9
%85%D8%A7%D9%86_%D9%87%D8%B2%D8%A7%D8%B1
%D9%87

۱۷. شبکه اطلاع رسانی افغانستان، از ۶ حوت ۱۳۹۱ هخ

https://www.afghanpaper.com/nbody.php?id=48480

۱۸. برگه «جاده ابریشم»، نفوذ ایران در میان روحانیون هزاره در پاکستان، از ۱۹ دلو ۱۳۹۹ هخ

https://jade-abresham.com/reports/analyse/3446/

۱۹. برگه «مرکز دایرة المعارف بزرگ اسلامی»، از بیستم خرداد ۱۳۹۹ هخ،

https://www.cgie.org.ir/fa/article/228522/%D8%A8%D8%B1%D8%
A8%D8%B1%DB%8C

۲۰. حفیظ سحر شرعیتی، پایگاه اطلاع رسانی جاغوری، اپریل، ۲۰۲۰م

۲۱.   بابه صداقت، هزاره انترنشنل،

https://www.hazarainternational.com/fa/?p=19695

۲۲. همان منبع

سخنرانی ششم
تلفات و خسارات نسل کشی مردم هزاره

۱. روایات تاریخ از تلفات و خسارات نسل کشی مردم هزاره
۲. بیان ۴۷ فاجعه خون بار کشتار هزاره ها با ذکر تاریخ وقوع فاجعه و تصویر

اینکه در اوراق و اسناد نشراتی و رسانه ای و همچنان در مقالات و کتاب های پژوهشی و تاریخی از حذف فزیکی بیش از ۶۰ در صد مردم هزاره در دوره حکومت امیر عبدالرحمن خان تذکراتی به چاپ رسیده، گواهی بزرگترین تلفات جانی نسل کشی در سطح جهان است که گروه قومی بیش از نصف نفوس خود را از دست داده باشد. خسارات مادی مانند چپاول دارایی و اموال منقول، تصاحب خانه، جایداد و محلات زیست را ولایت های ارزگان، غزنی، بامیان، زابل غور، هلمند، قندهار، بادغیس، هرات تجربه کرده اند. آنها از مناطق زیست اصلی شان پاکسازی به کوه و یا به خارج از کشور آواره شده اند.

روایات تاریخ از تلفات و خسارات نسل کشی مردم هزاره

حسن پولادی در کتاب «هزاره ها» از زبان محمدحسن کاکر، پژوهشگر پشتون تبار تاریخ معاصر افغانستان، درباره نتایج جنگ عبدالرحمن و هزارهها نوشته است:

«رهبران سیاسی و مذهبی هزاره راهی زندانها و کشتارگاهها شدند، داراییها و مراتع هزاره مصادره شد و در میان افغانهای دُرانی و غَلزایی توزیع شد، هزارهها مورد بدرفتاری مذهبی قرار گرفتند و مجبور به پیروی از مذهب سنی شدند و ملایان سنی در سراسر هزارهجات مستقر شدند، اسرای هزاره در بازارهای آزاد فروخته میشدند و خزانه پادشاهی سهم خود را از این تجارت دریافت می کرد.» (۱)

فیض محمدکاتب در سراج التواریخ می نویسد: «هر روز صدها سر بریده هزاره به بامیان و کابل فرستاده می شد. (کاتب، سراج التواریخ، ۱۳۷۰ ش، ج ۳، بخش دوم، ص ۲۳۳) از سرهای شکست خورده، منارها برپا شد. ارزگان،

مرکز اصلی مقاومت هزاره‌ها، تسخیر و کاملا خراب شد.» (۲)
موضوع خسارات از دادن خاک، منطقه، املاك هزاره ها تا حدی در بخش بُعد
مکانی نسل کشی تشریح شد که لزوم به تکرار ندارد. اما هزاره ها در نتیجه نسل
کشی دوامدار،خسارات مادی و معنوی زیادی متحمل شده اند که اکثریت آنها
غیر قابل جبران و برگشت ناپذیر است.

بعد از درهم کوبیدن هزاره ها توسط امیر عبدالرحمن، مناسبات و ساختار
اجتماعی و اقتصادی هزاره ها تغییر کرد، جای کشاورزی هزاره ها را مناسبات
بدوی و چادرنشینی کوچی ها گرفت. سیستم کشاورزی هزاره نابود شد و
مزارع هزاره به چراگاه های کوچی ها تبدیل شد. عسکر موسوی به قول از
فیض محمد کاتب در کتاب «هزاره های افغانستان» می نویسد: «عبدالرحمن
فرمانهایی در ۱۱ اپریل ۱۸۹۴ (۲۲ حمل ۱۲۷۳) صادر کرد. در این فرمانها آمده
بود که تمام چراگاه های هزاره جات مصادره شد و دیگر هزاره ها، تحت هیچ
شرایطی، نمی توانند از این زمین ها برای چرای رمه خود استفاده کنند. این
مراتع در آن زمان در دست رؤسای کوچی های افغان بود. اما آنان نه تنها از
این مراتع برای پرورش رمه های خود استفاده می نمودند، بلکه زمین های زیر
کشت هزاره ها را نیز غصب می کردند. اعتراض ها و اقدامات هزاره ها برای
حفاظت از زمین های شان و جلوگیری از تعرض کوچی ها اغلب به مرگ
چندین تن از آنان و تاراج اموال و خانواده های شان توسط حاکمان محلی، که
همواره جانب متجاوزان افغان را می گرفتند، گردید. حکومت در سال ۱۸۹۳
برای کوچی ها یک مسیر قانونی از طریق هزاره جات تعیین کرد. کوچی ها
به خاطر تجاوز و تخریب محصولات هزاره ها جریمه نمی شدند. آنان می
توانستند به سادگی و با پرداخت رشوه به فرمانروایان محلی، حیوانات خود را
روی زمین های زیر کشت هزاره ها چرا دهند. بدین ترتیب کوچی های پشتون
به تدریج توانستند زمین های قابل کشت بیشتری را تبدیل به مراتع خود نمایند،
این مناطق شامل دایزنگی، بهسود، دایکندی، ناهور، مالستان و جاغوری می
شد.» (۳) برای اثبات تلفات و خسارات گسترده مادی و معنوی هزاره ها در زمان
امیر عبدالرحمن خان باز هم به کتاب عسکر موسوی رجوع می کنیم که به قول
فیض محمد کاتب چنین می نویسد: «برای خلاصی از پرداخت مالیات سال
های گذشته فرد هزاره راه دیگری جز فروختن زن و فرزندان خود نداشت که
بدینوسیه آنها به غلام و کنیز تبدیل می شدند، تمام این کار ها توسط فرمان و
اوامر امیر کابل در سال (۱۲۱۱ هق، مارچ ۱۸۹۳) قانونی شده بود. قیمت بردگان

به حیث مالیات به خزانه دولت فرستاده می شد...) (۴)

نکات فوق جوانب عمیق ادامه نسل کشی بعد از جنگ را نشان می دهد. اگر این واقعیت ها را در چوکات تلفات و خسارات نسل کشی مردم هزاره مورد بررسی قرار بدهیم، مقدار و ابعاد مادی و معنوی غیر قابل محاسبه، غیر قابل تصور و غیر قابل جبران است.

مختصر اینکه مردم هزاره موجودیت ارزشهای هویتی، و ارزش های فراوان فرهنگی خود را از دست داده اند که قابل بازگشت، ترمیم و جبران خساره نیست. زمین و خون و ارزش های فرهنگی مردم هزاره از ارزش های اند که بازگشت ندارد و از دست دادن آنها ادامه دارد.

بیان۴۷ فاجعه خون بار کشتار هزاره ها با ذکر تاریخ وقوع فاجعه و تصویر

اکنون مشت نمونه خروار مروری داریم بر چند قضیه مربوط کشتار های مردم هزاره که به شکل واقعه نگاری ثبت شده است.

باید دانست که این قضایا از منابع رسمی دولت افغانستان و رسانه گرفته شده که ارقام واقعی آن به مراتب بیشتر از آن است که ثبت شده اند.

همچنان این ارقام مربوط به واقعه های مربوط به شهر ها و مراکز ولایت های افغانستان می باشند. هزاران قضیه قتل وکشتار که در دور دست ها اجرا شده بدون ثبت و گمنام باقی مانده اند.

۱. در قتل عام هزاره ها به دستور امیر عبدالرحمن خان و فتوای ملا های سُنی دیوبندی در سال های ۱۸۹۰ تا ۱۹۰۰ م به تعداد چهارصد هزار تا پنجصد هزار خانواده هزاره سر به نیست شدند. به گفته کاتب در این نسل کشی بیش از ۶۰ در صد نفوس هزاره از میان برداشته شد، زمین ها املاک و دارایی آنها به قبایل پشتون توزیع شد، زن ها و دختران به بردگی گرفته شد و به بازار های شهر ها به فروش گذاشته شدند.

۲. در جریان جنگ‌های داخلی افغانستان میان مجاهدین برای کنترول منطقه افشار کابل، نیروهای شورای نظار دولت اسلامی افغانستان، اتحاد اسلامی به رهبری رسول سیاف، حزب حرکت اسلامی افغانستان به رهبری آصف محسنی تهاجم گسترده را در افشار به راه انداختند، هرچند آمار دقیقی از این کشتار هنوز منتشر نشده‌است. گفته شده است که در ۲۱ و ۲۲ دلو ۱۳۷۱ هجری خورشیدی هزاران انسان کشته، اموال شان چپاول و خانه‌های شان تخریب شدند.

این جنایات بنابر تقدیس کیش شخصیت اجرا کننده‌های آن تا حال بررسی نشده است. گرچه جنرال عبدالقدوس کتابی را در این مورد نوشته و مقالاتی را نشر کرده است، اما معلومات کافی در ماهیت این کشتار و قربانیان آن هنوز در ابهامات قرار دارد.(۵)

۳. در ۱۷ اسد ۱۳۷۷ هجری خورشیدی در کشتار شهر مزار شریف قرار تخمین رسانه ها و پژوهشگران از دو هزار تا هشت هزار افراد هزاره و ازبک توسط طالبان کشته شده اند.

۴. در پانزدهم قوس ۱۳۹۰ هجری خورشیدی در سه حمله باهم پیوسته در ولایت های بلخ، کابل و کندهار توسط لشکر جهنگوی مقیم پاکستان، ۷۸ تن کشته و ۱۵۰ نفر زخمی شدند.

۵. کشتار مسافرین هزاره توسط طالبان در بادگاه ولایت غور در ۱۳ اسد ۱۳۹۳ هجری خورشیدی که ۱۴ نفر به شمول عروس داماد کشته شدند.

۶. کشتار افسران و سربازان از قوم هزاره در ولسوالی جلریز ولایت وردک توسط طالبان در ۱۱ سرطان ۱۳۹۳ هجری خورشیدی که ۲۷ کشته و ۳ زخمی را بجا گذاشت. این افسران می توانست نجات داده شود، اما حکومت افغانستان عمدا به حمایت آنها نرفت.

۷. فاجعه کشتار دهمزنگ توسط داعش (طالبان) با همکاری نهاد های امنیتی افغانستان به سرپرستی حنیف اتمرصورت گرفت که ۸۰ کشته و ۲۳۱ زخمی بجا گذاشت. بهترین نخبه ها و فعالین مدنی، کارمندان رسانه ها از مردم هزاره از قربانیان این کشتار جمعی بود. کشتار دهمزنگ نه تنها کشتار هزاره ها بلکه نابودی کلی یک جنبش برای عدالتخواهی بود.

۸.حمله مسلحانه افراد گروه حقانی در مسجد زیارتگاه سخی در کابل در ۲۰ میزان ۱۳۹۵ هجری خورشیدی که در آن، ۱۸ نفر کشته و ۵۸ نفر زخمی شدند.

۹. حمله افراد انتحاری داعش (طالب) در مسجد باقرالعلوم در اول قوس ۱۳۹۵ هجری خورشیدی که ۳۲ تن کشته و ۶۴ تن زخمی را بجا گذاشت.

۱۰. حمله انتحاری نامعلوم به مسجدالزهرای دشت برچی کابل در ۲۵ جوزای ۱۳۹۶ هجری خورشیدی که ۴ کشته و شماری از زخمی ها را در پی داشت.

۱۱. حمله مسلحانه به میرزا اولنگ ولسوالی صیاد ولایت سرپل در ۱۲ اسد ۱۳۹۶ هجری خورشیدی که در آن ۵۰ فرد هزاره جان های شان را از دست دادند.

۱۲. سوم سنبله ۱۳۹۶ هجری خورشیدی: حمله داعش به مسجد امام زمان قلعه نجار های کابل، ۲۸ کشته و ۵۰ زخمی را بجا گذاشت.

۱۳. هفتم میزان ۱۳۹۶ هجری خورشیدی: حمله انتحاری در نزدیکی مسجد قلعه فتح الله شهر کابل که در آن ۵ نفر کشته و ۱۰ نفر زخمی شدند.

۱۴. بیست و هشتم میزان ۱۳۹۶ هجری خورشیدی: حمله انتحاری در مسجد امام زمان دشت برچی که ۵۶ کشته و ۵۵ زخمی داشت.

۱۵. سی ام قوس ۱۳۹۶ هجری خورشیدی: در بمگذاری در کتابخانه جبرئیل هرات ۴ تن کشته و ۵ تن زخمی شدند.

۱۶. هفتم جدی ۱۳۹۶ هجری خورشیدی: حمله انتحاری داعش در مرکز فرهنگی تبیان ۵۲ کشته و ۹۰ زخمی را بجا گذاشت.

۱۶. هفتم جدی هجری خورشیدی: حمله انتحاری داعش در مرکز فرهنگی تبیان ۵۲ کشته و ۹۰ زخمی را بجا گذاشت.

۱۷. هجدهم حوت ۱۳۹۶ هجری خورشیدی: حمله انتحاری گویا داعش در مصلی استاد مزاری ۹ نفر کشته و ۱۸ نفر زخمی شدند.

۱۸. حمل ۱۳۹۷ هجری خورشیدی: بمگذاری داعش در زیارت سخی در جشن نوروز ۳۳ کشته و ۶۵ زخمی را در پی داشت.

۱۹. دوم ثور ۱۳۹۷ هجری خورشیدی: حمله انتحاری داعش در حوزه ششم واقعه دشت برچی، ۷۰ کشته و ۲۰ زخمی را بجا گذاشت.

۲۰. بیست چهارم اسد ۱۳۹۷ هجری خورشیدی: حمله انتحاری داعش در آمادگی کانکور آموزشگاه موعود دشت برچی، ۵۰ کشته و ۶۷ زخمی بجا گذاشت.

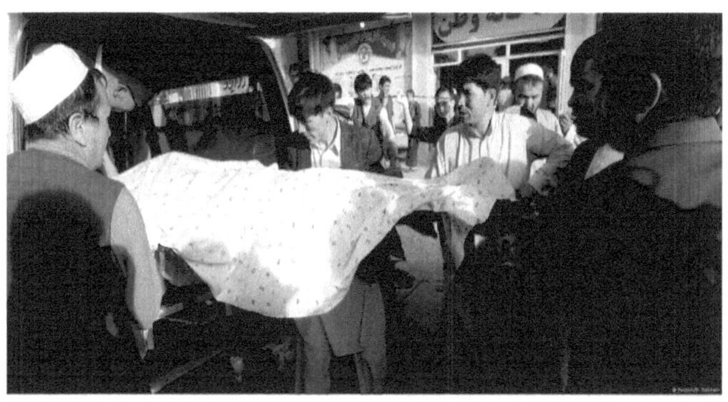

۲۱. پانزدهم سنبله ۱۳۹۷ هجری خورشیدی: حمله انتحاری داعش در مجتمع ورزشی خاتم‌الانبیا منطقه دشت برچی ۲۸ نفر کشت و ۹۱ تن را زخمی کرد.

۲۲. پنجم عقرب ۱۳۹۷ هجری خورشیدی: در حمله طالبان به ولسوالی خاص ارزگان ولایت ارزگان ۷۰ نفر کشته و تعداد نامعلومی زخمی شدند.

۲۳. بیست و یکم عقرب ۱۳۹۷ هجری خورشیدی: در حمله انتحاری منتسب به داعش در ناحیه دوم شهر کابل، ۶ نفر کشته و ۲۲ نفر زخمی شدند.

۲۴. شانزدهم حوت ۱۳۹۷ هجری خورشیدی: در حمله انتحاری به مصلی عبدالعلی مزاری در کابل ۱۱ نفر کشته و ۹۵ نفر زخمی شدند.

۲۵. شانزدهم حوت ۱۳۹۸ هجری خورشیدی: در حمله انتحاری به مصلی عبدالعلی مزاری در دشت برچی کابل ۳۲ نفر کشنه و ۷۱ نفر زخمی شدند.

۲۶. بیست و سوم ثور ۱۳۹۹ هجری خورشیدی: حمله شبکه حقانی در شفاخانه ۱۰۰ بستر دشت برچی شهر کابل ۱۶ کشته و ۱۶ زخمی بجا گذاشت.

۲۷. هشتم اسد ۱۳۹۹ هجری خورشیدی: در بمگذاری توسط افراد نامعلوم در محله حاجی عباس شهر هرات ۴ نفر کشته و ۳ نفر زخمی شدند.

۲۸. سوم عقرب ۱۳۹۹ هجری خورشیدی: حمله انتحاری گویا داعش در پل خشک دشت برچی شهر کابل ۳۶ کشته و ۶۲ زخمی داشت.

۲۹. سوم عقرب ۱۳۹۹ هجری خورشیدی: بم گذاری انتحاری در جوار مرکز آموزشی کوثر واقع در دشت برچی شهر کابل، ۳۶ زخمی و ۷۲ کشته بجا گذاشت که قربانیان آن نوجوانان بودند.

۳۰. چهارم قوس ۱۳۹۹ هجری خورشیدی: بم گذاری شبکه حقانی در بامیان ۲۰ کشته و ۶۰ زخمی بجا گذاشت.

۳۱. چهاردهم جدی ۱۳۹۹ هجری خورشیدی: در کشتار کارگران معدن در پاکستان ۱۰ کارگر هزاره کشته شدند.

۳۲. دهم دلو ۱۳۹۹ هجری خورشیدی: در کشتار غیر نظامیان ولسوالی بهسود ولایت وردک به تعداد ۴۲ نفر توسط نیرو های امنیتی مربوط به امنیت ملی اشرف غنی کشته شدند.

۳۳. هجدهم ثور ۱۴۰۰ هجری خورشیدی: در حمله طالبان به مکتب دخترانه سیدالشهدا در دشت برچی ۸۵ نفر کشته و ۱۵۰ نفر زخمی شدند.

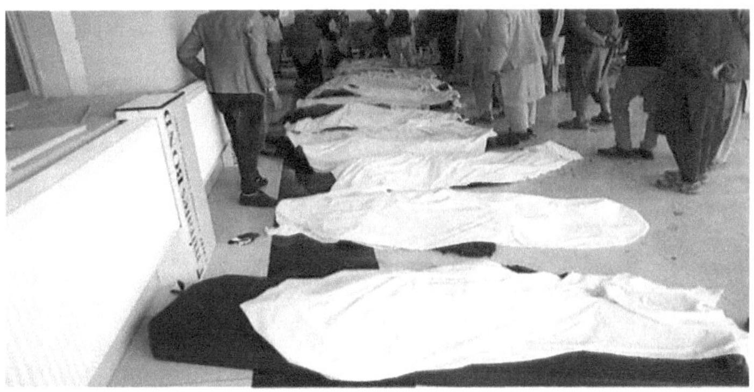

۳۴. سی ام حمل ۱۴۰۱ هجری خورشیدی: در حمله انتحاری داعش در مکتب عبدالرحیم شهید واقعه دشت برچی کابل ۲۰ کودک کشته و ۴۸ کودک زخمی شدند.

۳۵. هشتم میزان ۱۴۰۱ هجری خورشیدی: حمله انتحاری طالبداعش در مرکز آموزشی کاج واقع در دشت برچی کابل ۵۳ کشته و ۱۱۷ زخمی بجا گذاشت.

۳۶. سی ام حمل ۱۴۰۱ هجری خورشیدی: حمله انتحاری نامعلوم طالبان در مرکز آموزشی ممتاز ۱۱ کشته و ۲۵ کشته را در پی داشت.

۳۷. به تعداد ۳۱ نفر اسیر که ۲۶ نفر آن از هزاره های اسماعیلی بودند، در می ۲۰۰۰ میلادی در کوتل رباطک ولایت بغلان بنام هزاره توسط طالبان تیرباران شدند. طالبان افراد ملکی و غیر مسلح را بعد از فرار سید منصور نادری از کیان دره نیکپی ولایت بغلان اسیر گرفتند و بعد با دستان از پشت بسته تیرباران کردند(۶)

۳۸. در فبروری ۲۰۱۸ م ۱۸ نفر کارگر ولایت معدن ولسوالی تاله و برفک ولایت بغلان که همه آنها از اهالی ولایت دایکندی بودند، توسط دو تروریست موترسایکل سوار تیر باران شدند. این کارگران با استفاده از رخصتی از تاله و برفک به دایکندی می رفتند که در راه بغلان ـ دایکندی بنام هزاره تیرباران شدند. (۷)

۳۹. در نومبر ۲۰۱۵ م طالبان مسافران هزاره به شمول زن و کودک را در ولایت زابل گروگان گرفتند و هفت مسافر ساکنان جاغوری را سر بریدند که شکریه تبسم شامل این قربانیان بود. (۸)

۴۰. در حمله انتحاری در مسجد «سید آباد» منطقه «خان آباد» ولایت کندز در شمال افغانستان ۱۰۰ تن کشته و ۲۰۰ تن دیگر نیز زخمی شدند.

۴۱. قتل عام غیر نظامیان در یکاولنگ در روز یکشنبه ۷ جنوری ۲۰۰۱ آغاز شد. اکثر قتل ها در ۸ جنوری صورت گرفت. نیروهای طالبان تا ۲۲ جنوری در محل باقی ماندند و قتل عام های زیادی را در محل انجام دادند. مجموع کشتار که در این دوران صورت گرفته بود حد اقل ۲۷۸ نفر که ۲۷۵ نفر شان غیر نظامی، سه نفر شان نظامی شناسایی شده بودند.

۴۲. مطابق توماری که توسط بیش از هزاز نفر امضا شده، قرار مقالات و آمار های نشر شده در رسانه ها و پرونده های موجود در نهاد های قضایی افغانستان ادعا شده است که اعضای خانواده نادری تا اکنون بیش از صد نخبه هزاره های اسماعیلی را به قتل رسانیده است. در آخرین قضیه سو قصد علیه یکی از نخبه های اسماعیلی که باید به دستور سید منصور نادری ترور می شد، افشا گردید. که او با گروه های آدمکش قرارداد بسته بود، تا نخبه های هزاره اسماعیلی را مطابق با اشاره سید منصور نادری، ترور نمایند.

۴۳. نسل کشی با استفاده از ابزاری بنام کوچی : تهداب و میکانیزم فکری و سازمانی ورود دوباره کوچی ها در هزارستان در دوره حکومت حامد کرزی شکل گرفت و استفاده از کوچی ها در اجرای نسل کشی در پیش چشمان نیروهای نظامی چهل کشور دنیا، نهاد های حقوق بشری ملی و جهانی، در پیشروی حکومت گویا انتخابی، در زیر ریش های رهبران جهادی هزاره یکه شامل ائتلاف سیاسی در دولت بودند، اجرا می شد.

طالبان در دوره دوم امارت شان بعد از فاجعه کاج دست به نسل کشی هزاره ها زده اند که چند نمونه آن در صفحه های بعدی تشریح شده است.

۴۴. روز پنج‌شنبه، ۳ قوس ۴۰۰۱ هجری خورشیدی قتل عام اعضای دو خانواده هزاره در دایکندی به دست طالبان انجام شد. یک نفر سر بریده شده و ۱۱ نفر دیگر پس از بازداشت و شکنجه، تیرباران شدند. در این حادثه، چهار نفر بازداشت و ناپدید شده‌اند. این افراد اعضای دو خانواده امین الله مالی و محمد امین جعفری بودند که در روستایی در مرکز دایکندی زندگی می‌کردند. در آخرین گزارشات در این حادثه ۱۴ نفر به شمول زن و کودک و نوجوان جان های شان را از دست دادند.

۴۵. طالبان در ۵ سرطان۴۰۰۱ هجری خورشیدی در منطقه‌ی «دهن چهارآسیاب» ولسوالی لعل‌وسرجنگل ولایت غور در یک «عملیات» در ولسوالی لعل‌وسرجنگل، محمد مرادی، فرمانده‌ی پیشین خیزش مردمی و پنج نفر دیگر اعضای خانواده و یک نفر مهمان وی را کشتند.

۴۶. کشتار و بی جا سازی در بلخاب ولایت سر پل به بهانه قضیه مولوی مهدی، یگانه طالب هزاره تبار که ۲۳ جون ۲۰۲۲ آغاز شد، ۱۵۰ کشته، ۳۰ کودك به علت گرسنگی جان باختند و ۲۷۰۰۰ نفر از خانه های شان بی جا شدند. قرار گزارش نهاد های جهانی، بر کودکان و زنان تجاوز جنسی صورت گرفته و ۳۳ نفر یک بار تیرباران شده اند.

۴۷. کشتار عزا داران عاشورا در ولایت غزنی که جنایت بالای جنایت است، روز جمعه ششم اسد ۴۰۰۲ هـخ هفت نفر کشته به شمول یک کودک و ۳۳ نفر زخمی را در پی داشت.

قابل یادآوری میدانم که مشکل کوچی ها کاملا برنامه ریزی شده به میان آمد. زمانیکه در مناطق هزاره نشین(هزارستان) مردم مسلح بودند، ورود کوچی ها به این مناطق قطع شده بود. اجرا کننده های نسل کشی مردم هزاره برای حضور دوباره کوچی در افغانستان و در هزارستان بطور ویژه برنامه ریزی کردند. اول، آنها برای کوچی سازی افغانستان نماینده های کوچی ها را بطور غیر معیاری، به شکل ساختگی و با استفاده از قدرت اجرایی حکومت برای ایجاد میکانیزم دفاع از جنایات کوچی ها در پارلمان افغانستان افراد ماجراجو و تفنگ سالار را جابجا کردند.

دوم، کوچی ها را با سلاح های خفیف و نیمه ثقیل مجهز کرده، برای آنها وسایل نقلیه جنگی مانند موتر های نوع پیکاپ که طالبان تجربه استفاده از آنها را داشتند، آماده و در اختیار شان قرار دادند. در حالیکه هزاره ها توسط برنامه «دی دی آر» ملل متحد خلع سلاح شده بودند که در بالا در باره آن معلومات داده شده است.

سوم، وحید الله سباوون یک سلسله تبلیغات را راه اندازی کرد که گویا کوچی ها در جاهای که او در نظر داشت، متوطن شوند و برای شان شهرک های رهایشی اعمار گردد. این در حالی بود که شهروندان اصلی افغانستان در عمیق ترین فقر و ناامنی قرار داشتند. (۹)

گلاب منگل در یك قرارداد خائینانه و رذیلانه دندغوری ولایت بغلان را به ناقلین و کوچی ها واگذار شده و از ساحه حاکمیت دولت خارج ساخت. چهارم، سرکوب خیزش های مردمی که در مخالفت با کوچی ها و آدمکشان تروریست در حال ظهور بود. مانند سرکوب علی پور در بهسود و نظام الدین قیصاری در فاریاب، خیزش های مردمی در غور، هرات و سایر نقاط افغانستان که توسط دولت بمباران می شد، اما کوچی های مسلح توسط دولت حمایت می شد. (۱۰)

واضح است که در نکات فوق هماهنگی دیده می شود که در عقب آن نه تنها حکومت های حامد کرزی و اشرف غنی قرار داشتند، آنها مانند همیشه اجرا کننده های بی چون و چرای بادران خارجی شان بودند.

در نتیجه تحقق برنامه های جنایتبار حکومت های حامد کرزی و اشرف غنی، مردم هزاره خسارات و تلفات جبران ناپذیر را متحمل شدند. این قوم به رکود، سقوط و اضمحلال تاریخی مواجه شد که پیامد های آن تا سال ها دامنگیر آنها خواهد بود. کوچی سازی کرزی و غنی برنامه ای برای ادامه نسل کشی مردم هزاره و اشغال زمین و ملکیت های اقوام غیر پشتون، بویژه از میان برداشتن هزاره از افغانستان بود.

در اخیر قابل یادآوری است که ارقام ثبت شده در قضایای بالا از رسانه ها و آمار رسمی دولتی گرفته شده است. در حقیقت قربانیان کشتار های نامبرده بیشتر از آن است که ثبت می شوند.

اما در دو دوره حکومت تقلبی و فاسد اشرف غنی این روند از اجرای غیر مستقیم به سیاست رسمی دولت تبدیل شد و اجرا کننده های آنها نه تنها کوچی ها، بلکه طالب، داعش بودند و زمانی هم حکومت به کشتار هزاره ها می پرداخت.

اجرای نسل کشی توسط کوچی ها در سال های جنگ داخلی که مردم هزاره مسلح بودند، قطع شده بود، اما بعد از خلع سلاح یک جانبه مردم هزاره توسط نهاد های ملل متحد و رهبران جهادی هزاره در دوره اول حکومت حامد کرزی زمینه های ورود دوباره کوچی ها به مناطق هزاره نشین(هزارستان) آماده شد.

مجهز شدند و در دوره دوم حکومت کرزی به کشتار مردم هزاره از بهسود و دایمیرداد آغاز کردند و در دوره های حکومت اشرف غنی اکثر ولایات افغانستان در بر گرفت. این روند خائینانه به مردم هزاره تلفات زیاد را وارد کرد که بررسی آن به پژوهش جداگانه ضرورت دارد.

فراموش نگردد که نسل کشی مردم هزاره با کشتار های علنی ذکر شده محدود نمی گردد، اشکال اجرای نسل کشی های خاموشانه و پنهانی، تدریجی، مستقیم و غیر مستقیم، نخبه کشی، نسل کشی فرهنگی و غیره همواره ادامه دارد.

منابع و مأخذ

۱. حسن پولادی، هزاره ها، ۱۳۹۰ هش، ص ۳۸۹ و ۳۹۰

۲. فیض محمد کاتب، سراج التواریخ، ۱۳۷۰ هش، ج ۳، بخش دوم، ص ۲۱۰،

۳. عسکر موسوی، هزاره های افغانستان ، ... ص ۱۸۰.

۴. همان منبع ص ۲۶۵

۵. کتاب عبدالقدوس سید، جنگ های کابل(سالهای ۱۳۷۵–۱۳۷۱ خورشیدی)، در دو جلد

۶. پروژه عدالت افغانستان(جنایات جنگی و جنایات ضد بشری در سال ۱۹۷۸–۲۰۰۱)م، ص ۱۱۳.

https://www.afghanistanjusticeproject.org/index.htm

http://doshichi.blogfa.com/post/36

۷. خلیل پژواک، اطلاعات روز، چگونه هشت نفر در تاله و برفک تیرباران شدند؟، ۲۲ جدی ۱۳۹۵ هخ،

۸. ثنا نیکپی، در باره قتل فجیعانه هفت گروگان هزاره در ولایت زابل افغانستان، کابل پرس، هشتم نومبر ۲۰۱۵م

۹. ثنا نیکپی، شمال و جنوب هندوکش برای کوچی ها نیست، کابل پرس، اوت ۲۰۰۷م

۱۰. همان نویسنده، کابل پرس، هفدهم سپتمبر ۲۰۱۵م

https://www.facebook.com/kabulpress/photos/a.106989512692/1015
3164709257693/?locale=hi_IN

سخنرانی هفتم
گستردگی قساوت، خشونت و شکنجه گری
در عاملین جنایت نسل کشی مردم هزاره

۱. منع خشونت در اسناد حقوق بین المللی
۲.جهانی شدن خشونت و پیامدهای آن در سراسر گیتی
۳. مقایسه خشونت قرون وسطایی با خشونت و قساوت امیر عبدالرحمن بر مردم هزاره
۴. خشونت و شکنجه گری بر مردم هزاره در دوره های حکومت های دست نشانده امریکا بر مردم هزاره (مجاهدین، طالبان ، حامد کرزی و اشرف غنی)

خواننده های گرامی! به دنبال سخنرانی های «شرح تئوریک نسل کشی و ابعاد گسترده نسل کشی مردم هزاره» به سخنرانی هفتم رسیدیم. در سخنرانی پنجم «گستردگی ابعاد زمانی و مکانی نسل کشی» و در سخنرانی ششم «گستردگی تلفات و خسارات نسل کشی مردم هزاره» تشریح شد. سخنرانی هفتم «گستردگی قساوت و خشونت در اجرا کننده های نسل کشی مردم هزاره» است.

در اینجا گستردگی خشونت، قساوت و شکنجه بر مردم هزاره مورد بررسی قرار می گیرد، سعی می شود که میکانیزم اجرایی قساوت، اجرا کننده های آن معرفی گردند و با سایر اجرا کننده ها و میکانیرم های خشونت و شکنجه مورد مقایسه و تشابه قرار داده شوند، اما علت و انگیزه آن در سخنرانی هشتم بررسی خواهد شد.

برای درک و تفهیم بهتر این موضوعات نخست مروری بر پدیده ای بنام قساوت، خشونت و دهشت در جهان خواهیم داشت، بعد، این مساله را در سطح افغانستان بررسی خواهیم کرد، تا در چهارچوب این روند، قساوت و خشونت بر مردم هزاره را تدقیق و تفکیک کرده، تفاوت و تشابه آنرا در سطوح افغانستان و جهان تشریح کنیم.

مطالعه تسلسل خشونت و ابعاد و جوانب گوناگون آن به ما کمک می کند که موضوع مورد بحث کنونی را به وجه آن شناسایی کنیم.

ادبیات سیاسی و حقوقی و نشرات رسانه ای نشان می دهد که خشونت های فردی بیشتر بررسی شده، اما در باره خشونت های جمعی، اجتماعی و سیاسی توجه چندانی معطوف نشده است. بحث من در باره خشونت و قساوت، متفاوت از ادبیات مروج در این مورد است. من عوامل و منابع خشونت را بیشتر در اجتماع، اقدامات سیاسی، قومی و دینی جستجو خواهم کرد، تا بتوانم خشونت بر مردم هزاره را از لابلای آن مورد شناسایی دقیق و عمیق قرار بدهم. درینجا خشونت های خانوادگی، خشونت علیه کودکان، خشونت با زنان و خشونت های فردی و غیره نه، بلکه ریشه های خشونت های بزرگ را معرفی خواهم کرد.

منع خشونت در اسناد حقوق بین المللی

خواننده های عزیز! برای شناخت دقیق شکنجه، جنبه های حقوقی آن مهم است. سه سند معتبر حقوقی مانند اعلامیه جهانی حقوق بشر، کنوانسیون علیه شکنجه و سایر رفتارها یا مجازات‌های ظالمانه، غیرانسانی یا تحقیرآمیز و میثاق بین المللی حقوق مدنی و سیاسی، هر کدام نقش خود را بیان کرده است. ماده اول کنوانسیون علیه شکنجه و سایر رفتارها یا مجازات ظالمانه، غیرانسانی یا تحقیرآمیز، شکنجه را چنین تعریف کرده است: هر عمل عمدی که بر اثر آن درد یا رنج شدید جسمی یا روحی علیه فردی به منظور کسب اطلاعات یا گرفتن اقرار از او و یا شخص سوم اعمال می شود، شکنجه نام دارد. (۱) یادآور می شوم که خلای بزرگ در تعریف شکنجه در حقوق بین المللی وجود دارد که در آن اجرا کننده شکنجه تنها مامور دولتی یا صاحب مقام معرفی شده است و شکنجه را تنها به گرفتن اقرار و معلومات منوط ساخته است.

در حالیکه شکنجه و خشونت ساحه وسیع دارد که بیشتر توسط گروه های قومی، مذهبی و سیاسی غیر دولتی انجام می شود و هدف آنها گرفتن معلومات و اقرار نه، بلکه نفرت، تعصب و خصومت قومی، مذهبی و نژادی می باشد. به هدف و انگیزه نسل کشی انجام می شود.

در ماده پنجم اعلامیه جهانی حقوق بشر آمده است که «هیچ کس را نمی توان شکنجه کرد یا مورد عقوبت با روش وحشیانه و غیر انسانی یا اهانت آمیز قرار داد.» (۲)

در ماده هفتم میثاق بین المللی حقوق مدنی و سیاسی قید شده است که «هیچ کس را نمی‌توان مورد آزار و شکنجه یا مجازاتها یا رفتارهای ظالمانه یا خلاف انسانی قرار داد. مخصوصاً قرار دادن یک شخص تحت آزمایشهای طبی یا علمی بدون رضایت آزادانه او و ممنوع است.» (۳)

یادآور می شوم که محتوای این بخش سخنرانی از محدوده های حقوقی گسترده تر خواهد بود. ما بر علاوه محدوده های حقوقی قضایا، در جستجوی نکاتی خواهیم بود که تنظیمات حقوقی نتوانسته آنها را احتوا کند یا بنابر ملحوظاتی با وجود داشتن قوت و قدرت حقوقی لازم، در برابر آنها خاموشی اختیار شده است.

خواننده های عزیز! با عرض این پیشگفتار به موضوع اصلی سخنرانی برمی گردیم.

متاسفانه، رسانه های جمعی که اداره آنها بدست کشور های غربی است، نشر عکس های دلخراش مربوط به نسل کشی را سانسور می کنند. از تصاویری که در این بخش دارم استفاده کرده نمی توانم. زیرا بعد از نشر آن در رسانه های اجتماعی، عکس ها برای بیننده ها نادیدنی می شوند، یا ادارات رسانه های اجتماعی ویدیو کلیپ را حذف می کنند. ناگزیر در بیان وحشت، دهشت و درنده خویی شکنجه گران قسی القلب از تشریحات لفظی کار می گیرم که تشریح کامل قساوت موجود در عکس ناممکن است.

اگر جسم پارچه پارچه شده بانوی باردار و فرزند نا تولد شده وی که در فاجعه سرکوب جنبش روشنایی رخ داد، به مردمان جهان به نمایش گذاشته شود، قساوتِ گرداننده های ترور و انفجار را به آسانی آشکار می سازد و میزان قساوتِ تجارتِ بزرگ ترور و انتحار را افشا می سازد.

چیزی که این اعمال نا انسانی انسان ها را ممکن ساخته است، انسان زدایی گروهی از انسان ها برای اجرای اهداف مشخص است. در باره انسان زدایی در سخنرانی اول در بخش مراحل روانشناسی نسل کشی صحبت شده که تکرار آن لازم نیست. یادآور می شوم که انسان زدایی شکنجه گران و اجرا کننده های اعمال فجیع، با قساوت و بی رحمی کار تصادفی، ساده و آنی نیست، این ساختار ها هدفمندانه، عمدی و به تدریح و باطی مراحل ایجاد می شوند. مثلا فرد انتحاری، انتحاری به دنیا نمی آید، بعد از طی مراحل پیچیده تغییرات روانی شخص زیر پرورش گرفته می شود، به هیولای انتحاری تبدیل

می شود که کار ساده نیست. من در سال ۲۰۰۵ در یک ابراز نظر در باره اولین واقعه انتحاری در افغانستان که در قندهار اجرا شد، در مقاله ای زیرا عنوان «خودکشی با هدف سیاسی» (۴) ماهیت این روند را تشریح کرده بودم. که در صفحه ۱۲ شماره سوم، نشریه آفتاب در تبعید در سال ۲۰۰۵ و در کابل پرس در ۲۰۱۱م نشر شده است. https://www.kabulpress.org/article926.html

جهانی شدن خشونت و پیامد های آن در سراسر گیتی

به باور من قساوت، خشونت، دهشت و شکنجه گری در کل سه منبع دارد. این منابع باهم پیوند ارگانیک دارند. سه منبع خشونت عبارت از منبع جهانی، ملی و دینی است.

اول خشونت جهانی است که در عقب آن تامین منافع الیگارشی مالی قرار دارد و اجرا کننده آن دیکتاتوری جهانی است. زمانیکه مخلوقات ساخته دست استخبارات بنام های القاعده، طالب، داعش و سایر گروه های دهشت افگن در ملاء عام یا نمایش دادن آن در رسانه های دیداری سر انسان زنده را می بُرند؛ زمانیکه صحنه های «جهاد جنسی» در مورد زنان به نمایش گذاشته می شود؛ زمانیکه زنان اسیر به غنیمت گرفته شده مورد تجاوز فاتحان جنگ قرار می گیرند؛ یا به برده آنها تبدیل می شوند، زمانیکه زمامداران برحال کشور های مستقل به دستور کشور های غربی بویژه به دستور امریکا به شکل اهانت باری کشته می شوند؛ و زمانیکه کشوری نظیر افغانستان هدفمندانه و عمدی بدست گروه شناخته شده تروریستی تسلیم داده می شود، بدون تردید خشونت، قساوت، و دهشت افگنی را جهانی ساخته اند. بازتاب این دهشت جهانی اذهان عامه جهانی را تسخیر کرده و خشونت را به جزء زندگی مردم تبدیل کرده است.

خشونت جهانی، خشونت در کشور ها، جوامع، گروه های اجتماعی و مذهبی، ملی و قومی را ترغیب کرده تاثیرات آن تا خانواده ها رسیده است.

خشونت جهانی توسط کشور های زورمند اجرا می شود. بدون مجازات بودن خشونت های جهانی و بدون مجازات بودن خشونتگرانی که توسط عاملین خشونت جهانی حمایت می شوند؛ خشونت و اعمال توأم با قساوت را به امر عادی تبدیل کرده است. بهترین مثال آن خشونت و قساوت نظامیان امریکا در افغانستان است که بدون مجازات مانده است. خشونت های وحشتناک توسط

امریکا در زندان های بگرام در افغانستان، (۵) زندان ابوغریب در عراق،(۶) زندان گوانتانامو در کئوبا(۷) و سایر نقاط دنیا از نمونه های انکار ناپذیر خشونت جهانی است.

همچنان خشونت، دهشت و قساوت اجرا شده توسط طالبان نه تنها مجازات نداشت، بلکه امریکا کشوری بنام افغانستان را به آنها تحفه داد، تا این کشور را به کانون خشونت در منطقه و جهان تبدیل کنند.

اگر در ریشه های تاریخی خشونت و قساوت دقیق شویم، دیده می شود که وحشتناکترین خشونت از کشور های اروپایی و امریکای شمالی آغاز شده و خشونت توسط آنان جهانی شده است که مثال های انکار ناپذیر آن خشونت امریکایی ها با بومیان، خشونت با اسیران جنگی در ویتنام؛ خشونت علیه زنان بومی در ایالات متحده و کانادا، خشونت دایمی پولیس امریکا علیه سیاه پوستان، خشونت نظامیان کشور های غربی در افغانستان، عراق، سوریه، خشونت و قساوتی اند که نه تنها در داخل هر کشور، بلکه در سطح جهانی اجرا شده اند. پس خشونت گری و جهانی ساختن آن کار کشور های گویا متمدن غربی است، نه کشور های فقیر آسیایی و افریقایی.

کشور های بزرگ با ایجاد گروه ها و شبکه های خشونت گر و قسی القلب خشونت و قساوت را در کشور های دیگر تعمیم کردند و خصومت ملی، قومی و مذهبی را بوجود آوردند و از خشونت گران ملی حمایت می کنند که مثال انکار ناپذیر آن افغانستان است.

دوم خشونت ملی: خشونتی که در سطح یک کشور میان گروه های قومی انجام می شود. بهترین مثال خشونت قومی رفتار طالبان با اقوام افغانستان است. جنگ های داخلی حکومت های مجاهدین بارزترین نمونه خشونت قومی در افغانستان بود. خشونت میان مردمان کشور تجزیه شده یوگوسلاویا از بد ترین خشونت ها در سطح ملی بود که جنایت خشونت گران جهانی را نیز با خود داشت.

سوم: خشونت دینی : بد ترین زمینه ساز خشونت و دهشت تعصبات مذهبی در چهارچوب یک دین است. خشونت سنی با شیعه یا با فرقه های مذهبی دیگر از زشت ترین شکل خشونت ها بوده که نفاق، دشمنی و نفرت را به بار آورده و از مردم قربانی گرفته اند.

جنگ مذهب سنی بالای شیعه های یمن از جنبه های انکارناپذیر خشونت

جهانی را دارد. زیرا ائتلاف کشور های سنی به رهبری عربستان سعودی به حمایت امریکا می خواهند نقش سیاسی شعیان یک کشور را از میان بردارند. پیوند منابع خشونت، دهشت و شکنجه گری در چند دهه اخیر مستحکم تر شده و عاملین خشونت جهانی از خشونت در کشورها و میان ملل حمایت می کنند. تا جایی که خشن ترین گروه های افراطی را در کشور های ضعیف به قدرت می رسانند و از آنها حمایت مالی می کنند تا بتوانند بر شانه های مردم سوار باشند و بر دهشت و خشونت شان ادامه بدهند.

فکر می کنم که اجرای خشونت و دهشت افگنی مانند سیستم جهانی کار می کند. زیرا خشونت و قساوت در هر کشوری مورد حمایت خشونتگران جهانی قرار می گیرد.

به باور من اجرا کننده های قساوت و خشونت کسانی اند که از روند عادی انسانی خارج شده اند. من دو دسته اجرا کننده اعمال خشن و غیر انسانی را تصور می کنم. اولی انسان های که انسان زدایی شده اند، مانند انتحاری، تروریست و متعصبین مذهبی و قومی، مشخصتر بگوییم مجاهد، طالب، القاعده، داعش وغیره. دسته دوم نهاد های که دسته اول را خلق کرده اند و آنها را همواره به خشونت و قساوت سوق می دهند، مانند دستگاه استخبارات کشور های منفعتجوی منطقه و کشور های غربی بویژه ایالات متحده امریکا و انگلیس.

مقایسه قساوت قرون وسطایی
با قساوت امیر عبدالرحمن بر هزاره ها

بعد از مطالعه جوانب حقوقی و سیاسی موضوع در اینجا لازم می دانم مروری بر جنبه تاریخی خشونت داشته باشیم و قساوت و سنگدلی در مجازات قرون وسطایی را با قساوت شکنجه گری عصر حاضر مقایسه کنیم، دیده می شود که هر وقت و زمان اهداف و انگیزه های زمان خود را داشته، دارای پیوند های عام نیز می باشند.

در مجازات قرون وسطایی مانند جدا کردن پوست بدن انسان زنده، نشاندن قربانی در بالای چوکی میخ دار که صد ها و هزاران میخ نوك تیز در آن جابجا شده است، فشار تدریجی جمجمه انسان توسط ابزار پیچی به حدی که چشم ها از حدقه خارج شود و جمجمه قربانی هموار می شود، شکنجه

مقعدی برای مردان، و مهبلی برای زنان و دهنی برای متهمین کفرگویی، کش کردن چهار دست و پای قربانی توسط ابزار مخصوص، انداختن در لوله تمساح که دارای سیخ های نوک تیز است، چرخ دادن برای چند ساعت یا چند روز در هرمی نوک تیز که در مقعد قربانی داخل می شد، آویزان کردن وزن در پاهای قربانی در حالی که قربانی را بر آهن نوک تیز خر مانند سوار می کردند، سلاخی با جدا کردن پوست بدن که اکثرا از روی قربانی آغاز می شد.

بی جا نیست اگر قساوت و بی رحمی قرون وسطایی را با قساوت و سنگدلی امیر عبدالرحمن خان و حامیان افغانی و انگلیسی اش مقایسه کنیم.

انگیزه شکنجه گری در قرون وسطا حفظ منافع حاکمان سیاسی و مذهبی جامعه بود، اما انگیزه خشونت و قساوت امیر عبدالرحمن نفرت و تعصب قومی و اجرای پیمان وی با کشور خارجی بود که او را به اریکه قدرت آورده بود.

انگیزه کشور خارجی از خشونت بر مردم هزاره تغییر جغرافیای افغانستان مبنی بر متوطن ساختن افرادی از مذهب و قوم مورد نظر شان در مناطق هزاره نشین، نابودی جغرافیای هزارستان بود.

اجرای اعمال خشونت و قساوت قرون وسطایی برای قربانیان آن یک مرتبه ای و فردی بوده، اما از عبدالرحمن دوامدار و سیسماتیک بود که حتی به بازماندگانش به میراث ماند که تا اکنون به نحوی از انحا ادامه دارد.

تفاوت هدف و انگیزه شکنجه گری در آنست که شکنجه گران قرون وسطایی هدف تهدید و مهار افراد مخالف و متخلف را داشتند، اما عبدالرحمن سرکوب و امحای یک قوم و یک مذهب را داشت. یعنی قربانیان خشونت و قساوت در قرون وسطا افراد مشخص و معین که مخالف فکری حاکمان مذهبی بودند یا کار خلاف منافع آنها را انجام داده بودند و بر اساس مسئولیت فردی مجازات می شدند، اما افراد قربانی خشونت عبدالرحمن، قوم هزاره بود و مسئولیت فردی در آن مشخص نبود. زیرا قربانی اصلی فرد نه، بلکه قوم و مذهب بود. پس هر کسی و هر گروهی از این قوم و از این مذهب در برابر شمشیر خونین عبدالرحمن قرار می گرفت باید با قساوت تمام گردن زده می شدند.

تفاوت بسیار مهم قساوت شکنجه گران امیر عبدالرحمن با قساوت قرون

وسطایی در آن بود که در قرون وسطا هر حاکم دینی یا دولتی مخالفین شهروند کشور خود را مجازات می کردند و در عقب آن منافع خارجی نبود. اما در خشونت و قساوت امیر عبدالحمن خان اهداف و تحریك خارجی نیز وجود داشت که از سیاست تغییر جغرافیا در منطقه منبع می گرفت. حامیان خارجی امیر پلان کرده بودند که این مذهب و این قوم در این جغرافیا نباشد و بجای آنها، آن مذهب و آن قوم دیگرجابجا شود. در تفصیل بیشتر در این مورد به بخش بعدی این سخنرانی، یعنی «گستردگی ابعاد خارجی نسل کشی مردم هزاره» برمی گردیم.

درجه شدت خشونت دوره عبدالرحمن در آنست که با تکفیر قربانیان در تعلقیت شان به مذهب شیعه انجام می شد. اگر مجازات قرون وسطایی توسط افراد شکنجه گر که شغل آنها بود، انجام میشد، در دوره عبدالرحمن افراد تروریست، «فناتیك» مذهبی و انتحاری با انگیزه جنون آمیز عقیدتی این کار را انجام می دادند و خشونت و شکنجه برای آنها کار ثواب و مقدس بود و برای خوشنودی خدا و به مثابه پاداش دینی انجام می شد. یعنی تفاوت در هدف، انگیزه و در اجرا کننده های شکنجه، خشونت و قساوت وجود دارد. من در سخنرانی ام زیر عنوان « شکنجه و جنایت علیه کرامت انسانی در افغانستان» که در کنفرانس «سه دهه نقض حقوق بشر در افغانستان «عنوان داشت، در ۲۰۰۶ م در این مورد نوشته بودم. این نوشته در سال ۲۰۲۲ در کتاب من مجموعه مقالات «سخنرانی ها در باب حقوق، سیاست و هنر» نیز نشر شده است.

«می خواهم در این جا موضوع جدیدی را که شاید درترکیب جرمی شکنجه به حیث انگیزه شامل نشده باشد، اضافه نمایم. این موضوع فناتیزم دینی و مذهبی است. براستی زمانی به کسی وعده داده می شود که او در بدل اجرای شکنجه یا قتل دیگران به جنت می رود، این دیگر از دایره تعصب، تبعیض و هر چیز دیگر خارج می شود و اجرا کننده آن در بدل پاداش اخروی مرتکب جنایت و شکنجه دیگران می شود. ثواب اخروی که به عقیده شخص خرافاتی و فناتیك مذهبی در بدل جنایت بدست می آید، در حقیقت نوع سود جویی کاذب و خود پسندی جنون آمیز است که با زجر و شکنجه دیگران برای خود آسایش اخروی را می خواهد. قابل یادآوری است که در تربیه بم گذاران انتحاری نیز از چنین احساسات استفاده به عمل می آید.» (۸)

برای معرفی قساوت، سنگدلی در افغانستان نخست مروری بر شکنجه گری، جامعه افغانستان به شکل عام آن نظر اندازی می کنیم یعنی شکنجه های که همه مردم افغانستان به شمول مردم هزاره متحمل شده اند، بعدا اجرا کننده های نسل کشی مردم هزاره را که توسط ساختار هایی انسان زدایی شده اند، مورد بررسی قرار می دهیم.

اول در باره انواع شکنجه توسط امیر عبدالرحمان خان: غلام محمد غبار به نقل از کتاب سراج التواریخ می نویسد: «اقسام شکنجه های: کنده، ولچک، غره بغرا، زولانه، قین و فانه، تیل داغ، قطع اعضا، بیدارخوابی دادن، کور کردن، برچه پک، چاندماری، غرغره، ذبح کردن، سنگ سار، به توپ بستن، توسط درخت ها چاره کردن و غیره. کشور را بطور بی سابقه ای زیر کابوس وحشت قرار داده بود. بندیوان ها در مورد بندی خود آزادی بی سرحد داشتند و جرم فرد به اعضای خانواده و حتی رفقایش سرایت می نمود.» (۹)

نصیر مهرین تاریخ نگار افغانستان مقیم آلمان در کتاب .» نیم نگاهی به تاریخ شکنجه در افغانستان» انواع شکنجه توسط امیر عبدالرحمان خان برای همه اقوام افغانستان را قرار ذیل شرح داده است.

«مصادره اموال و جایداد، بازگشت معاشات دوره خدمت، جریمه های کمرشکن نقدی، التزام خط شرعی زنده به گور کردن، خوراندن صابون، آب داغ، انداختن درکجاوه و لول کردن، کنده، ولچک و غرغره، بیدار خوابی، کور کردن، پاره کردن، شکم، نشتر زدن چشم، انداختن نسوار یا چونه در چشم، تیل داغ، زولانه، قین و فانه، برچه پک، چانماری، ذبح کردن، سنگسار، به توپ بستن، توسط درخت پاره کردن، اره کردن، در زنجیر کردن، میخکوب به دیوار یا دروازه، منجمد ساختن، به آتش انداختن، بریدن گوش و بینی، قطع کردن دست و پی، کشیدن ناخن، دیگ جوش، زیر پای فیل انداختن، قرار دادن در آفتاب سوزان، بستن فلیته های، روغنی به انگشتان و افروختن آتشبران، کندن ریش مردان و بریدن گیسو های زنان، در جوال همرای گربه انداختن، ترور دسته جمعی، آتش افروختن، در منازل زندانی کردن، در قفس آهنین یا چوبی انداختن، در سیه چاه انداختن (سیاه چاه های کابل، هرات و بلخ)» (۱۰)

بعد از معرفی شکنجه گری، قساوت و اختناق امیر عبدالرحمن خان به شکل عام و برای همه مخالفین و دشمنانش، اکنون قساوت و سنگدلی شکنجه گری

و تجاوز بر کرامت انسانی مردم هزاره را بررسی می کنیم.

دستگاه جبر و ستم امیر عبدالرحمن این شیوه های شکنجه را بالای همه مخالفینش اجرا و برای هزاره بطور اخص بیشتر از این روش های وحشتناک زجر دادن و شکنجه کردن را کار گرفته است.

یکی از خشن ترین عمل نسل کشی هزاره در آن دوره ساختن کله منار ها است که عبدالرحمن از کشتار جمعی و بی رحمانه مردم کله منار می ساخت. چیزی که در فقره سوم ماده دوم کنوانسیون نسل کشی عنصر جرمی را در بر می گیرد، عبارت از قرار دادن در شرایط نامناسب زندگی که باعث نابودی کلی یا جزئی گروه اجتماعی شود. میرزا فیض محمد کاتب در کتاب سراج التواریخ می نویسد: «... درختان ایشان (هزاره ها) را که از دست سپاه بازمانده بودند قطع کرده به لشکرگاه آورند. همچنین چوب سقف در بعضی خانه ها که از سوختن آسیب ندیده بود کشیده و آنرا خراب کرده چوب و باب آن را برای پختن طعام و دفع سرما آورند و یا آنکه آن مردم هیچ نداشتند به خروار ها روغن و صد ها گوسفند، جو و کاه و غیره اشیا بنام سیورسات سپاه بالای شان حواله نموده محصل گماشت که شاید هزاره ها از بی بضاعتی زنان و دختران خود را عوض حواله به سپاهیان بدهند...» (۱۱)

نکته ای که در اینجا مهم است، تفاوت سرکوب و نابودگری بعد از جنگ است که خشونت برای مردم هزاره با اقوام دیگر را از هم جدا می کند.

در اوایل در سرکوبگری امیر عبدالرحمن خان تنها هزاره ها شامل نبودند، مردم شنوار، نورستان، جنوبی، سلیمانخیل، تره کی، بدخشان، پنجشیر و نقاط دیگر کشور نیز بی رحمانه سرکوب شدند. اما سرکوب هزاره با سرکوب اقوام دیگر از ریشه متفاوت بود که تفاوت آن در ادامه و ماهیت سرکوب گری بعد از جنگ است. زیرا استبداد و سرکوب برای اقوام دیگر بعد از جنگ قطع شد، فتوای تکفیر آنها به علت تعلقیت شان به مذهب سنی، توسط ملاها صادر نشد، فرمان بردگی افراد اقوام و مذاهب دیگر صادر نشد، زنان و دختران آنها از تجاوز و فروش مصئون بودند، مالیات سنگین ویژه بالای آنها وضع نشد. ولی برای هزاره ها برعکس بود، فرمان بردگی آنها تا سال ۱۹۲۰م یعنی تا دوره سلطنت امیر امان الله خان ادامه داشت، کشتار و بی جا سازی و گرفتن زمین و ملکیت های آنها تا امروز ادامه دارد.

اثبات انکار ناپذیر منافقت عبدالرحمن در آن است که «کافرستان» را نورستان

نامگذاری کرد، اما هزاره های مسلمان را مباح الدم و واجب القتل اعلان کرد. من نمی خواهم صحبتم متن و محتوای تاریخی را بگیرد، کار من تشریح جنبه های حقوقی، سیاسی و روانشناسی نسل کشی است و در اینجا موضوع اصلی تشریح گستردگی قساوت نسل کشی مردم هزاره می باشد که مردمی را با شمشیر و توپخانه نابود کرده بودند، بقایای این مردم را در حالتی قرار می دادند که خود شان مجبور به فروش خود شان شوند. اهانت، خشونت، قساوت و شکنجه گری با ابعاد گسترده آن حفظ می گردید.

قساوت ویژه برای هزاره ها گستردگی کامل جرایم بین المللی اعم از نسل کشی، جرایم علیه بشریت، جرایم جنگی، و سایر جنایات را در بر می گیرد. چیزی مهمی که در این جا قابل بحث باید باشد، اصل کرامت انسانی است. این اصل هم توسط اعلامیه جهانی حقوق بشر و هم توسط ادیان از جمله اسلام اصل مهم بوده در همه اسناد حقوق بین المللی بر مطلق بودن و غایت بودن آن تائید و تاکید شده و از آن حمایت حقوقی شده است. پس چرا امیر عبدالرحمن خان که خود را سایه خدا می دانست و در عقب آن کشور اروپایی انگلیس قرارداشت، کرامت انسانی را نقض میکرد و مردم هزاره را از این اصل محروم ساخته بود؟ فکر می کنم عبدالرحمن انسانی نبود که فهمی از ارزش و وقار انسان داشته باشد. همانطوریکه اجرا کننده های نسل کشی را با استفاده از ملاهای جاسوس انسان زدایی کرده بود، خود امیر هم بویی از انسانیت را نداشت و کرامت انسان را نمی دانست. همین علت بود که مجازات وی در مورد هزاره ها از اصل کرامت انسانی خارج بود. تنها اهانت، خشونت، قساوت، اکراه، هتک حرمت و شکنجه گری خصلت و فطرت وی را می ساخت. چنین درندگی و وحشی صفتی نمی تواند در وجود انسان مدنی و حتی انسان بدوی بگنجد، اما عبدالرحمن عامل چنین نفرت، قساوت بود. ویژگی شخصی وی به صفت انسان بی رحم و درنده خو، وحشت اخلاق بدوی، تعصب قومی و رسالت وی در برابر کسانی که او را به قدرت آورده بودند و از اقتدار وی حمایت می کردند. ویژگی های فردی قبیله ای، قومی، مذهبی و وظیفوی(رسالتی) او را به حیوان درنده ای تبدیل کرده بود که از بهترین نمونه های فرد انسانزدایی شده به حساب می آمد. شاید هم قبل از انسان زدایی شدن به مقام انسانی نرسیده بود.

مجازات سنگین هزاره ها توسط دستگاه استبدادی عبدالرحمن که در آن

قساوت شدید دیده می شود، جز شیوه های ادامه نسل کشی است، در جلد سوم کتاب «سراج التواریخ که زیر نظر دربار نوشته شده، تشریح شده است. در اینجا با الهام از معلومات سراج التواریخ چند نمونه مجازات آن دوره را با توضیحات خودم قرار ذیل یادآور می شوم.

مالیات سنگین و کمر شکن، مانند مالیه قِران و مالیه دو پولی، مالیات از مواشی ...وغیره در این دوره قبل مکث است.؛ این موضوع در کتاب های عمده تاریخ تشریح شده است. مالیه در هر کشوری جنبه همگانی دارد. جالب اینکه در دوره عبدالرحمن مالیات خاص برای قوم هزاره وجود داشت که تا دیر زمانی ادامه داشت. این کار وارد کردن فشار از هر سو بالای افراد یک قوم است تا نابود شوند، یا فرار کنند و زمین و دارایی آنها به کوچی ها و ناقلین داده شود.

گرفتن دختران و زنان به بردگی و فروش آنها در بازار امتیازی بود که به اشتراک کننده های جنگ با هزاره ها داده شده بود و صبغه دینی داشت. زیرا آنها فکر می کردند که دختران را به غنیمت گرفته اند و حق دارند، آنها بفروشند، بر آنها تجاوز کنند، در غیر آن این جنایت عظیم در هیچ چوکاتی نمی گنجد. آیدولوژی جهاد این جنایت هولناک ضد بشری را پذیرفتنی ساخته بود.

عریان کردن دختران و زنان اسیر هزاره حین انتقال از یکجا بجای دیگر عمل زشتی بود که توسط فرماندهان امیر عبدالرحمن خان به علت وحشی گری و سنگدلی و درنده خویی آنها اجرا می شد.

محرومیت جنسی شان را با اجرای این جنایت ننگین و صفت درنده خویش ارضا می کردند. دقیق مانند انتحاری های که برای رسیدن به دختران بهشت مردم بی گناه را به خاک و خون می کشانند. آنها نظر به فرهنگ بدوی شان در محرومیت جنسی بسر می بردند. محرومیت جنسی شان به عقده های روانی تبدیل شده بود که با عریان کردن دختران اسیر هزاره عقده های روانی آنها از مغز های گندیده و مریض شان در عمل جنایتکارانه شان ظاهر می شد. مسوولیت فردی در مجازات هزاره ها رعایت نمی شد، اقارب، همسایه و حتی همنام هزاره قابل مجازات بود. دستگاه خون آشام باوجودیکه مشاوران خارجی شامل آن بودند آنقدر از اصول دولت داری و مسایل حقوقی دور بودند که اصل مسولیت فردی در مورد هزاره را رعایت نمی کردند. اعضای

خانواده به گناه عضو خانوده، همسایه بجرم همسایه بودن و شخص همنام به تقصیر همنامش مجازات می شد. یعنی در کشور و جامعه آنقدر اختناق حکمفرما بود که مردم از نام شان، از همسایه و از اقارب خود باید هراس می داشتند.

در مجازات برده ای که به هندو فروخته شده و شخص هندو، باور دینی خود را بر برده اش تحمیل کرده بود، مجازات ترکیبی خطرناك استخوان سوز است . کسانی که آبرو، حیثیت، حقوق و آزادی های شان توسط گویا دولت سلب شده، مانند جنس توسط مسلمان به هندو فروخته شده است. برده دار هندو مالك جنس حق دارد که برده اش را به ذوق خود بکار بیاندازد. برده چاره ای ندارد. اما زمانی که برده دار هندو بر گردن برده اش زنار انداخته بود، برده توسط افراد دولتی دستگیر و به اتهام کافر شدن مجازات سنگین را متحمل شده است. در این مجازات غیر انسانی همه عناصر جرایم بین المللی اعم از نسل کشی، جرایم علیه بشریت و جرایم جنگی موجود است که توسط امیر دست نشانده خارجی بر انسان هزاره تحمیل شده است.

کار شاقه در زندان ها در بافتن و تنیدن پشم زیر نظر افراد ظالم . چقدر زجرآور است. کسانی خانه و کاشانه، زمین و دارایی شان توسط دزدان گویا دولتی غارت گردد و خود آنها به زندان انداخته شود، در زندان هم برای تقویه سیستم استبدادی از آنها بهره کشی شود.

فرماندهان امیر عبدالرحمن دختران هزاره را به یکدیگر شان مانند جنس تحفه می دادند. این کار وحشیگری حکومت و سیستمی را نشان می دهد که بر علاوه وحشتِ ناشی از بدویت، روند انسان زدایی عمدی با استفاده از دین و مذهب نقشِ قاطع داشت که بدونَ دستان استخباراتی و امکانات مالی خارجی ناممکن بود.

روغن داغ یا تیل داغ : بالای کله متهم کاسه ای از گِل یا مواد دیگر ساخته می شد و روغن جوشانده داغ را در کاسه سر وی می ریختند تا به مغزش برسد و با تحمل زجر طاقت فرسا جان بدهد.

نصیر مهرین در کتاب «نیم نگاهی به تاریخ شکنجه در افغانستان» می نویسند: «عمق پهنه جفاورزی و اعمال سیاست شکنجه آمیز امیر عبدالرحمن خان در سطحی است که می تواند مبین واضح نسل کشی و از جمله غیر انسانی ترین فجایع تاریخ باشد.» (۱۲)

حسن فولادی در کتاب «هزاره ها (تاریخ، فرهنگ، سیاست، اقتصاد)» در باب شکنجه، آزار و اذیت اسرای هزاره در زمان امیر عبدالرحمن به روایت کتاب «دختر وزیر» می نویسد: «اکثریت اسرای هزاره، زنان و کودکان بودند. سربازان محافظ این اسرا غذایی برای آنها نمی دادند. مادران گرسنه نمی توانستند نوزادان و بچه های شیرخوار خود را پرستاری کنند و رقم بسیار زیادی از این کودکان در طول راه پیمایی های مرگ آور هلاک شدند. تنها مواد خوردنی و غذایی که در دسترس بود، توت های افتاده در پای درختان بود که وقتی سربازان آنها را برای صرف نهار شان متوقف می کردند، از آن می خوردند. بخاطر گرسنگی و تشنگی بچه ها چنان زیاد توت خوردند که بسیاری از آنها مریض شدند. گریه ها و ضجه های گوناگون جمعیت را در تمام طول شب بیدار نگاه می داشت و اسیران کهن سال، بخاطر گرسنگی، تحقیر و سفر طولانی خسته کننده، مریض شدند. تا وقتی آنها به کمپ رسیدند. خیلی از بچه ها از مریضی مرده بودند.» (۱۳)

خشونت و شکنجه گری بر مردم هزاره در دوره های حکومت های دست نشانده امریکا (مجاهدین، طالبان، حامدکرزی و اشرف غنی)

اگر نظری در قساوت و خشونت برهزاره ها در دوره های حضور نظامی کشور های غربی در افغانستان بیاندازیم، شکنجه و ذبح کردن هفت مسافر هزاره در زابل را همه به یاد دارند که در میان قربانیان دختر نه ساله ای بنام شکریه تبسم با سنگدلی و قساوت هولناکی سر بریده شده بود.

در اگست ۱۹۹۸ م طالبان شهر مزار شریف ولایت بلخ را تسخیر کردند و به کشتار جمعی هزاره ها پرداختند. تعداد تلفات این کشتار در منابع مختلف به گونه های مختلف نشر شده است. قرار ملاحظه منابع مختلف تا ۸۰۰۰ هزاره و ازبیک در این وقت کشته شده اند که اکثریت قاطع آنها افراد غیر نظامی بوده اند. طالبان قربانیان را بالای قبر های طالبانی که سال های پیش در مزار شریف کشته شده بودند، ذبح نمودند که جویبار خون را جاری کردند.

از آنجاییکه نسل کشی مردم هزاره از دید جغرافیا، زمان و تحمیل خسارات، گسترده است، از دید قساوت اجرا کننده های آن نیز بسیار عمیق و شدید است. نسل کشی هزاره ها با درنظر داشت، ابعاد زمانی و مکانی اش شیوه های

سخت خشونتِ هر زمان و هر محل را با خود دارد.

نمونه هایی قساوت و شکنجه گروه ها و حکومت های وابسته به امریکا در افغانستان و کشور های جهان بی پایان است. از زندان ابوغریب گرفته تا زندان گوانتناموی کئوبا و زندان های شخصی امریکا در افغانستان، همه شکنجه گاه برای مردمان کشور های منطقه بوده است. برای تشریح هر گوشه این مسایل و بررسی هر شکنجه گاه کار مستقل و مفصل تحقیقی نیاز است. اما موضوع مورد بحث ما در این جا «گستردگی قساوت عاملین نسل کشی مردم هزاره است.

بجا خواهد بود که مشت نمونه خروار نمونه های از خشونت و قساوت دوره های حکومت های وابسته به امریکا را که شامل حکومت های مجاهد، طالب، حامد کرزی و اشرف غنی احمد زی می شود، یادآوری کنیم.

فاجعه افشار در ۲۱ و ۲۲ دلو ۱۳۷۱ هجری خورشیدی در جنگ میان مجاهدین رخ دارد، از هولناکترین مظاهر خشونت و قساوت نه تنها در افغانستان، بل نظیر آن در کشور های منطقه دیده نمی شود. بررسی این فاجعه تفصیل زیاد می خواهد در اینجا چند نمونه آنرا مثال می آوریم.

سر بریدن پدر و برادر در پیش چشمان پسران، دختران و براداران و خواهران کودک؛ تجاوز جنسی دختران و زنان در پیشروی اعضای خانواده مانند شوهر برادر دختر و برادر؛ کشتن کودکان گهواره توسط برچه تفنگ؛ به اسارت گرفتن مادران برای رفع خواست های جنسی و رها کردن کودکان شان بدون سرنوشت، در صحبت بازماندگان قربانیان افشار در آغاز این سخنرانی گفته شده است که مجاهدین ۵۰ زن اسیر را که شوهران شان را کشته بودند، به کوه «خواجه رزاق» بالا کردند.

آویزان کردن مرد ها به درخت به شکل سر به پائین و بریدن سر آنها در حضور اعضای خانواده های شان.

فاجعه میرزا اولنگ مشابه به کشتار جلریز ولایت وردک است که حکومت اشرف غنی در آغاز تسلیمی افغانستان به طالبان قرار داشت. طالبان بعد از سقوط میرزا اولنگ سر پل خشونت های ذیل را بر هزاره ها عملی کردند:

انداختن افراد زنده از بالای کوه های بلند و تند،

شکنجه و لت و کوب تا سرحد مرگ،

تیرباران در پیش چشمان اقارب قربانیان،

چهار صد خانواده بی جا و آواره شدند.

قتل عام همه اعضای یک خانواده در دایکندی نوع قساوتی است که شیوه نو نسل کشی را با آخرین شدت قساوت و خشونت به اثبات می رساند. یعنی نسل کشی توسط نابودی خانواده ها. در زمان ارباب رعیتی در افغانستان زمانی که خان یا ارباب بر افراد فقیر قهر می شد، می گفت «تخمت را گم می کنم». یعنی نسل آینده ات را نابود می کنم. در این اواخر این وحشی ترین شکل خشونت و قساوت در افغانستان عملی می شود که هزاره ها قربانی آن است. تعداد چنین واقعه های خشونت زیاد است. در اینجا چند نمونه آنرا که در دایکندی و غور انجام شده به گونه مثال تشریح می کنم.

روز پنج شنبه، ۳ قوس ۴۰۰۱ هجری خورشیدی قتل عام اعضای دو خانواده هزاره در دایکندی به دست طالبان انجام شد. یک نفر سر بریده شده و ۱۱ نفر دیگر پس از بازداشت و شکنجه، تیرباران شده‌اند. در این حادثه، چهار نفر بازداشت و ناپدید شده‌اند. سرنوشت بازداشت شده‌ها مشخص نیست و نگرانی از تیرباران شدن آنان نیز وجود دارد.

این افراد اعضای دو خانواده امین الله مالی و محمد امین جعفری بودند که در روستایی در مرکز دایکندی زندگی می‌کردند. در آخرین گزارشات در این حادثه ۱۴ نفر به شمول زن و کودک و نوجوان جان های شان را از دست دادند که با قساوت سر بریدن، شکنجه، کودک کشی و اهانت همراه بوده است.

غور: اعضای خانواده مرادی با مهمان شان که از کابل آمده بود توسط طالبان تیرباران شدند.

طالبان در ۵ سرطان ۴۰۰۱ هجری خورشیدی در منطقه‌ی «دهن چهارآسیاب» ولسوالی لعل‌وسرجنگل ولایت غور در یک «عملیات» در ولسوالی لعل‌وسرجنگل، محمد مرادی، فرمانده‌ی پیشین خیزش مردمی و پنج نفر دیگر اعضای خانواده و یک نفر مهمان وی را کشتند.

«آگنس کالامار، دبیر کل عفو بین‌الملل گفته است که قتل مرادی و بستگانش بخشی از یک الگوی گسترده‌تر از کشتار هدفمند غیرقانونی افرادی است که طالبان آنان را دشمن می‌دانند.

او افزوده است که این مرگ‌های خشونت‌آمیز شاهد تکان‌دهنده‌ای است

که نشان می‌دهد طالبان به آزار، شکنجه و اعدام غیرقانونی مردم هزاره ادامه می‌دهند.» (۱۴)

قابل یادآوری است که هزاره ها در خارج از افغانستان بویژه پاکستان و ایران هم شکنجه شده اند و قربانی خشونت و شکنجه بوده اند که بر گستردکی اجرای قساوت و خشونت بر این مردم مهر تائید می گذارد.

در باره شکنجه هزاره ها در بیرون از افغانستان من مقاله ای را زیر عنوان «هزاره ها در ایران شکنجه و بخاطر ایران قربانی می شوند»، نوشته بودم که در می ۲۰۰۹ در کابل پرس نشر شد.

آزار و اذیت هزاره در ایران و پاکستان نه تنها در رسانه ها، فلم های مستند نشر شده است، اشعار و ادبیات مهاجرت نیز بازتاب این دردهای پایان ناپذیر مردم افغانستان و هزاره ها می باشد.

آثار نویسنده های مهاجر بازتاب دهندۀ رفتار آزار دهنده ماموران کشور های پاکستان و ایران در رابطه با مهاجران افغانستان و هزاره ها بوده اند.

من کتاب نویسنده هزاره آصف سلطان زاده را معرفی کرده بودم که در کابل پرس نشر شده است. این کتاب آزار و شکنجه روحی و روانی مهاجران هزاره در ایران را به تصویر می کشد. مطالعه کتاب برای کسانی که به ایران مهاجر نشده اند بسیار جالب است. (۱۵)

برای بیان تحمل شکنجه های جسمی و روحی مهاجران افغانستان به ویژه هزاره ها ویدیو کلیپی را که چند سال قبل با استفاده از یک دکلمه ای که شاعر و دکلمه کننده آن معلوم نیست تهیه کرده بودم، با عکس های واقعی که اثبات آزار و اذیت، قساوت و بی رحمی مسولان امنیتی کشور های همسایه بویژه پاکستان و ایران را بازتاب میدهد، به بیننده های عزیز پیشکش می کنم. کلیپ «رفتار کشور های همسایه با مهاجران افغانستان» دیده شود.

https://www.facebook.com/YarVideo/posts/pfbid02SHUTGqYm1eGm6KTKGb-

VSSdvJCrDuhePrfx8DkacFpDSpxV5CuDzSvfVc2JM8fedHl

بیننده های عزیز به سلسله بازتاب درد و عذاب هزاره در ادبیات و عرصه های هنر جهانی کتاب کامران میرهزار "Poems for The Hazaras" به زبان انگیسی که در آن سروده های ۱۲۵ شاعر از ۶۸ کشور دنیا گرد آورده شده از بارزترین نمونه های درک، شناسایی درد و رنج مردم هزاره توسط برجسته ترین شاعران جهان است که شیوه جدید و بسیار عالی مبارزه با نسل

کشی مردم هزاره را در زبان شیرین و دلپذیر شعر و از جمله شعر هایکو بیان میکند. (۱۳)

خواننده های گرامی! این بود موضوعات سخنرانی هفتم که شمه ای از گستردگی قساوت، شکنجه گری و برخورد زشت شاهان، امیران و زمامداران و دستگاه های دولتی که بر اساس اراده مردم بوجود نیامده اند و همواره جاسوسی و بیگانه پرستی را از پدر و اجداد شان به میراث گرفته اند، همانطوریکه قساوت، خشونت، اختناق، بدویت و وحشگری را نیز همراه با سلطنت و امارت به میراث می گیرند.

این خشونت، مطلق العنانی و خودکامه گی وقتی مستحکم تر می شود که وحشت بدوی با خشونت و سنگدلی گروه های مافیایی جهانی گره می خورد.

افغانستان قربانی پیوند دو خشونت بزرگ قبیله ای و جهانی است که مردم هزاره قربانی درجه اول آن می باشد.

در اینجا باید گفت که گستردگی قساوت، شکنجه گری، خشونت و دهشت افگنی بر مردم هزاره در آنست که در عرصه های تلفات جانی، خسارات جبران ناپذیر مالی و مادی، ضایعات غیر قابل تحمل معنوی، تخریبات ارزش های فرهنگی بطور دوامدار و سیسماتیک انجام می شود.

منابع

۱. کنوانسیون علیه شکنجه و سایر رفتارها یا مجازاتهای ظالمانه، غیرانسانی یا تحقیرآمیز، مصوب سازمان ملل، جون ۱۹۸۷م ماده اول.

۲. اعلامیه جهانی حقوق بشر، دهم دسامبر ۱۹۴۸م ، ماده پنجم

۳. میثاق بین المللی حقوق مدنی و سیاسی، ۲۳ مارچ ۱۹۷۶، نئویارک، ماده هفتم.

۴. ثنا نیکپی، خودکشی با هدف سیاسی، شماره سوم، نشریه آفتاب در تبعید در سال ۲۰۰۵ ص ۲۳.

5. Afghanistan: Ex-Bagram inmates recount stories of abuse, torture, Al Jazeera Website, September 22, 2021, https://www.al-jazeera.com/news/2021/9/22/life-in-bagram-through-the-eyes-of-former-prisoners

6. Maha Hilal, Abu Ghraib: The legacy of torture in the war on terror, Al Jazeera Website, October 01, 2017
-https://www.aljazeera.com/opinions/2017/10/1/abu-ghraib-the-legacy-of torture-in-the-war-on-terror

7. Amnesty International: 22 years of justice denied, March 22, 2024
https://www.amnesty.org/en/latest/news/2024/03/22-years-of-justice-denied/#:~:text=Detainees%20in%20Guantanamo%20are%20held,cases%2C%20for%20over%2020%20years

۸ ثنا نیکپی،«سخنرانی ها در باب حقوق، سیاست و هنر»، تورنتو، مارچ ۲۰۲۲، ص ۲۶

۹. غلام محمد غبار، افغانستان در مسیر تاریخ، مطبعه دولتی، کابل، میزان ۱۳۴۶ هخ، ص ۶۵۳.

۱۰. نصیر مهرین، نیم نگاهی به تاریخ شکنجه در افغانستان (چاپ دوم)، ۲۰۲۲، هالند، ص ۱۵-۱۶

۱۱. فیض محمد کاتب، سراج التواریخ، ص ۵۸۸.

۱۲. نصیر مهرین، نیم نگاهی به تاریخ شکنجه در افغانستان (چاپ دوم)، ۲۰۲۲، هالند، ص ۲۳

۱۳. لیلیاس همیلتون، دختر وزیر، نشر عرفان، ۱۳۹۳ هخ، ص ۳۷۹،

۱۴. تی آر تی ، شانزدهم اکتوبر ۲۰۲۳،
https://www.trt.net.tr/persian/mntqh/2022/09/16/6-dw-ykh-khnwdh-dr-hmlh-tlbn-dr-wlyt-gwr-khshth-shd-nd-1880996

۱۵. ثنا نیکپی، هزاره در ایران شکنجه و بخاطر ایران قربانی می شوند، کابل پرس، سی ام می ۲۰۰۹.
https://www.kabulpress.org/spip.php?article3564

۱۶. آصف سلطان زاده، تویی که سرزمینت اینجا نیست، تهران، ۱۳۸۷ هخ، معرفی کتاب توسط ثنا نیکپی، کابل پرس، ۲۴ دسمبر ۲۰۰۸،
https://www.kabulpress.org/article2725.html

سخنرانی هشتم
گستردگی علت و انگیزه جرمی
نسل کشی مردم هزاره

۱. انگیزه فرهنگی و تضاد و تقابل مدنیت و بدویت

۲. انگیزه قومی نسل کشی مردم هزاره

۳. انگیزه مذهبی نسل کشی مردم هزاره

۴. انگیزه نژادی نسل کشی مردم هزاره

۵. انگیزه سیاسی نسل کشی مردم هزاره

۷. انگیزه های نسل کشی مردم هزاره بر مبنای اهداف و منافع کشور های خارجی

۸. هزاره ستیزی و هزاره هراسی چیست؟

۹. علت های مربوط به ویکتومالوژی نسل کشی و فاکتور های «خود نسل کشی» مردم هزاره

خواننده های گرامی!

سخنرانی ها در باره نسل کشی زیر عنوان «شرح تئوریک، سیاسی و روانشناسی نسل کشی و ابعاد گسترده نسل کشی مردم هزاره» ادامه دارد.

اکنون در آغاز سخنرانی هشتم قرار داریم که «گستردگی علت و انگیزه نسل کشی مردم هزاره» را بررسی می کنیم.

در این صحبت گستردگی علت و انگیزه جرمی نسل کشی مردم هزاره را مورد بررسی قرار میدهم و به دنبال آن تحلیلی در باره دو نکته مهم مرتبط به این موضوع را که اولی پدیده هزاره ستیزی و هزاره هراسی» و دومی ویکتومالوژی نسل کشی یا خود نسل کشی است، بررسی خواهیم کرد.

علت و انگیزه برای آغاز، اجرا و ادامه هر کاری عنصر کلیدی آن است. طوریکه بنزین چرخه های ماشین را به حرکت می آورد، انگیزه انسان را برای اجرای کار نیک یا زشت، برای اجرای خشونت و قساوت، تحریک می کند.

تنها یک انگیزه کافی است که کاری به راه انداخته شود. اما علت ها و انگیزه های نسل کشی در افغانستان آنقدر گسترده، پیچیده و چند جانبه است که غول آسا در حرکت بوده و انسان هزاره را می بلعد.

خواننده های عزیز! از آنجاییکه در باره بُعد قومی و مذهبی جنایت نسل کشی

در این سخنرانی و سخنرانی های گذشته صحبت بیشتر شده، در اینجا لازم می دانم که صحبت را از زاویه فرهنگی موضوع آغاز کنم.

قابل یادآوری می دانم که انگیزه های قومی، مذهبی، سیاسی و «انگیزه های مبتنی بر اهداف و منافع کشور های خارجی» نکاتی اند که روزمره در برابر چشمان مردم اجرا می شوند، کدام پیچیدگی خاص ندارند. به این علت صحبت ما در این موارد مختصر خواهد بود. اما در باره نکته اول و آخر یعنی «انگیزه فرهنگی نسل کشی مردم هزاره»، و «علت های مربوط به ویکتومالوژی نسل کشی و فاکتور های خود نسل کشی» که مطالب ناگفته و پیچیدگی های علمی و عملی دارند، مکث بیشتر خواهم داشت.

انگیزه فرهنگی و تضاد و تقابل مدنیت و بدویت

تضاد بدویت و مدنیت نه تنها از انگیزه های جنایت نسل کشی در افغانستان است، اکثر مشکلات، تناقضات و کشیدگی ها در همه امور جامعه از همین جا منشأ می گیرد.

الکسی دی توکویل (Alexey de Tocqueville)، یکی از ژرف بین ترین تحلیل گران و فیلسوفان فرانسوی است که خبر گزاری جمهور به نقل از کتاب وی «دموکراسی در امریکا» می نویسد: «یکی از چیزهایی را که من در ایالات متحده امریکا کشف کردم این بود که اگر ملت غالب وحشی و بدوی باشد و ملت مغلوب متمدن، غالبان به فرهنگ و تمدن مغلوبان روی خوش نشان داده و تلاش می کنند که از آن ها مدنیت بیاموزند. اما اگر مغلوبان، وحشی باشند و غالبان متمدن، در این صورت، امکان ستیز، قوی بوده و به تعارض دو طرف می انجامد. او دلیل اقبال غالبان به فرهنگ و تمدن مغلوبان و عدم اقبال مغلوبان به فرهنگ و تمدن غالبان را ترس کم زوران و عدم هراس زورآوران می‌داند. او می گوید: اگر غالبان به فرهنگ مغلوبان روی می‌آورند برای آن است که قدرت سیاسی را در دست داشته و از منقرض شدن ترس ندارند، اما مغلوبان به دلیل آن، از استحاله فرهنگی هراس دارند که احساس می کنند این امر، به معنای پایان حیات جمعی شان می باشد. او می افزاید: «ملت غالب، زور دارد و مغلوب دارای فرهنگ است. ملت غالب دانش و علم مغلوب را تحسین می کند و ملت مغلوب، شیفته و فریفته قدرت غالب می‌شود و بر آن رشک می برد. در نتیجه کار به جایی می رسد که ملت غالب درهای قصور

خود را بر روی ملت مغلوب می گشاید و ملت مغلوب، غلبه کنندگان بدون تمدن را به قلمرو فرهنگ خویش راه می دهد».(۱)

موضوع غلبه کننده های بدون تمدن در افغانستان جایش را دارد که مردم هزاره بیشتر قربانی آن است. بدبختی مردم هزاره هم تا حدی زیادی بر این امر استوار است که شمار زیادی اهل دانش این مردم در خدمت غلبه کننده های بدون تمدن قرار گرفتند. کاربرد واژه «بدون تمدن» افاده ندانستن سیاست و فن اداره را دارد که در اجرای از زور و وحشت کار گرفته می شود. این امر در دراز مدت نسل کشی را موجب بقای نسل کشی می شود . در امتداد تاریخ هزاره ها هم در غلبه های کم دوام و هم در مغلوبیت به نسل کشی شدید مواجه بودند.

در افغانستان نقش جامعه مدنی و افراد متمدن همواره تخریب می شود و نقش جامعه و افراد بدوی حمایت می شود. طوریکه امور کشوری را در اختیار افراد جامعه بدوی قرار می دهند و افرادی جوامعی که بدویت را پشت سر گذاشته اند، با استفاده از ابزار های قدرت، ثروت و آلات جبر سرکوب شده، در خدمت غالبان قرار می دهند و در صورتی که گروه بدوی استبداد را بجای برساند که دیگر نتواند کشور را اداره کند، با مداخله خارجی، قدرت مزدور بدویت احیا می شود که دو بار به قدرت آوردن طالبان و دو بار به قدرت آوردن مجاهدین در افغانستان با مداخله مستقیم خارجی که امریکا در آن نقش بارز را داشت، مثال انکار ناپذیر آن است.

نسل کشی مردم هزاره انگیزه فرهنگی نیز دارد. زیرا هزاره در جنگ مدنیت و بدویت در جمع متمدن مغلوب قرار می گیرد که بخشی از آنها سرکوب و بخشی دیگری شان در خدمت بدویت غالب مورد بهره برداری قرار می گیرند.

همه می دانند که هزاره ها از گهواره تا گور در آموزش و بالندگی سازندگی مصروف هستند، این خاصیت آنها را در پیشبرد امور زندگی قابلیت، مهارت و توانایی می دهد. گروه های بدوی غالب که کنترول امور کشو را به عهده دارند، با پیشرفت و نقش روزافزون هزاره نگران هستند. این تصادم به برخورد روانی و جنگ دو فرهنگ (پیشرو و عقبگرا) تبدیل می شود که برنده جنگ گروه های عقبگرا است، زیرا حمایت گر خارجی دارد. از زمان امیر عبدالرحمن تا اکنون این حقیقتی است که انکار ناپذیر است. در زمان امیر

عبدالرحمن هزاره فرهنگ مادی ایجاد می کردند و کوه ها را به زمین های زراعتی تبدیل می کردند، اما ساختار های بدوی با گروه های بدوی «غالب» حاصلات مزارع هزاره ها را پیش از جمع آوری، پایمال گوسپندان و شتران شان می کردند، حکومت ها از این کار کوچی ها حمایت می کردند و برای کوچی ها اجازه حمل سلاح را می دادند.

در عصر حاضر طرز زندگی بدوی به بدویت غالب اجازه نمیدهد که فرزندان شان آموزش ببینند، آنها مانع آموزش هزاره ها نیز می شوند.

بیایید این دانشمند برادر پشتون را بشنویم که هراس وی بر مبنای چیست؟

فاروق اعظم: «پانزده سال پشتون از تعلیم محروم است. از دایکندی شش و نیم هزار نفر امسال امتحان کانکور را دادند و از قندهار بزرگ و تاریخی ۲۱ نفر. این تا قیامت تحمل نمی شود.»(۲)

خواننده های عزیز، این هزاره هراسی آشکار و انکارناپذیر محصول چیست؟ چرا فاروق اعظم بجای جلوی گیری آموزش فرزندان هزاره، فرزندان پشتون را به مکتب و دانشگاه نمی فرستد، تا با فرزندان هزاره یکجا درس بخوانند و با پیشبرد رقابت سالم برای خدمت به کشور آماده شوند.

اگر فرزندان به گفته فاروق اعظم «لوی قندهار» در امتحان کانکور حاضر نمی شوند، تقصیر کیست؟ فرزندان «کوچنی دایکندی» (به گفته فاروق اعظم) باید سال های نامحدود و نامعلوم به دانشگاه نروند که فرزندان لوی قندهار مدنیت مکتب رفتن و دانشگاه رفتن را کسب کنند؟

اینکه پدران لوی کندهار مکتب ها را آتش زده و فرزندان شان مکتب نمی روند، تقصیر هزاره ها است؟

به باور من کسی که عقل، منطق و آگاهی و حتی دانشش مربوط به جامعه بدوی است، باید از افراد جامعه مدنی تر از خودش، بیاموزد، نه آن که جامعه را با خود به بدویت بکشاند.

دشمنان خارجی افغانستان در امتداد سده ها از این فومول استفاده کرده و افغانستان را در دایره عقب گرد دایمی می چرخانند.

مشکل اساسی در افغانستان تصادم دو فرهنگ، دو طرز زندگی و دو مردم است که نمی توانند در سایه دیکتاتوری تمرکز قدرت زندگی کنند. تجزیه فرهنگی افغانستان سال ها پیش تحقق یافته است.

در اخیر قابل یادآوری می دانم که تضاد فرهنگی میان اجرا کننده های نسل

کشی و مردم هزاره به هیچ صورت به این مفهوم نیست که این مشکل را با قوم تاجک ، ازبک و سایرین ندارند. تفاوت برخورد آنها با هزاره ها هدفمندانه، سیستماتیک و بدون سازش است. به همین دلیل است که عنصر جرمی جنایت نسل کشی را در بر می گیرد.

حسادت های مدنی از جالب ترین موضوع هزاره ستیزی است که هیچگاهی در این مورد توجه نشده و پژوهشی در این مورد وجود ندارد.

انگیزه قومی نسل کشی مردم هزاره

مهمترین بخش انگیزه قومی نسل کشی مردم هزاره در افغانستان، مسأله بی تفاوت سازی جامعه است که در سخنرانی اول درشرح روانشناسی نسل کشی تشریح شد. لازم می دانم که بریده ای سخنرانی اول را در اینجا بازنشر نمایم. این هم بریده ای از سخنرانی اول «بی تفاوتی اقوام دیگر در رابطه با ادامه نسل کشی مردم هزاره جز میکانیزم مراحل روانشناسی نسل کشی است که در افغانستان در امتداد سال ها جریان داشته و در بیست سال حکومت های دست نشانده کشور های غربی نهادینه و تشدید شده است. عدم حمایت اقوام دیگر از اعتراضات جنبش روشنایی نتیجه این روند است.»

گروه حاکم از یک قوم که اجرا کننده نسل کشی است، با حمایت بیدریغ از خارج و بی تفاوتی اکثریت قاطع جامعه در میان همه اقوام میکانیزم مستحکم ادامه نسل کشی را ساخته است که به آسانی بوجود نیامده است. این میکانیزم در نتیجه کار دوامدار استخبارات خارجی شکل گرفته و در بیست سال دوره های حکومت های دست نشانده کشور های غربی یعنی حکومت های حامد کرزی و اشرف غنی، با استفاده از ابزار قدرت و ثروت ملی و پول سرازیر شده از خارج تقویت شده است که نسل کشی به سیاست علنی آنها تبدیل شده بود.

بی تفاوت سازی اقوام در حمایت از یکدیگر شان، درز عمیق را میان اقوام افغانستان ایجاد کرده است. مسوولیت این گسست ملی بدوش رهبران ائتلاف حکومت های دست نشانده امریکا است که رهبران احزاب جهادی اجرا کننده آن است.

طرح نفاق ملی در افغانستان کار برنامه ریزی شده از خارج بوده که اجرا کننده آن هم وابسته به خارج و جزء پلان خارجی بودند و از این راه ثروت

هنگفتی را بدست آوردند.

انگیزه قومی نسل کشی برای برچیدن مردم هزاره از افغانستان است که از هر راهی ممکن راه خود را در کردار افراد جامعه باز می کند.

قوای محرک که انگیزه قومی نسل کشی، تعصب قومی، نفرت قومی و خصومت قومی است که اجرا کننده ها را نسبت به قوم هزاره به اجرای نسل کشی وادار می سازد. محرکه های ذکر شده توسط ساختار های اجرای نسل کشی فعال ساخته می شود و در صورت غیر فعال شدن، انگیزه های جدید ایجاد می گردد.

تیوری پردازان و امتیازپسندان قومی مفکوره های جدید را برای حفظ امتیازات و برتری شان طرح و تطبیق می کنند.

از نمونه های حفاظت از برتری جویی قومی در افغانستان می توان از حمایه گری های زبانی، حمایه گری در بخش تحصیلات، انحصار قدرت دولتی و ایجاد موانع برای اقوام قربانی نام برد.

در صورت لزوم با استفاده از ایجاد بی ثباتی و جنگ ها به حذف فزیکی قوم قربانی پرداخته می شود که مثال آن در افغانستان انکارناپذیر و بی شمار است.

انگیزه و عوامل مذهبی نسل کشی مردم هزاره

انگیزه مذهبی نسل کشی و مقایسه آن با انگیزه قومی مهم است. با بررسی این موضوع اتهام نسل کشی را از اجرا کننده های آن کاهش نمی دهد، زیرا کنوانسیون جلوگیری از نسل کشی و مجازات آن هردو انگیزه را در عناصر ذهنی اجرا کننده شامل کرده است. اما برای مردم هزاره و علاقه مندان این موضوع مهم است، بدانند که هزاره ها برای قومیت شان کشته می شوند یا برای باور داشتن شان به تشیع. تا حال به این سوال پاسخ داده نشده است که وزنه کدام انگیزه برای نسل کشی هزاره ها سنگین تر است، تا در جلوگیری آن راه درست تری پیدا شود.

سه دیدگاه در این مورد وجود دارد که هزاره ها بخاطر هزاره بودن شان کشته می شوند؛ هزاره ها به علت شیعه بودن شان کشته می شوند و هزاره برای هزاره بودن و شیعه بودن شان قربانی نسل کشی می شوند. در عقب دیدگاه هزاره ها برای هزاره بودن شان کشته می شوند، افراد آزاداندیش هزاره و قشر روشنفکر آن قرار دارند، اما در عقب دیدگاه هزاره ها برای تعلقیت به

تشیع کشته می شوند، احزاب سیاسی تنظیمی هزاره، افراطیون دینی و اقشار روحانی که از دین و مذهب امرار معاش می کنند، می باشند. آنها کوشش می کنند که انگیزه قومی کشتار هزاره را کمرنگ نشان بدهند که متاسفانه ذهنیت عامه مردم هزاره زیر تاثیر این افراد قرار دارد.

به باور من هزاره ها نه تنها برای هردو تعلقیت قومی و دینی، بلکه با انگیزه های بیشتر از این دو تعلقیت قربانی نسل کشی می شوند که باید همه گوشه های آسیب پذیری آنها مورد شناسایی دقیق علمی قرار بگیرد و در خور ذهنیت مردم داده شود.

در نتیجه باید گفت که اگر نسل کشی هزاره ها علت و انگیزه قومی داشته باشد یا دینی، در هردو حالت قربانی هزاره است.

آری، انگیزه های نژادی، سیاسی، منافع کشور های دیگر و نقایص و مشکلات درونی هزاره ها نیز زمینه ساز نسل کشی این قوم است که هر کدام در ذیل تشریح می شود.

انگیزه نژادی نسل کشی مردم هزاره

دانشمند نستوه نظیف شهرانی بر علاوه انگیزه های قومی و مذهبی، انگیزه نژادی هزاره ها را هم مورد بررسی قرار میدهد. هزاره ها بنابر عدم تعلقیت شان به نژاد «آریایی» هم آسیب پذیر هستند و این امر به روند نسل کشی کمک می کند. از آقای شهرانی می شنویم.

«همچنان چیزی که درتاریخ راسیزم بسیار نیرومند است، بعضی ها افتخار می کنند آریایی هستند. نژاد آریایی بعد از هتلر در جرمنی و آریانیزم اهمیت کسب کرد که بسیار از افغانها تعلقیت شان را با آن نسبت داده اند. در نتیجه کسانی را که با آنها همانند نیستند، خوش ندارند. چرا هزاره ها در دشت برچی یکجا زندگی می کنند؟ زیرا آنها میدانند که اگر با جمعیت های دیگر زندگی کنند برای شان بد خواهد بود. وقتی که آنها یکجا هستند احساس خوب تر دارند.»(۳)

خواننده های عزیز با در نظرداشت دیدگاه دانشمند گرامی نظیف شهرانی، علت و انگیزه نسل کشی مردم هزاره از همه نسل کشی های جهان گسترده تر است. زیرا مطابق معیار های داده شده در کنوانسیون جلوگیری و مجازات نسل کشی سه معیار قومی، دینی و نژادی را در بر میگیرد که می توان معیار

چهارم یعنی **نسل کشی فرهنگی** را نیز در آن اضافه کرد.

علت و انگیزه هیچ نسل کشی در تاریخ جهان تا این حد گسترده نیست. می خواهم نکاتی چند در باره افاده واژه نژاد از زبان حقوق بین المللی پیشکش کنم.

گرچه واژه آریایی که در ادبیات حقوقی و هم در ادبیات علمی جایش را خالی کرده است. نژادی بنام آریایی اکنون وجود ندارد.

افاده واژه نژاد در ادبیات حقوقی، بویژه حقوق بین المللی تعریف و تشریح شده است. ایرانی ها و کسانی که در ایران تحصیل کرده اند، تفاوتی میان نَسب، قومیت و نژاد قایل نیستند. مثال نام خانوادگی محمود احمدی نژاد که معادل نام خانودگی پشتو «احمدزی» است، به واژه نژاد افاده نَسبی را داده است. اما افاده حقوقی واژه نژاد در کنوانسیون جلوگیری و مجازات نسل کشی تعریف مشخص دارد. من این موضوع را در سخنرانی اول و دوم در ردیف موضوع نسل کشی که گروه های اجتماعی را تنها گروه های قومی، ملی، دینی و نژادی دانسته است، تشریح کرده ام. در ادبیات حقوقی، نژاد تنها گروه شکل گرفته در امتداد تاریخ که دارای اناتومی و ویژگی فزیکی میراثی باشد. مثلا: رنگ پوست، ساختمان بدنی قدو قامت وغیره. مانند سیاه پوست، سفید پوست، زردپوست، سرخ پوست.

در تاریخ و ادبیات افغانستان در باره تعلقیت پشتون ها و تاجک ها به نژاد یا نسل آریایی تاکید مفرط صورت گرفته است، موجب درز و شکاف ملی شده است. هزاره ها، ترک تباران، سادات و سایر اقوام آریایی نیستند.

صاحب نظر مرادی در مقاله ای زیر عنوان بدخشی و استراتیژی مساله ملی و تباری در افغانستان نقل قولی از طاهر بدخشی دارد. طاهر بدخشی گفته است که « کلمه آریانا وآریا بازی (درتعریف تیوری نژادی) مربوط به تیوریسینهای فاشیست آلمان ودیگر گروه های استعماری اروپاست. این تیوری درقرن بیست اختراع شد ودر اوج فاشیسم هتلری در زمان نادر شاه و اوایل سلطنت پسرش ظاهرشاه به اینجا رسید. ازیکطرف بنا بفرمایش سردارنعیم وزیر معارف تاریخ نویسان راجمع وآثاری درباره اینکه باصطلاح مهد آریایی ها در اینجابود ونام قدیم کشورآریانا بوده، تالیف کردند.» (۴)

در باره انگیزه نژادی نسل کشی مردم هزاره هیچ توجه صورت نگرفته، این مساله مهم را که گستردگی علت و انگیزه نسل کشی مردم هزاره را تائید

میکند، تحقیقاتی انجام نشده است.

به راستی فشار ناشی از علت و انگیزه نسل کشی نژادی بر هزاره ها زمینه ساز جدا ساختن این قوم از دیگران و بی تفاوت سازی اقوام گویا آریایی را در نسل کشی هزاره ها مساعد ساخته است. زمانیکه یک نژادپرست آریایی خود را از نسل «نجیب» و «پاک» آریایی بداند و به آن افتخار و غرور پوچ داشته باشد، حتمی است که غیر آریایی ها را از خود پائین و نا نجیب و ناپاک میداند.

متاسفانه این احساس کاذب مانند طاعون فکری در دهه اول قرن جاری در تاجکستان و بدخشان افغانستان آورده شد که تشریح بیشتر، این موضوع، ما را از موضوع مورد بحث سخنرانی خارج می سازد.

با تشکر از دانشمند گرامی آقای شهرانی که این موضوع مهم را مطرح کردند. دیدگاه داکتر شهرانی گرامی بر گستردگی انگیزه های نسل کشی مردم هزاره مهر تائید می گذارد که هزاره ها نه تنها به انگیزه های قومی، مذهبی و فرهنگی، بلکه با انگیزه نژادی نیز نسل کشی می شوند. یعنی عدم تعلقیت مردم هزاره به نسل تخیلی آریایی به روند نسل کشی کمک می کند.

انگیزه سیاسی نسل کشی مردم هزاره

علت سیاسی نسل کشی مردم هزاره در آنست که اقوام انحصارگر قدرت و ثروت بیم آنرا دارند که مبادا هزاره ها در قدرت شریک شوند و اداره اقتصاد کشور را بدست داشته باشند. آنها برای انحصار قدرت و ثروت همیشه از جبر و سرکوب کار گرفته اند. گاهی که سرکوب دوامدار اعتراض و بدنامی را برای سرکوبگران به بار آورده، آنها از ابزار های موقتی استفاده کرده اند. مثلا: ایجاد گروه های موقتی از قوم قربانی که نمایندگی قوم قربانی را در قدرت و اداره ثروت به نمایش بگذارند و بعد عبور از بحران آنها را بدور افگنده اند. اشتراک نمایندگی مردم هزاره در حکومت های حامد کرزی و اشرف غنی از مثال های ابزاری در حکومت بود. مختصر اینکه برای انحصار قدرت و اقتصاد کشور قوم حاکم باید با اقوام دیگر و بویژه با قومی که از آن هراس دارد، در ستیزه روانی و عملی قرار داشته باشد، خود را حاکم، مالک و اکثریت تبلیغ نماید و دیگران را اقلیت بداند. این روند ستیزه ای را ایجاد می کند که نام آن هزاره ستیزی است و جلوگیری از پیشرفت هزاره ها و برخورد

انتقام آمیز هزاره ها هزاره هراسی را می سازد که بعد تر تشریح خواهد شد.
انگیزه سیاسی نسل کشی مردم هزاره انحصار قدرت، تمرکز قدرت و پیشبرد سیاست عقب گرایی است که توسط گروه های حاکم به حمایت کشور های خارج عملی می شود.

مداخله مستقیم حامد کرزی در انتخابات پارلمانی ولایت غزنی در سال ۱۳۸۹ هخ، از نمونه های بارز محروم سازی هزاره ها از حقوق سیاسی شان بود که حوزه بندی ولایت غزنی برای حذف نماینده های منتخب مردم هزاره و شامل کردن نماینده های غیر انتخابی از قوم پشتون توسط حامد کرزی و کمیسیون انتخابات با حمایت سفارت انگلستان انجام شد. (۵)

مانع شدن حضور مردم هزاره در ارتش و نهاد های امنیتی در دوره های زمامداری ظاهر شاه و محمد داود، حفظ تبعیض و تعصب، ایجاد محرومیت در مناطق هزاره نشین (هزارستان) در همه دوره ها، مانند منع عبور پروژه برق توتاپ از ولایت های هزاره نشین در دوره حکومت اشرف غنی، سهمیه امتحان کانکور برای شمولیت در آموزشگاه های عالی کشور از اقداماتی بود توسط سیاست رسمی دولت برای محروم سازی هزاره ها از حق سیاسی شان عملی میگردید.

باید دانست که در عقب این همه تمرکزگرایی، برتری جویی، ایجاد موانع، سیاست محو تدریجی هزاره ها از عرصه سیاست و اداره اقتصاد کشور است. انگیزه سیاسی نسل کشی مردم هزاره روند روشن است که همه مردم افغانستان از آن آگاه هستند. پس ضرورت به تفصیل و تشریح بیشتر را ندارد.

انگیزه های نسل کشی مردم هزاره بر مبنای اهداف و منافع کشور های خارجی

برعلاوه علت ها و انگیزه های فرهنگی، قومی، مذهبی، نژادی و سیاسی؛ اهداف و منافع خارجی نیز بر روند نسل کشی مردم هزاره همواره در عقب انگیزه های دیگر قرار داشته است.

زیرا برنامه های کشور های بزرگ بویژه امریکا و انگلیس برای کنترول منطقه و جهان، سیاست های تغییر رژیم در کشور های مستقل، سیاست تغییر جغرافیا در منطقه های مختلف دنیا، رشد دادن بنیاد گرایی دینی، ایجاد بی ثباتی، راه اندازی جنگ ها، عقبگرایی با استفاده از دین و مذهب، کار می گیرند.

برای اجرای این اقدامات مجبور هستند که گروه های مزدور و مخالف داشته باشند. آنها گروه های مزدور شان را رشد می دهند و گروه های که مانع برنامه های مداخله گرانه شان باشند، از میان بر می دارند. در لابلای این زد و کند مردم هزاره در لیست قومی آمده است که باید از میان برداشته شوند. از دوران امیر عبدالرحمن تا اکنون این روند نابود گر ادامه دارد. چنانچه هر زمامدار از هر قومی که چند صباحی در افغانستان حکمرانی کرده، از مکلیفیت های آن از میان برداشتن هزاره ها از افغانستان بوده است.

داکتر هارون امیر زاده در مقاله ای زیر عنوان « خیزش هزاره ها در انتخابات پارلمانی افغانستان و هزاره فوبیا» در برگه «خراسان زمین» می نویسد: «در یک دهه اخیر هزاره ها تلاش کردند توجه جامعه جهانی را به بازسازی مناطق هزاره جات جلب نمایند ولی غرب کمتر به آن توجه نموده و در عوض همه امتیازات به جنوب داده شده است.

متاسفانه غرب نه تنها به هزاره ها، بلکه به تاجک ها، ازبک ها از زاویه دید حلقه تیم کرزی نگاه می کنند. چنانچه غرب در ده سال گذشته برای گسترش حاکمیت پشتونها در افغانستان نه تنها غیر پشتونها را خلع سلاح نمود، بلکه از بازسازی محروم نموده و به حاشیه راند. برخی ها بی مهری غرب نسبت به هزاره ها را در دو علت می بینند: نخست عدم اعتماد آنها نسبت به هزاره ها بخاطر سوء ظن نفوذ ایران بر آنها در حالی که در عراق شیعه های اکثریت نسبت به سنی های اقلیت علیرغم نفوذ ایران از جانب امریکایی ها حمایت می شوند. دوم در نبود رهبران آگاه سیاسی هزاره و عدم آشنایی به زبان انگلیسی، هزاره ها نتوانستند خود را معرفی درست کنند.»(۶)

جنگ های داخلی مجاهدین و قتل عام افشار ثابت ساخت که کشتن هزاره در افغانستان به اجاره داده می شود. گویا حکمران یا فرماندهی توانسته است در افغانستان فعالیت نماید که شرط کشتن هزاره ها پذیرفته باشد. این کار به طلسمی تبدیل شده است که از زمان عبدالرحمن تا اکنون طلسم شکسته نشده است.

در سال ۲۰۱۶ در کنفرانسی سخنرانی داشتم که « در باره امنیت منطقه یی، تروریزم و همکاری مردمان منطقه»، در دانشگاه الماتا برگزار شده بود. در این کنفرانس یکی از علت های کشتار هزاره ها در افغانستان را چنین تشریح کرده بودم. (ویدیو کلیپ) با ترجمه این متن « سوال پیدا می شود که چرا

تروریستان هزاره ها را می کشند؟ جواب ساده و روشن است. زیرا مردم هزاره شرافتمندانه زحمت می کشند، زندگی صلح آمیز دارند، همزیستی مسالمت آمیز را درک کرده اند، زیربنای زندگی را اعمار می کنند و دست به قتل مردم نمی زنند و این خاصیت هزاره به سازندگان تروریزم خوش نمی خورد.» (۷)

در سخنرانی های گذشته بویژه سخنرانی چهارم در موضوعات فاکتور های جئوپولیتیک، جئو استراتیژک، جئو دینی تشریح شده است. سنگپایه هزاره ستیزی منافع اقتصادی و تسخیر ملکیت این قوم است. به همین علت است که توسعه طالبان بدوی و قبیله ای مورد حمایت توسعه طلبان جهانی قرار می گیرند. مختصر اینکه کاهش جدی موقعیت های زندگی و ملکیت های مردم هزاره از دوره امارت امیر عبدالرحمن خان تا امروز اثبات این حقیقت است. من این موضوع را در دو مقاله ام که اولی بنام «انتقال جنگ از جنوب به شمال افغانستان» در ماه می ۲۰۱۱ م، دومی زیر عنوان «شمال و جنوب هندوکش برای کوچی ها نیست» که در اوت ۲۰۰۷ در کابل پرس تشریح کرده ام. در بخشی از این مقاله آمده است که «تغییر جغرافیا هدف اساسی گرداننده های پشت پرده مساله افغانستان است که انتقال جنگ از جنوب به شمال افغانستان، سراسری ساختن طالبان، ایجاد حکومت تقلبی و عمیقا استبدادی به ریاست حامد کرزی و در انزوا قراردادن آن، ترویج فقر و فساد از جمله تکتیک های اند که بخاطر تحقق بی ثباتی در افغانستان از آنها استفاده می شود. بی ثبات سازی وضع افغانستان و پلان های پشت پرده استراتیژی تخریب گر آنها هر روز نمایان تر می گردد. دست های که به افغانستان دراز شده، سیاست های چون: طالبانی ساختن حکومت، تضعیف مخالفین و فشار بالای پارلمان، ایجاد نهاد های خودسر ، ناموجه و غیر مدنی، استفاده از کوچی ها و ده ها پلان ویرانگر دیگر رویدست دارند که استفاده از کوچی ها مساله افغانستان را به فاجعه خطرناک مبدل کرده اند.» (۸)

این مسایل را زمانی مطرح کرده بودم که «رهبران» هزاره در بستر زرین دموکراسی دروغین امریکایی در خواب ناز بودند و جنگ از جنوب به شمال انتقال می شد، جابجایی کوچی ها در زمین های اقوام دیگر به اولویت سیاست حکومت حامد کرزی تبدیل شده بود.

در باره حمایت کشور های غربی از بدویت و شیوه های اداره بدوی در

افغانستان من در مقاله ای زیر عنوان «جلوگیری از روند دولت سازی، تلاش برای استقرار دسپتیزم دینی در افغانستان و مقاومت ملی و بین المللی در مقابله با آن» در باره آشتی «مدنیت» و بدویت که در سال ۲۰۱۵ در کابل پرس نشر شده است، نوشته بودم که «افغانستان در برهه یی حساس و سرنوشت ساز تاریخی اش قرار دارد. موضوع بود و نبود، نفاق و از همپاشی، جنگ داخلی و تجزیه، افغانستان را تهدید مَی کند. هرگاه تطبیق برنامه استقرار رژیم مطلق العنان دینی در افغانستان ادامه یابد و «دولت جهانی» شیوه زندگی بدوی را بر زندگی مدنی تحمیل و با شیوه های اجباری و دسیسه آمیز آنرا تطبیق کند، روشن است که با مقاومت ملی و بین المللی مخالفان استبداد مواجه می شود. این تصادم موجب جنگ داخلی شده امکانات تجزیه افغانستان را به دو قطب زندگی مدنی و بدوی مساعد ساخته و تجزیه ی فرهنگی افغانستان را که سال ها قبل اتفاق افتیده تا تجزیۀ سیاسی می کشاند که مسئول آن دولتمردان داخلی وابسته به خارجِ و «دولت جهانی» خواهد بود.»(۹)

هزاره ستیزی و هزاره هراسی چیست؟

اساس هزاره ستیزی نتیجه فعالیت های دوامدار مراحل روانی نسل کشی است. ساختار نسل کشی توانسته است در امتداد دهه ها و حتی سده ها ذهنیت افراد جامعه را در مورد هزاره تغییر بدهد یا حد اقل مردم را در اجرای نسل کشی مردم هزاره بی تفاوت بسازند. این مسأله در سخنرانی اول به تفصیل تشریح شده است.

داکتر هارون امیر زاده در مقاله ای زیر عنوان « هزاره ها، خشونت و ساختار شکنی»، به قول از «جمهوری سکوت، در برگه «خراسان زمین» می نویسد: «باید گفت قبل از همه هزاره ستیزی و هم هراس از هزاره ها از دو توهم بر می خیزد: نخست از تبعیض و تعصب تاریخی نسبت به آنها؛ دوم نتیجه تندروی ها و خشونت های منسوب به آنها. این در حالیست که هزاره ها همواره در چند سده اخیر در هراس زندگی کرده اند. چنانچه یکی از آگاهان هزاره در مورد هراس سنتی هزاره ها از دیگران چنین می نویسد: « خشونت در مورد هزاره‌ها به طور اجتناب ناپذیری با موجودیت آنها گره خورده است و اصل حذف فزیکی هزاره‌ها از جغرافیای سیاسی افغانستان، اساسی‌ترین قاعدۀ بازی سیاسی در این کشور بوده است. تاریخ، زندگی و معیشت هزاره‌ها را

خشونت احاطه نموده است. هراس همزاد همیشگی هزاره‌ها بوده و هر هزاره با هراس به دنیا می آید، در ترس و لرز زندگی می کند و در چنگال خشونت می میرد.» (۱۰)

در اینجا پیش از تشریح موضوع، لازم می دانم مکثی در باره چند واژه نزدیک به این مسأله داشته باشیم. واژهای هزاره ستیزی و «هزاره هراسی» در حقیقت یک ریشه دارند. روشن است که هزاره هراسی برعلاوه سایر علت ها نتیجه هزاره ستیزی نیز است. اجرا کننده هر جرمی از پیامد های عمل جرمی اش تشویش و ترس دارد. هزاره هراسی در حقیقت از همین جا ریشه می گیرد. اما در ظاهر می تواند مفهوم آن در کنش ها و واکنشها انحراف داده شود. مثال، گروهی با قساوت و سنگدلی گروهی از مردم هزاره را کشته اند. نزدیکان و فرزندان قربانیان نسل کشی از اجرا کننده های نسل کشی انتقام می گیرند. در اینجا باریکی منطقی و حقوقی وجود دارد. کسانیکه به ادامه جنایات سیستماتیک گروه قومی هزاره را کشته اند، در حقیقت جنایت نسل کشی را انجام داده اند. یعنی به قصد نابودی گروه قومی یا مذهبی این کار را کرده اند. اما کسانی که انتقام قربانیان شان را گرفته اند، نیت نابودی گروه قومی را نداشته و هدف شان انتقام خونی بوده است نه نابودی گروه قومی. ادامه انتقام و انتقام گیری هراسی را برای اجرا کننده های نسل کشی بوجود می آورد که به ذهنیت عامه جابجا می شود و هراس همگانی می شود. اگر کشتار نمی بود، انتقام هم وجود نمی داشت. پس منبع هزاره هراسیدر اینجا، هزاره ها نه، بلکه هزاره ستیزی است. طوریکه گفته شد، بدون شک هزاره ها هم کوتاهی های دارند که نسل کشی را تحریک می کنند. در این مورد در بخش ویکتومالوژی نسل کشی دوباره بر می گردیم.

هزاره هراسی در عرصه های زندگی مسالمت آمیز، بخش فرهنگ و مدنیت، هراسی است که منشا در هزاره ستیزی، حسادت های قومی و بُخل و تعصبات قومی دارد.

به باور من کسی که عقل، منطق و آگاهی اش مربوط به جامعه بدوی است، بجای که از افراد جامعه مدنی تر از خودش، بیاموزد، آن جامعه را با خود به بدویت می کشاند.

سوالات و ادعا های در این مورد وجود دارد که هزاره ها باید دادخواهی قومی نساخته و علیه تمام بی‌عدالتی‌ها و جنایت‌ها اعتراض شود. آنها هزاره ها

را به غیر ستیزی و مظلوم نمایی متهم می کنند. با تاسف کسانی که این ادعا ها را مطرح می کنند، خود به عدالتخواهی باور ندارند. چنین افراد تفاوتی میان مردمی که نابود می شوند و مردمی که از کرسی ها و امتیازات دولتی محروم شده اند، قایل نیستند. این خود بی عدالتی است. عدالتخواهی توأم با بی عدالتی ناممکن است. زیرا عدالتخواهان در اینجا اهداف مختلف دارند. یکی برای بقایش مبارزه می کند و دیگری برای کسب امتیاز، بقای گروه اجتماعی دیگر را در خطر می اندازد.

رویهمرفته، هزاره ها هم نقص هایی دارند که آنها را به قربانی سوق می دهند. چیز های که مردم هزاره را در بحران سخت و کمرشکن قرار داده، عمده ترین نمونه های آن در دوره های حکومت های اسلامی و حکومت های دست نشانده در سه دهه اخیر بوده است. در این سه دهه نسل کشی تشدید شد، هزاره ها زمین های شان را از دست دادند، آنها به بازیچه دست حکومت های اجرا کننده نسل کشی تبدیل شدند.

هزاره ستیزی و هزاره هراسی علت های عمیقتر از آن را دارد که در ادبیات پاپلیستی و تبلیغاتی رسانه های افغانستان و ادبیات حقوقی و سیاسی فعالان حقوق بین المللی وجود دارد.

گرچه لازم است این موضوع در سطح عمیقتر، وسیع تر و علمی تر تشریح شود، اما من علت های هزاره ستیزی و هزاره هراسی را در نکات ذیل می بینم.

تبلیغات دوامدار برای اجرای مرحله روانی نسل کشی، قسمیکه در سخنرانی اول در بخش مراحل روانشناسی نسل کشی شرح داده شد. میکانیزم روانی هزاره ستیزی در امتداد دهه ها و سده ها شکل گرفته است. سخنرانی اول تشریح مفصل این موضوع را بیان کرده است که بیننده علاقه مند می تواند به آن مراجعه کند.

تعصبات مذهبی از فعال ترین علت هزاره ستیزی است که در عقب آن ظاهرا رقابت های عربستان سعودی و ایران قرار دارد، اما رقابت ها در این زمینه بالاتر از منطقه و دو بخش اسلام یعنی سنی و شیعه است. ظهور گروه های سنی و شیعه افراطی لشکر جهنگوی و سپاه محمد در پاکستان، تبارزی ازهمین رقابت های جهانی است. خوشبختانه تصادم سنی و شیعه در افغانستان یکی از تجربه های ناکام تفرقه افگنان بوده که آنها نتوانستد جنایات اجرا شده استخباراتی و گروهی را به خصومت مذهبی مردمی تبدیل کنند. این موضوع

در بالا به حیث انگیزه نسل کشی تشریح شده است که به تفصیل بیشتر نیاز نیست.

نقایص و تناقضاتی درونی هزاره هم هزاره ستیزی و هزاره هراسی را تحریک می کند که در موضوع بعدی علت های ویکتومالوژیک نسل کشی و فاکتور های «خود نسل کشی» تشریح می شود.

علت های مربوط به ویکتومالوژی نسل کشی و فاکتور های خود نسل کشی علت و انگیزه درونی هزاره ها در اجرای نسل کشی : برعلاوه علت و انگیزه های عام نسل کشی مردم هزاره انگیزه هایی در درون جامعه هزاره وجود دارند که نسل کشی و هزاره ستیزی را تشویق می کند. تا این مسایل باز نشوند و شناسایی نگردند، روند نسل کشی تشدید و تقویت می گردد. عواملی که در درون جامعه هزاره اجرای نسل کشی را از خارج جامعه آسان می سازد، هم مربوط به نقایص درونی و هم مربوط به فاکتور های است که سال های سال از خارج جامعه هزاره در درون آن نهادینه شده و به فکتور داخلی جامعه تبدیل شده اند. هزاره ها در دوره های خان خانی قبل از حکومت های استبدادی دچار استبداد خودی بودند.

میر غلام محمد غبار در کتاب «افغانستان در مسیر تاریخ می نویسد: «یک تعداد رهبران مذهبی بنام های سید، مبلغ، ملا و خطیب و غیره در پهلوی ملوک الطوایف قرار گرفتند. پس مردم هزاره که قبلا قسمت عمده حاصلات کار خود را «قهرا» در دهن میر و ارباب، سلطان و کدخدا می انداختند اینک بقیه حاصلات خود را «طوعا» در دامن این نائبان شرعیت می ریختند. به این ترتیب دارایی دهقان و چوپان هزاره بعنوان مالیات و بیگار و خرج دسترخوان ملک و خان و نذر و نیاز ، خمس ، زکات وغیره ارباب و روحانی بلعیده می شد.» (۱۱)

نکته بسیار مهم در اینجا عناصر طُفیلی که در آن وقت حساس و دشوار زندگی را برای مردم هزاره تنگ کرده بودند و به جز میکانیزم نسل کشی هزاره تبدیل شده بودند، حالا بنام رهبر، پیر، جهادی، حجت الاسلام وغیره خون هزاره را می مکند و جز روند نسل کشی مردم هزاره شده اند. جای تاسف است که تعدادی از روشنگران و عدالتخواهان هزاره هم که در عصر بنیادگرایی در ایران و پاکستان رشد کرده اند، از این روند اعتراضی ندارند و برای اخذ امتیاز به سیاهی لشکر پیر، آخوند، حجت الاسلام تبدیل می شوند.

این است خود نسل کشی مردم هزاره که من در سخنرانی های پیش از آن یادآوری کردم و حالا به بررسی مفصلتر آن می پردازم.

علت های مربوط به ویکتومالوژی نسل کشی و فاکتور های خود نسل کشی

باید پرسید که چرا دیگران هزاره ها را قربانی کار خود شان می سازند؟ من بعد از کشتار بی رحمانه مرکز تبیان در دسمبر ۲۰۱۷ مقاله ای را زیر عنوان « ویکتومالوژی انتحار در افغانستان» تقصیر قربانیان این فاجعه را تشریح کرده ام که قسمتی از آن را نقل قول می کنم: «بهترین راه جلوگیری از قربانی انتحار و انفجار مطالعه و درک دقیق جانب ویکتومالوژی این جرایم است. اینکه جنایتکاران قصد نابودی کامل قربانیان مشخص مثلا مردم هزاره را دارند، شکی وجود ندارد و گِله ای هم لازم نیست. از محکوم کردن، تقبیح نمودن و داد و فریاد چیزی ساخته نمی شود.

چرا هزاره ها با آن که می دانند قربانی می شوند، باز هم به قربانی حاضر می شوند. یعنی قربانیان نیز نقصی دارند. اگر مشکل هویت مذهبی و حفظ آن باشد، در حقیقت، مذهب برای انسان بوجود آمده و بخاطر آن نباید انسان قربانی شود. اسماعیلیان افغانستان چند قرن در حالت تقیه مذهبی بسر بردند، اما هویت مذهبی شان را حفظ کردند. بیایید توجه مان را بر انگیزه و اجرا کننده های اصلی فاجعه تمرکز داده و کسانی را که مردم را به بیراهه و گمراهی کشانیده به کشتارگاه ها سوق میدهند افشا کنیم.

این کشتارگاه ها اگر مرکز فرهنگی باشد یا عبادتگاه، مسئولان آنها اهداف غرض آلود دارند.

چیزی که وقوع این فاجعه را زمینه ساز می شود، عدم توازن میان هزاره بودن و شیعه بودن است. عدم آگاهی ملی/قومی مردم هزاره، وزنه مذهبی بودن را در مقایسه با هزاره بودن بالا برده است. اداره مذهب بدست هزاره نیست. گرداننده های امور مذهبی آخوند، ملا، پیر و حجت الاسلام می توانند با استفاده از موقف مذهبی با خون هزاره تجارت کنند یا عامل منافع کشور های خارجی باشند.

باید دانست در این جا بیشتر جنبه های آیدیولوژیک، مذهبی و فرقه ای برجسته می شود که زمینه ساز نسل کشی مردم هزاره شده اند. مانند جهاد محوری،

بی عدالتی و اختلافات درونی هزاره، نهاد سالاری، رفتار ویکتومالوژیک افراد و نهاد های مذهبی در داخل هزاره و ده ها مسایل دیگر که در باره عمده ترین مسایل آن به تفصیل می پردازیم.

جهادمحوری: بعد از استقرار حکومت های اسلامی از دوره مجاهدین تا اکنون (۱۹۹۲–۲۰۲۴) بیش از سه دهه همه امور افغانستان از جمله مسایل هزاره، جهاد محور، دین محور، شخصیت محور و رهبر محور شد. احزاب سیاسی احزاب مربوط با شخصیت های جهادی و دینی شد و حیثیت شرکت یا کمپنی را بخود گرفت. سخنرانی آخوند و «حجت الاسلام» جای خالی گفتمان و خرد جمعی را پر کرد؛ رهبرانی با کیش شخصیت قوی فردی، فرقه ای ظهور کردند که تنها افراد دستبوس را به حضور می پذیرفتند یا حد اقل با کسانی سروکار داشتند که از عملکرد آنها اعتراض نکنند. افراد آزاد اندیش، دیگر اندیش و غیر حزبی از همه امور مردم هزاره دور شدند. گروه های جهادی و دین محور از این روند امتیازات زیاد را بدست آوردند. اما مردم هزاره در این دوره سخت آسیب دیدند و آسیب پذیر شدند.

تیوری پردازان این دوره به شمول رهبران و تحصیلکرده ها، بخش دستاورد های تاریخ سیاسی هزاره را حذف و آنرا تنها از دوره جهاد آغاز کردند. گویا همه دستاورد های هزاره مربوط به جهاد و جنگ بوده و هیچ نیروی بشری و فکری دیگر هیچ کاری را برای مردم هزاره انجام نداده اند. آنها با ایجاد فضای اختناق گونه دیکتاتوری کیش شخصیت، دیکتاتوری مذهبی و فرقه ای و دیکتاتوری حزبی را در چوکات «دموکراسی» ابزاری و صادر شده از امریکا و زیر سایۀ حکومت فاسد و فاشیست حامد کرزی و اشرف غنی بالای مردم هزاره تحمیل کردند.

جهادمحوری دید نسل جوان هزاره را در باره تاریخ هزاره محدود به جنگ و جهاد نمود، فرقه گرایی را تشدید کرد، آزاد اندیشی را مردود دانست تملق و کیش پرستی را جز رفتار شان ساختند.

این روند نهادینه شده، نسل کشی هزاره را از داخل تسهیل کرد.

نیکپی پور در مقاله تحلیلی که در سال ۲۰۱۴ در کابل پرس نشر شده، می نویسد: «جهاد محوری مشکل مهم دهه های اخیر برای همه اقوام افغانستان است که این مشکل در میان مردم هزاره ویژه گی های خودش را دارد.

جهاد محوری افغانستان این ست که رهبران جهادی هزاره بیشتر از اقوام

دیگر جهادی هستند. اگر رهبران جهادی اقوام دیگر در ظاهر شعار جهادی را میدهند، در باطن قوم محور هستند تا جهاد محور. یعنی رهبران اقوام دیگر جهاد را در خدمت مردم شان قرار داده اند، اما برعکس رهبران جهادی هزاره مردم شان را قربانی جهاد و جهاد بازی و جهادپسندی شان کرده اند. مثلا : همه امتیازات گرفته شده از دولت مربوط به رهبران جهاد بوده و افراد غیرجهادی وقتی توانسته اند از این امتیازات بهره مند شوند که راه و رسم خود را فراموش و در خدمت و پای بوسی رهبران جهادی مشغول شده باشند. در نتیجه، میلیون ها انسان که شامل صد ها هزار کارمندان دولت های قبل از حکومت مجاهد هستند، در محرومیت خاص قرار داده شده اند. میلیون ها انسان آزاد سال ها رسم، اخلاق، آداب و رفتار جهاد را با تمام زشتی هایش تحمل کرده اند. جهاد که یک موضوع آیدیولوژیک است، به شکل اجباری جای هویت قومی هزاره را گرفته و به آگاهی ملی و خود آگاهی قومی شان صدمه های جبران ناپذیر را وارد کرده است.

جهادمحوری به مثابه مرض مهلک سیاسی و اجتماعی جامعه هزاره را به تدریج به محرومیت غرق کرده و محرومیت، جامعه را به شقاق شدید کشانیده است. توده های وسیع مردم هزاره به ویژه قشر بالنده آن در محرومیت زیسته و این محرومیت به اعتراض شدید تبدیل می شود و اعتراض، توسط هزاره های حاکم به نوع تکفیرآمیزی سرکوب می گردد که این روند هزاره را به فاجعه همپاشی قومی کشانیده است.» (۱۲)

جهاد محوری پیامد های منفی جبران ناپذیر را بر جامعه هزاره وارد کرده است که در ذیل شرح داده می شود:

۱. افراطی گری مذهبی: به رخ کشیدن مناسک مذهبی و اجرای تشریفات بیش از حد که زمینه اجرای جنایت نسل کشی را مساعد می سازد، با شرکت در اجرای جرم مساوی است.

کسانی که سالگرد خمینی را در کابل تجلیل می کنند، چه انتظاری از متعصبین مذهبی و حمایت گران خارجی آنها دارند؟ بدون شک انتحار و انفجار را در پی دارد. خمینی با هزاره چه رابطه ای دارد که سالگرد وی در کابل تجلیل شود؟ چنین افرادی با گرفتن پول از خارج هزاره را می فروشند.

مارش مذهبی در خیابان ها و اقدامات تحریک آمیز مناسک انحرافی مذهبی که انتحار و انفجار را بسوی مردم هزاره می کشاند.

در عقب این اقدامات دست های غرض آلود دشمنان هزاره یا کسانی پول را نسبت به سرنوشت هزاره مقدم می دانند، قرار دارند.

این اقدامات زشت و خشِن زیر سایه تشیع و در جامعه هزاره انجام می شود و هزاره را به کشتارگاه ها سوق میدهد. در اینجا نقش قربانیان در اجرای نسل کشی موجود است که مردم هزاره را به خود نسل کشی سوق می دهند. این وظیفه کسانی که رهبران هزاره بودند و از حساب هزاره صاحب قدرت و ثروت شده بودند، تا مردم را از بیراهه قربانی شدن نجات میدادند.

رفتار ویکتومالوژیک قربانیان، جنایت را تحریک و دشمن را برای اجرای جنایت ترغیب می کند.

با تاسف در ویکتومالوژی کشتار هزاره ها دست های بیرون هم موجود است که با استفاده نادرست از باور های مردم هزاره، هویت قومی و فرهنگی آنها را تضعیف کرده و آنها را به کشتارگاه ها می کشانند.

به باور من برای جلوگیری از کشتار هزاره ها در ساختار نسل کشی دوامدار برعلاوه افشاگری فعالیت های اجراکننده های نسل کشی باید جوانب ویکتومالوژی نسل کشی نیز مورد شناسایی ژرف قرار بگیرد.

چیز دیگری که جنبه های ویکتومالوژیک و آسیب پذیری نسل کشی مردم هزاره را تقویت می کند، **غیر ستیزی** عمدی یا ناآگاهانه افراد، نهاد ها و جنبش های هزاره است که عملکرد آنها بر اساس احساسات استوار است. شماری از روشنفکران عقل ستیز هزاره برای اینکه رنج های محرومیت ها و کمبودی های شخصیتی و فکری شان را «درمان» کنند، تعدادی را از طریق تحریک احساسات به دنبال شان می کشانند، و اکت های اشخاص کریسماتیک را می کنند، بجای منطق از فحش و دشنام کار می گیرند. چنین افراد نه تنها هزاره هراسی را بوجود می آورند، بلکه در داخل هزاره هم ستیزه برپا می کنند، به خود ستیزی می پردازند. این مرض وقتی بیشتر مضر و زهرآلود می شود که مورد حمایت افراد با درد ولی نافهم قرار بگیرد.

برای قومی که در حدود یک صدو سی سال زیر شکنجه کشتار، محرومیت و نابود سازی قرار داشت، حس بد بینی با دیگران، بی اعتمادی و در جایی هم غیر ستیزی ناگزیریِ خود را دارد که یک امر معمولی است. اما اگر این روند منفی به کار رسمی نهاد ها قرار داده شود، یا مورد استفاده مغرضین در داخل و خارج از جامعه هزاره قرار بگیرد، بدون شک هزاره هراسی و حتی

هزاره ستیزی را در پی خواهد داشت. نهاد های مدنی هزاره باید سعی کنند که جلو این روند را بگیرند و عاملین آنرا افشا کنند.

مثلا پرخاش های مذهبی در رسانه ها، پرخاش های تند قومی که جانبین اهانت شوند، برخورد های احساساتی از نام قوم و مذهب، رسانه ای ساختن دشنام و فحش گویی وغیره.

در اخیر سخن در مورد جهاد محوری می توان گفت که جهاد محوری احزاب سیاسی جهادی و رهبران آنها کیش شخصیت و رهبر پرستی افراطی؛ آشتی ناپذیری در اختلافات سیاسی؛ افراط گرایی در اجرای مناسک دینی؛ معامله گری های فردی و گروهی را بجای سیاست های معیاری و مردم محور نهادینه کردند و مردم هزاره را به قهقرا سوق دادند.

۲. طفره رفتن از جنبه های خارجی استبداد و نسل کشی: این موضوع را از چند سوالی آغاز می کنیم که چرا با استقرار حکومت های وابسته به غرب نسل کشی هزاره تشدید می شود؟ چرا با موجودیت چهل کشور گویا دموکرات غربی نسل کشی هزاره ها به آخرین اوج خود رسید؟ چرا رسانه های انحصاری کشور های غربی از نسل کشی آشکار مردم هزاره در افغانستان چشمپوشی می کنند؟ چرا اجرا کننده های نسل کشی به کمک مالی و نظامی امریکا در قدرت دولتی جابجا می شوند؟ چرا اعتراضات مردم هزاره با حضور نیرو های نظامی چهل کشور غربی سرکوب می شوند و نهادهای جهانی از جمله سازمان ملل متحد و نهادهای قضایی و جزایی در برابر جاری شدن جوی خون هزاره ها بی تفاوت هستند؟

روشن است که دست خارجی در عقب نسل کشی مردم هزاره موجود است. شخصیت های هزاره بنابر وابسته گی شان به غرب در این مورد خاموش هستند.

از آنجایی که موجودیت اکثر احزاب سیاسی جهادی در خارج شکل گرفته و به کمک قوای خارجی به «قدرت» رسیده اند، آنها توانایی سخن گفتن در باره جنبه ها و عوامل خارجی نسل کشی مردم هزاره را ندارند. زیرا هنوز دستان شان نزد کشور های خارجی بسته است. با این علت نتوانستند در عرصه های بین المللی در جلوگیری از نسل کشی آشکار مردم هزاره سهیم باشند، باری موجودیت شان در حکومت های دست نشانده، باعث تشدید نسل کشی نیز شده است. وابستگی احزاب سیاسی و رهبران آنها شماری زیادی از افراد

را که در این سیستم با آنها کار کرده اند، به خاموشی سوق داده، آنها در باره جنبه خارجی و عاملین نسل کشی مردم هزاره فعال نبوده اند، برعکس گاهی دست به دامان کشور های زده اند که خود آنها عاملین نسل کشی بوده اند. هرگاه ادعای در مورد تردید این حقیقت بوجود آید من ده ها مثال را بیان خواهم کرد. اما برای جلوگیری از حجم سخنرانی تفصیل آنرا به بحث های آینده میگذاریم.

۳. انکار بخشی از تاریخ هزاره و عاملین آن، توسط هزاره: عباس دلجو در مقاله ای بنام «هزاره ها و الزایمر تاریخی» می نویسد: « اما این کار مستلزم آن است تا هزاره ها همیشه حافظه تاریخی شان را فعال نگهدارند . که متاسفانه از دیر زمان به اینطرف جامعه هزاره ضعف حافظه تاریخی پیدا کرده و مصاب به بیماری آلزایمر تاریخی شده اند و همه می دانیم که شوربختانه این آلزایمر تاریخی ، درد کهنه و شناخته شده است که عوارض جانبی آن چندین بار سرنوشت هزاره ها را تا سرحد نابودی و بربادی سوق داده است .»

اگر صحبت جناب سلطان علی کشتمند و ادبیات سیاسی رسانه های هزاره را در دو دهه حکومت کرزی و غنی توجه کنیم، دیده می شود که ما در نوشتار و سخنرانی ها بخش مهمی از تاریخ هزاره را انکار می کنیم. دوره ای که هزاره ها بار نخست در تاریخ موجودیت خود جنرال شدند، داکتر علوم شدند، سفیر شدند، وزیر شدند و نخست وزیر شدند. بنابران تعصبات آیدیولوژیک، این دوره را مکروه به حساب می آورد و تاریخ هزاره را از نو می نویسند. گویا تاریخ هزاره از دوره جهاد آغاز شده و در دوره ننگین حامد کرزی و اشرف غنی به اکمال رسیده است. تا این برخورد تعصب آمیز وجود داشته باشد، هزاره نمی تواند، خودیابی کند، انسجام داشته باشد و ساختار مهم سیاسی را بوجود آورد.

رضا عطایی در مقاله ای زیر عنوان « هزاره‌ها و ستیز برای بقا؛ تأملی بر وضعیت آنارشیک هزاره‌ها» که در برگه «اطلاعات روز» نشر شده است، می نویسد: « همان‌طور که پیش از این در یادداشت‌های دیگرم نیز توضیح داده‌ام،«۷» هزاره‌ها نیازمند نوشتن یک «تاریخ انتقادی» هستند، اما این بار نه با انتقاد از دیگران بلکه واکاوی ضعف ها و توانمندی‌های تاریخی «خویشتن هزاره». هزاره‌ها باید سرفصل‌های جدیدی مانند «واکاوی ضعف‌های درونی»، «بازبینی فهم از خویشتن و تاریخ افغانستان»، «تجدیدنظر در شناخت از تمدن

غرب و درک جایگاه خود در ساختار سیاسی -اقتصادی نظام بین‌الملل» در تاریخ‌نگاری‌شان ایجاد کنند.» (۱۳)

همچنان انحصار قدرت، اقتصاد و فرهنگ بدست رهبران احزاب جهادی تمرکز سرمایه بدست شمار محدود افراد، انحصار اقتصادی را بار آورده؛ تمرکز قدرت در دوره های حامد کرزی و اشرف غنی انحصار قدرت را بالای مردم هزاره نهادینه کرده است؛ موجودیت رسانه های بزرگ مربوط به احزاب سیاسی بخش های فرهنگ را نیز انحصاری ساخته است.

اگر سوالی از من شود که چرا در حکومت های کرزی و غنی که احزاب جهادی هزاره هم در ائتلاف آنها قرار داشتند، کار نکردم؟ جواب من با افتخار اینست که بلی من که دارای سه تخصص در رشته های حقوق، سیاست و ژورنالیزم هستم، از روند سیاسی در دولت های افغانستان دور بودم. زیرا نمی خواهم مزدور باشم، نمی خواهم دست کسی را ببوسم، نمی خواهم عضو حزب سیاسیی باشم که با اندیشه من سازگار نیست، نمی خواهم برای کشور دیگری در کشور خود کار کنم.

علت نبودن و محرومیت من از از قدرت و دولت این بود که تحصیلکرده آزاد بودم، جهادی نبودم، از هزاره های اسماعیلی هستم. اشتراک در قدرت دولتی در حکومت های نامبرده به اجاره داده شده بود که من در جمع اجاره داران نبودم. مختصر اینکه وابستگی مرگبار احزاب سیاسی هزاره به خارج، آنها را درجلوگیری از نسل کشی عاجز و بیچاره ساخته بود.

۴. فرقه گرایی: نیکپی پور در مقاله ای زیر عنوان «هزاره غرق در فاجعه ذات البینی و قهقرای انزوا از اقوام دیگر» که در فبروری ۲۰۱۴ در کابل پرس نشر شده است می نویسد: « روان و ادبیات رهبران جهادی هزاره و روشنفکران درباری آنها مفاهیم اصطلاحات «اثناعشری» و «هزاره» را طوری ممزوج میدانند که این دو اصطلاح را مترادف بکار میبرند. مفکوره ها و تعمیم آن فرقه گرایی را میان هزاره ها مروج و اثناعشری گری را به حیث فرقه ی حاکم دانسته و با استفاده از چند دوره حکومت حامد کرزی با حمایت غرب این امر را به یک «واقعیت» تبدیل کرده و «اثناعشریت» را به فرقه حاکم، نماینده و صاحب امتیاز هزاره و تشیع جا زده اند که وزیر، وکیل ، سفیر و رییس هزاره ها در دولت افغانستان فقط اثناعشری بوده اند. از تبارز شخصیت های غیر اثناعشری جدن جلوگیری شده، رسانه ها و حلقات روشنفکری هزاره هم در

این فرقه گرایی و اثناعشری گری شریك بوده اند. زیرا تا حال نتوانسته اند که روند نفاق قومی را افشا کنند که علت آن تراکم کار های دفاعی از هزاره بوده و آنها در دفاع از حملات گروه های قومی دیگر به نقایص مهلك میان هزاره یی توجه نکرده اند و هم در بسیاری مواقع از آن طفره رفته اند.» (۱۴)

۵. رهبری سیاسی روحانیون و سرکوب دیگر اندیشان: در دوره های حکومت های مجاهدین و حکومت های وابسته به امریکا یعنی حکومت های حامد کرزی و اشرف غنی نقش روحانیون در هردو بخش مذهبی اسلام (سنی و شیعه) به شکل افراطی بالا برده شد. طوریکه هیچ تبعیضی در بالا بردن نقش روحانیون میان سنی و شیعه وجود نداشت و هر مذهب در میان پیروان شان اداره سیاسی کشور، اداره اقتصاد و فرهنگ را غصب کردند. ملا و مجتهد در اهل تسنن ، آخوند و شیخ در میان اهل تشیع حرف اول را می زد. در این روند هماهنگی خاصی دیده می شد که گویا یک دست در عقب هردو مذهب وجود دارد. بعد از آنکه روحانیون بر جامعه مسلط شدند، نفاق مذهبی آغاز شد، اما این شیوه در افغانستان کارآمدی نداشت، گرداننده های نفاق مذهبی در افغانستان نتوانستند جنگ مذهب در افغانستان را تشدید نمایند. تنها توانستند جنگ افشار را با انگیزه های مذهبی و قومی به ثمر برسانند.

رهبری روحانی و ملا و آخوند بر هزاره صدمه های جبران ناپذیر را وارد کرد. رهبرانی را بوجود آورد که بر اساس رای مردم نه، بلکه بر اساس کیش شخصیت و کیش مذهبی و جهادی بر جامعه مسلط می شدند. رهبران این دوره ها هیچگاهی انتخاب نشدند. با همین علت دیکتاتور، خود کامه و معامله گر بودند. اصل انتخابی بودن رهبران در میان اقوام افغانستان از میان برداشته شد، تنها جای آنها را مذهب و جهاد گرفت.

۶. در تعامل با اقوام دیگر: گروه های دو نوع تعامل با اقوام دیگر را تجربه کرده اند.

اول تعامل سالم و عادلانه با اقوام و نهاد های اقوام دیگر، دوم معامله های ناعادلانه با گروه های مافیای قدرت و ثروت که وقت این تعامل گذشته است. تعامل با مردم منافع مردم، فرهنگ مردم و ارزش های تاریخی مشترك برای حفظ منافع جانبین می باشد، نه تقسیم ثروت ملی و انحصار همه امور جامعه. تعامل باید یک ضرورت و رفع نیازمندی مردم باشد نه کار ناجایز و ضد قوم و اقوام دیگر. تعمیم هزاره هراسی و هزاره ستیزی در دوره اشرف غنی و

ایجاد نفاق، با دادن امتیاز به یک رهبر و سرکوب رهبر دیگر هزاره ها و بی تفاوت نگهداشتن اقوام دیگر در جلوگیری از نسل کشی و کشتار هزاره ها از خسارات جبران ناپذیری است که بر مردم هزاره وارد شده است.

تعامل با کشور های دیگر به ویژه کشور های منطقه مسأله ای است که تفصیل آن در این سخنرانی نمی گنجد، اما کار رهبران هزاره در این عرصه بی اندازه ناچیز است که تنها با امتیاز گیری های مادی محدود بوده است، در گرفتن امتیاز به سود مردم هزاره. نبوده است.

۷. خصلت غیر دموکراتیک بودن جنبش ها و نهاد های هزاره: جامعه هزاره فطری آزاد و دموکرات است، اما در سیاست، بی حد غیردموکراتیک شده است.

اشتراک مردم هزاره اعم از مرد و زن در انتخابات با تقبل فداکاری نشان می دهد که مردم هزاره به شکل فطری دموکرات هستند، اما فاکتور های منفی غیر طبیعی از تبارز این خصلت عالی مردم جلوگیری می کنند.

نهاد ها، احزاب سیاسی و حتی جنبش های هزاره همواره غیردموکراتیک بوده است، شایسته سالاری نابود شده، رهبر پرستی، رهبر تراشی، تملق، ترور شخصیتی، حتی نهاد های روشنفکری هزاره هم غیر دموکرتیک است. احساسات بجای تعقل، تیزروی و بنیادگرایی فرقه ای، تملق و کیش شخصیت در اکثر نهاد ها و جنبش های هزاره به شمول جنبش روشنایی با ساختار های غیر دموکراتیک و ساختار های قالب شده بوجود آمدند و مضمحل شدند.

عبدالله نگران در مقاله ای زیر عنوان «فرهنگیان هزاره، خودباختگان بیچاره» که در برگه انترنیتی «طرح نو» در دلو ۱۳۹۵ هجری خورشیدی نشر شده است، می نویسد: « فرهنگیان کشور همان دانش‌آموختگان دانشگاهی را تشکیل می‌دهند که در حوزه علوم انسانی و تجربی آموزش‌وپرورش یافته و سرمایه عظیمی برای امروز و فردای کشور به شمار آمده و در سلسله‌مراتب اجتماعی دارای منزلت و موقعیت کمیابی قرار دارند. توقع و انتظارات اجتماعی نیز از آن‌ها این است که باید در تمام ساحات و عرصه‌های اجتماعی سیاسی پیشگام و پیش‌قراول باشند و در دام زنجیره‌های زور، زر و تزویر و بازار مکاره سیاست و قدرت قرار نگیرند و نقش هدایتگری و روشنگری در جامعه داشته باشند. فرهنگیان هزاره که باید در فراز و فرود مسایل سیاسی اجتماعی با مردم شان همدم و هم‌صدا باشند اما برخلاف انتظارات اجتماعی هزاره

سکوت و خاموشی نفرت‌انگیزی را پیشه ساخته‌اند (۱۵)

خصلت غیر دموکراتیک نهاد های سیاسی و فرهنگی از نهاد های مذهبی نهادهای غیرمدنی سرایت کرده است. انحصار امور سیاسی، فرهنگی و حتی اقتصادی هزاره توسط رهبران مذهب محور و وابسته به خارج، مطلق العنانی را در همه امور زندگی مردم هزاره تزریق کرده است که آثار و علایم آن نه تنها در افغانستان، حتی در جوامع مهاجر هزاره دیده می شود.

تا امور هزاره دموکراتیزه نشود، مشکلات درونی آن حل نمی شود و این مشکلات به حیث علت و انگیزه قوی کشتار و نسل کشی و خود نسل کشی باقی می ماند.

پیامد های خصلت غیر دموکراتیک هزاره، نسل جوان را به تملق، آستان بوسی، افرادگوش بفرمان تبدیل کرده، اعتراض، انتقاد و سازندگی را از جامعه برچیده، اختناق فکری، سرکوب دیگراندیشی را تعمیم کرده است.

این بود نکاتی چند در باره پیامد های زیانبار سیاست های جهادمحوری در جامعه هزاره که در هفت نکته مهم تشریح شده، اینک به تشریح نکات مهم ویکتومالوژیک نسل کشی مردم هزاره ادامه می دهیم. نکته دوم بی عدالتی درونی جامعه هزاره است.

بی عدالتی و اختلافات درونی هزاره: محمد جواد صمدی در مقاله تحلیلی اش زیر عنوان « اختلافات درونی مایه بد بختی جامعه هزاره ها» می نویسد: « متأسفانه در طول تاریخ ما از یک سوراخ گزیده شده ایم در زمان عبدالرحمن جابر که قصد سرکوب نمودن هزاره ها را نمود از همین ترفند استفاده کرده و بسیاری از مناطق هزاره جات و خانهای دلسوز و مردمی را توسط یک تعداد افراد خیانت کار و فریب خورده از بین خود هزاره ها سرکوب نمود.» (۱۶)

در دوره حکومت دست نشانده امریکا نمایندگی هزاره توسط احزاب سیاسی جهادی که اکثرا از هزاره های اثناعشری بوده، قبضه شده، به هزاره های اسماعیلیه، هزاره های سنی و هزاره سکولار توجه ای صورت نگرفته است که باعث درز در میان گروه های فرقه ای مردم هزاره شده است.

در رابطه با برادران اهل سنت مسایل بسیار مهم هزاره نهفته است. مسایلی مانند تغییر تدریجی قوم، تغییر زبان هزارگی، هویت زدایی که حالا آنها به خودیابی روی آورده اند. موضوع پذیرش، بازگشت و اتحادآنها با هزاره های

دیگر در فضای عادلانه قابل حل است. نمایندگی سیاسی هزاره در دولت های حامد کرزی و اشرف غنی در این مورد درز عمیق میان فرقه ها و گروه های فکری هزاره را بوجود آورده است. شکاف میان گروه های هزاره در عمل تبارز کرده است که سرکوب خیزش های مردمی در آخرین ماه های حکومت اشرف غنی و کشتار نخبه های اسماعیلی در این دوره ها از خسارات جبران ناپذیر این درز است.

در حقیقت رهبران احزاب جهادی که نمایندگی هزاره در حکومت های وابسته به امریکا را در اختیار داشتند، نتوانستند، عدالت در مسایل درونی مردم هزاره را برقرار کنند، این کار در رسالت آنها در آن دوره های حکومت داری نمی گنجید، زیرا با منافع امریکا و کشور های ذیدخل در افغانستان مطابقت نداشت. این حکومت ها برای ایجاد نفاق ملی ساخته شده بودند و هر حزب و ائتلاف در این دوره ها عنصری از ماشین خودکار نفاق و استبداد بودند.

نهاد سالاری و تورم نهاد ها جامعه هزاره را متفرق ساخته است: نهاد های مردم هزاره در افغانستان و خارج از آن بجای اجرای اهداف موجود در مرام و اساسنامه شان، هر کدام ادعای رهبری جامعه را بسر دارند.

کوشش می کنند که رهبری شان را بالای دیگران به شیوه های غیر دموکراتیک تحمیل کنند و در صورت مقاومت با دسایس و ترور شخصیتی و تکفیر افراد می پردازند و نهاد ها را به آله تشنج تبدیل می کنند.

نهاد های هزاره گاهی آله ای برای کسب شهرت افراد بی نام و نشان و گاهی هم ابزاری برای دستیابی به پول و امتیازات مالی تبدیل می شود.

متاسفانه نهادی سازی در کشور های غربی شکل بزنسی دارد و حتی ثبت نهاد های دینی و مساجد به شکل بزنسی است و مالکان مشخص دارند و نمی توانند مال مردم باشند. این وضعیت مورد سو استفاده افراد منفعتجو قرار می گیرد. نهاد سالاری و تورم نهاد ها جامعه هزاره را آسیب پذیر کرده است.

بازی بر احساسات مردم هزاره توسط روحانیون: پرخاش های رسانه ای و اهانت های مذهبی مانند آخوندی بنام الله یاری. تقسیم کردن انسان ها به نام مذهب و فرقه و مطلق دانستن مذهب در سرنوشت انسان تا حدی که خصومت، نفرت و دشمنی را دامن بزنند، به نفع هزاره نیست.

جلوه کردن برای کشته شدن: عده ای از نهاد هایی که بنام هزاره یا از نام هزاره فعالیت داشته اند، نام گذاری های آنها طوری بوده که اجرا کننده های نسل کشی را تحریک کرده اند. از نهاد های آموزشی مثال می آورم. نام های تحریک کننده مذهبی مانند سیدالشهدأ، موعود، تبیان، کوثر، باقراعلوم، مسجد الزهرا، امام زمان، وغیره داشته اند، مورد تهاجم انتحاری ها قرار گرفته اند. آیا این نام ها با تاریخ و فرهنگ هزاره نزدیکی دارد؟ بیشتر آنها تقلید از کشور های مسلمان همسایه است.

برعکس نام های نهادهای آموزشی بنام های فیض محمد کاتب و لیسهٔ عالی معرفت مورد حمله تروریستان قرار نگرفته، تلفات ندارند و بهترین خدمات را به مردم ارائه کرده اند. اما نام های تحریک کننده مذهبی و تقلیدی تلفات جبران ناپذیر جانی، مالی، مادی و معنوی را بر مردم هزاره وارد کرده است. اگر مالکانِ نهاد های آموزشی به تاریخ مردم هزاره علاقه مند می بودند و غرضِ دیگر نمیداشتند، نام های فیض محمد کاتب، میریزدان بخش، شیرمحمد خان هزاره، احمدشاه نور، درویش علی خان هزاره، ابراهیم خان هزاره، شیرین هزاره، بنیاد خان هزاره و سایر شخصیت های نامدار بهترین گزینه ها برای نامگذاری نهاد های شان بود.

در اخیر باید گفت که هزارها برای گریز از قربانی شدن بدست خود شان و دیگران به آگاهی ملی نیاز دارند. اگر خرد جمعی هزاره ها رشد کند و آگاهی آنها بلند برود، کسی نمی تواند آنها را به قربانی سوق بدهد یا حد اقل خود آنها به پای خود به کشتارگاه های فریبنده مانند مرکز آموزشی تبیان نمی روند و زیر تاثیر تحریکات احساساتی آخوند و رهبر سیاسی منفعتجو نمی روند. از هر کسی کیش شخصیت و «رهبر» دیکتاتور نمی سازند. در نتیجه امور جامعه هزاره، جنبه های دموکراتیک را بخود میگیرد، رهبر انتخابی و پاسخگو بوجود می آید و خطرات نسل کشی کمتر می شود و خود نسل کشی از میان برداشته می شود.

منابع:
۱. برگزاری جمهور به نقل از کتاب الکسی دوتوکویل، «اموکراسی در امریکا»، ۲۵ حمل ۱۳۹۲هخ
۲. سخنرانی فاروق اعظم، چینل یوتیوب، دهم می ۲۰۲۲م،

۳. کنفرانس آنلاین در باره نسل کشی هزار ها در افغانستان توسط سازمان تحقیقات و مطالعات پرسش، ۲۳ می ۲۰۲۲، امریکا

https://www.youtube.com/watch?v=0tU0wZhXwQw&t=37s

۴. صاحبنظر مرادی، بدخشی واستراتیـژی مسـئله ملی وتبـاری درافغانستَان، سایت خاوران، ۱۳۸۸، کابل

۵. سایت فارسی بی بی سی، از ۲۷ جون ۲۰۱۸،

https://www.bbc.com/persian/afghanistan-44618034

۶. داکتر هارون امیر زاده، خیزش هزاره ها در انتخابات پارلمانی و هزاره فوبیا، تارنمای «خراسان زمین»، اول حوت ۱۳۸۹ هخ،

https://www.khorasanzameen.net/php/read.php?id=515

۷. ثنا نیکپی، سخنرانی ها در باب حقوق، سیاست و هنر، تورنتو، ۱۴۰۱ هخ، ص ۴۴-۴۸

۸ همان نویسنده، انتقال جنگ از جنوب به شمال افغانستان، کابل پرس، ۱۸ می ۲۰۱۱م؛

https://www.kabulpress.org/article66411.html

همان نویسنده، شمال و جنوب هندوکش برای کوچی ها نیست، کابل پرس، ۸ اوت ۲۰۰۷م

https://www.kabulpress.org/article485.html

۹. همان نویسنده، جلوگیری از روند دولت سازی، تلاش برای استقرار دسپتیزم دینی در افغانستان و مقاومت ملی و بین المللی در مقابله با آن»، کابل پرس، ۲۵ جولای ۲۰۱۵م

https://www.kabulpress.org/article239833.html

۱۰. ثنا متین یار، ویکتومالوژی انتحار در افغانستان برگه حقیقت از ۲۹ دسمبر ۲۰۱۷م

۱۱. میرغلام محمد غبار، افغانستان در مسیر تاریخ، مطبعه دولتی کابل، ۱۹۶۷م ص ۶۶۶

۱۲. نیکپی پور، هزاره غرق در فاجعه نفاق ذات البینی و قهقرای انزوا از اقوام دیگر، کابل پرس، ۲۱ فبروری ۲۰۱۴م

https://www.kabulpress.org/article191353.html

۱۳. رضا عطایی، هزاره ستیزی و هزاره برای بقا، اطلاعات روز، ۱۵ قوس

۱۴۰۱ هخ

۱۴. نیکپی پور، هزاره غرق در فاجعه نفاق ذات البینی و قهقرای انزوا از اقوام دیگر، کابل پرس، ۲۱ فبروری ۲۰۱۴م
https://www.kabulpress.org/article191353.html

۱۵. عبدالله نگران، فرهنگیان هزاره، خودباختگان بیچاره، سایت طرح نو، ۵ دلو ۱۳۹۵ هخ
http://tarhenaw.com/?p=1632

۱۶.محمد جواد صمدی، اختلافات درونی مایه بد بختی جامعه هزاره ها، برگه «دایمیرداد، ۲۳ مردا ۱۳۹۲ هخ

سخنرانی نهم
تشریح گستردگی اجرا کننده های
نسل کشی و پیچیدگی اشتراک
در جنایت نسل کشی مردم هزاره

۱. تشریح اجراکننده های نسل کشی با مثال جنایت سر بریدن هفت مسافر هزاره در ولایت زابل

۲. پیچیدگی اشتراک در جنایت نسل کشی مردم هزاره در مثال های فاجعه های مرکز فرهنگی تبیان، سرکوب خونین اعتراضات دهمزنگ و مرکز آموزشی کاج.

خواننده های عزیز! اکنون نوبت سخنرانی نهم (تشریح گستردگی اجرا کننده های نسل کشی و پیچیدگی اشتراک در جنایت نسل کشی مردم هزاره) است. یعنی دو موضوع مهم و بی حد پیچیده را مورد بررسی قرار می دهیم که عبارت اند از معرفی اجرا کننده های جنایت نسل کشی مردم هزاره که در عقب خلاهای حقوقی حقوق بین المللی، خلا های علمی و تیوریکی حقوقی و تناقضات فعالیت های نهاد های حقوقی و جزایی دولت ها و نهاد های بین المللی پنهان شده اند و موضوع دوم تشریح نوع اشتراک در جرم است که گاهی اشتراک کننده های جنایت نسل کشی خود را دلسوز قربانیان نسل کشی جا می زنند و در جمع عزاداران نسل کشی اشک تمساح می ریزند، مانند اشرف غنی احمد زی و شرکای وی.

خواننده های گرامی، کوشش خواهم کرد که دو موضوع ذکر شده را در لابلای خلاها و تناقضات حقوقی مورد بررسی قرار داده علت ها و عوامل پیچیدگی ها در این موارد را موشگافی کنم.

تشریح اجرا کننده های نسل کشی مردم هزاره در مثال جنایت سر بریدن هفت مسافر هزاره در ولایت زابل

اجرا کنندۀ جرم کیست؟

اجرا کننده جرم: شخص حقیقی عاقل و سالم است که در صورت ارتکاب عمل خطرناک اجتماعی به سن مسئولیت جزایی رسیده باشد.

شخصیت فزیکی بدون در نظر داشت تعلقیت اجتماعی، مقام دولتی و غیره تعلقیت ها

با تاسف در خلأ هایی که در حقوق بین المللی وجود دارد، عامل جرم نسل کشی تعریف و تشریخ روشن ندارد. اما بنام های هرفرد یا هر کس وغیره از آن یاد می شود.

چهارچوب تیوریک این موضوع در فصل دوم تشریح شده است. اکنون با استفاده از همان چوکات عام مسأله نسل کشی مردم هزاره را بررسی می کنم. قابل یادآوری می دانم که در معرفی اجرا کننده های نسل کشی مردم هزاره در فاجعه خونبار سربریدن هفت مسافر هزاره در زابل، مجبور هستم که واقعیت موضوع را تشریح کنم. نمی توانم همه اشتراک کننده ها را در مطابقت با قوانین و معیار های حقوق بین المللی تشریح نمایم، زیرا خلا ها و تناقضات حقوق بین المللی مانع معرفی همه اجرا کننده های نسل کشی می شود. من مجبور هستم عینیت قضایا را تشریح کنم. این کار را وقتی می توانم که در محدوده های قوانین بین المللی محصور نباشم.

قسمیکه در بخش دوم سخنرانی پنجم تشریح شد، در نومبر ۲۰۱۵ م طالبان مسافران هزاره به شمول زن و کودک را در ولایت زابل گروگان گرفتند و هفت مسافر ساکنان جاغوری را سر بریدند که شکریه تبسم شامل این قربانیان بود.

من در نومبر سال ۲۰۱۵ مقاله ای را تحت عنوان «پاسخ حقوقی به کسانیکه فاجعه زابل را نسل کشی (ژینوساید) نمی دانند»، نوشته بودم که در کابل

پرس نشر شد.

در این نبشته می خوانیم که (آغاز نقل قول) «اجرا کننده های جنایت زابل به مثابه جرم دوامدار نسل کشی مردم هزاره: جرایم مانند کشتار جمعی و سازمان یافته اجرا کننده های زیاد دارد. در علوم حقوق واژه یی بنام «شرکای جرمی» وجود دارد که عموما به سه دسته یا افراد مانند سازمانده یا سازمان دهندگان، کسانی که شرایط اجرای جرم را آماده می سازند و اجرا کننده یا اجرا کننده های جرم تقسیمبندی می شوند.

در جنایت زابل که با قساوت و وقاحت شدید هفت انسان از یک قوم به «جرم» تعلقیت قومی شان سر بریده شدند، هم سه دسته مجرمین وجود دارد. دسته سازمانده و الهام دهنده و طراح آن مافیای جهانی است که مفکوره نابودی مردم هزاره را بنابر تعلقیت قومی و مذهبی شان طرح و اجرای آنرا بطور دوامدار و وقفه یی پلان کرده و بشکل دوامدار و بدون وقفه در عقب اجرای آن قرار دارند و بخاطر اجرای آن شیوه ها، اسلوب های جرمی و تکتیک های نو را طرح و در اختیار شرکای جرمی شان قرار می دهند. همچنان بخاطر اجرای آن منابع مالی و انگیزه های جدید را زمینه سازی می کنند. محیط جرمی ایجاد می کنند، تعصب مذهبی، بنیادگرایی دینی، نفرت و یکدیگرناپذیری را تشویق و تقویت می کنند. مافیای جهانی می توانند کشوری را به محیط جرمی شان تبدیل کنند که افغانستان و پاکستان برجسته ترین مثال های این کار آنهاست. اگر از موضوع دور نشویم، این محیط جرمی به مافیایی جهانی نه تنها ادامه اجرای جرم نسل کشی را ممکن می سازد، بلکه با استفاده از این محیط جرمی جرایم زیاد را به راه می اندازند، مانند تجارت مواد مخدر، قاچاق اعضای بدن انسان، تجارت سکس، پولشویی وغیره.

برمی گردیم به اصل موضوع، جنایت زابل ادامه جرم دوامدار نسل کشی مردم هزاره است که نمی تواند از کشتار هزاره در ابعاد زمانی و مکانی مجزا باشد. هرگاه گروه دزدانی که به طالب و گروه های ساخته شده در خارج برای اهداف مشخص تعلق نداشته باشد، در زابل گروپی از افراد، مردم هزاره را از موتر پایین، دارایی آنها را غارت و خودآنها را بخاطر نابود کردن آثار و مدارک جرمی شان تیرباران می کنند، در این صورت این جرم نسل کشی نیست. زیرا آنها قصد دزدی را داشتند، نزد آنها مهم نبود که قربانیان شان تاجک باشند یا هزاره یعنی قصد کشتن مردم هزاره را نداشتند و خود شان

هم مربوط به گروه هایی که بخاطر اجرای نسل کشی ایجاد شده اند، نیستند. عناصر جرمی نسل کشی در مورد این قاتلین صدق نمی کند.

دسته دوم شرکای جرم کسانی اند که شرایط اجرای جرم را مساعد می سازند ولی در پلان جرمی و اجرای جرم دخیل نیستند. این دسته اجرا کننده ها در جرم قتل هفت انسان در زابل افغانستان عبارت از دستگاه استخباراتی پاکستان (آی اس آی) است که به اجرا کننده ها سلاح می دهد؛ به آنها انگیزه های طرح شده از طرف سازمانده را که تعصب، تبعیض و نفرت است منتقل می سازد، و شرایط فعالیت، اعزام آنها به افغانستان را آماده می کند. مکانیزم این دسته مشترکین جرم در افغانستان هم موجود است که در حلقات حکومتی نفوذ و حضور قابل ملاحظه دارند. مکانیزم افغانستانی اجرا کننده جرم با استفاده از قدرت دولتی کار اجرا کننده ها را آسان می سازند. از آنجاییکه جانب عینی جرم در عمل کردن و یا عمل نکردن (اباورزیدن) تبلور می کند، شرکای افغانستانی جرم زابل، در ابا ورزیدن حلقات حکومتی از وظیفه شان بخاطر رهایی اسیران تبارز کرده است. چنانچه دست و پاچگی حکومت، حین راهپیمایی نمایان شد. حکومت با عجله در مدت دو روز توانست هشت گروگان دیگر را آزاد کند. به یقین که حکومت می توانست این اسیران را نیز آزاد کند، ولی در مدت شش ماه این کار را نکرد. زیرا پلان طوری بوده که این کار را نکند. پس دسته ای که شرایط اجرای جرم را آماده می کند، در داخل حکومت افغانستان موجود است.

در جنایت زابل اجرا کننده های جرم گروه طالبان هستند که این کار اول و آخر آنها نیست. رسانه های غرب و حکومت کابل اذهان عامه را در مورد ارتکاب جرم توسط طالبان منحرف و مغشوش می کنند، تا روند مذاکرات با طالبان خدشه دار نشود. آنها تلاش می کنند که گروه های داعش را در این جرم متهم بدانند.

انگیزه ای که طالبان را در اجرای این جرم قادر ساخته است، تربیه مسلکی آنها در اجرای این کار است که در پاکستان کسب کرده اند. مهمترین انگیزه هایی که به طالبان قابلیت های چون قساوت، بی رحمی، وحشت و دهشت را می دهد؛ تعصب مذهبی، اکسترمیزم دینی، تعصب و تبعیض قومی است که در خانواده و محیط زیست شان نه، بلکه در اردوگاه های و مدارس پاکستان در مغز و ذهن شان ترزیق شده است. اگر مسایل روانی اجرا کننده های

جنایت زابل را بررسی کنیم، آنها ظاهرا انسان های سالم هستند، ولی در این جا علم حقوق از تغییرات معجزه آسای مناسبات انسان ها و کشور ها بسوی دسیسه، نفرت و مظاهر منفی به عقب مانده است. از طرف دیگر ادبیات مافیایی جهان توانسته است که خلای علمی را ایجاد نمایند.

شناسایی اجراکننده های جنایت زابل بطور اخص و معرفی جرایم مربوط به نسل کشی هزاره ها در افغانستان بطور عام، آنقدر پیچیده است که در هنجار های کلاسیک علم نمی گنجد. معیار برای اجرا کننده جرم اینست که انسان عاقل و بالغ باشد و سن معین را نظر به جرمی که در قانون درج است تکمیل کرده باشد و از اجرا و نوع جرم آگاه باشد و عمدا آنرا اجرا کرده باشد. در این جا انسانی که با تریاک بنیادگرایی، تعصب دینی و تبعیض و نفرت قومی به وحشی و دهشت افگن تبدیل شده باشد، یا فکر کند که با اجرای ذبح کردن هزاره به جنت می رود و مالک (حور و عین) ؛ «شرابٌ طهورا» و جوی شیر می شود. آیا این اجرا کننده انسان سالم و عاقل است؟ اجرا کننده های حقوق و عدالت بین المللی که اکثرا ابرقدرت ها می باشند، مصروف دسایس استخباراتی هستند، مایل نیستند که این خلأِ علمی و حقوقی را پر کنند که آیا طالب هزاره کش و یا افراد انتحاری می توانند انسان سالم و عاقل باشند؟ به باور من به صفت حقوقدان چنین افراد مثلا انتحاریها، مجریان حقوقی جرم نیستند، ابزاری اند که مورد استفاده قرار می گیرند. پس جنایت کار اصلی کسانی، گروه هایی یا کشور های اند که این ابزار های خطرناک را تولید کرده اند.

در اخیر به کسانی که جنایت زابل را به صفت جرم نسل کشی نمیشناسند، پاسخ من از اینست که جنایت زابل نسل کشی علیه مردم هزاره بنابر تعلقیت آنها به قوم هزاره و آیین تشیع می باشد که ایجادگر مفکوره های جرمی، الهام دهنده و تهیه پلان های استراتیژی آن یعنی مافیایی جهانی بخاطر حفظ منافع مالی شان در منطقه است که افغانستان نقطه مهم آنست. شرکای جرمی در زمینه سازی و آماده ساختن شرایط برای اجرای جرم حکومت پاکستان و دستگاه استخباراتی «آی اس آی» ، حلقات حکومتی افغانستان تا سطح مقامات بالایی، گروه ها و احزاب سیاسی فاشیست مانند حزب افغان ملت و شخصیت های دلال (لابی) طالبی که در مقامات بالایی حکومت طالبان کار کرده اند، می باشند.

چیزی که این جرم را در جنایت نسل کشی شامل می سازد، تغییر ناپذیری عناصر جرمی، دوامدار بودن جرم و تداوم قصد جرمی است که همچنان ادامه دارد. این جنایت وقتی ختم می شود که بالا ترین مقام آن که عبارت از مفکوره پردازان، الهام دهندگان و استراتیژیست های این جنایت، به ادامه جرایم شان خاتمه بدهند، تغییر پالیسی کنند، پشیمان شوند یا سیستم شان در سطح جهانی برهم بخورد.

خواننده عزیز! میدانم که در این نوشته چیز های نو وجود دارد که بنابر خصوصیتش شاید تناقضاتی به نظر آید و شاید هم درک آن برای بسیاری خواننده ها مشکل باشد. مثلا: شاید اکثریت قاطع خواننده ها در قضیه جنایت زابل تنها اجرا کننده های طالبی آنها را بشناسند و در شناخت شرکای حکومتی، منطقوی و جهانی آن شک و تردید های داشته باشند، حق دارند زیرا خلای علمی، خلا در قانون، خلا در قدرت و خلاهای زیادی که مشکل جهانِ امروز ماست که گروه های مافیایی منافع شان را در ادامه خلأ ها حفظ می کنند. حقایق در ابهام باقی می ماند، جنایتکار تنها اجرا کننده معلوم می شود، سازمانده و مفکوره پردازان، زمینه سازان و محرکین جرم و کسانی که از جرایم نفع می برند، نه تنها شناسایی نمی شوند، بلکه به صفت اجرا کننده عدالت و ناجی قربانیان ظاهر می شوند.» (پایان نقل قول) (۱)

دوم: پیچیدگی اشتراک در جنایت نسل کشی مردم هزاره در مثال فاجعه های تبیان، دهمزنگ و کاج.

اشتراک در جرم چیست؟

مشارکت عمدی دو یا چند نفر در ارتکاب جنایت عبارت از اشتراک در جرم است.

در کشور های مختلف دیدگاه های گوناگون در باره اقسام شرکت کننده در جرم وجود دارد. در افغانستان شرکت در جرم را معاونت در جرم می گویند که قانون جزای افغانستان در این مورد سرسری نگریسته است. در قانون جزای المان دو نوع شرکت مادی و معنوی در نظر گرفته شده است. عمیقترین دیدگاه در این مورد را قانون جزای روسیه دارد که شرکت کننده را بر چهار دسته ی مجری، سازمانده، محرک و شخص زمینه ساز اجرای جرم تقسیم کرده است.

مثال حقیقی را از یک قضیه قتل در دوره حکومت اشرف غنی می آورم. اسناد این جنایت در نهاد های قضایی افغانستان بدون فیصله باقی مانده و کاپی آن نزد من موجود است. مثال اینست: الف به منصور می گوید که حسن ترا دشنام داده است. منصور پلان ترور حسن را برنامه ریزی می کند. اسلوب جرمی را با ضربه زدن با کارد تعیین می کند. مقدار پول را به عزیز مهماندار میدهد. عزیز پول را یکجا با موقعیت و معلومات کامل حسن، توسط فریدالله به عبدالقهار میدهد تا به سید آقا و عبدالقدوس، انتقال کند. سید آقا و عبدالقدوس در نیمه شب حسن را در خانه اش ترور می کنند. در این مثال منصور سازمانده جرم، سید آقا و عبدالقدوس اجرا کننده های جرم، الف محرک جرم و عزیز مهماندار، فریدالله و عبدالقهار کسانی اند که جرم را زمینه سازی کرده اند.

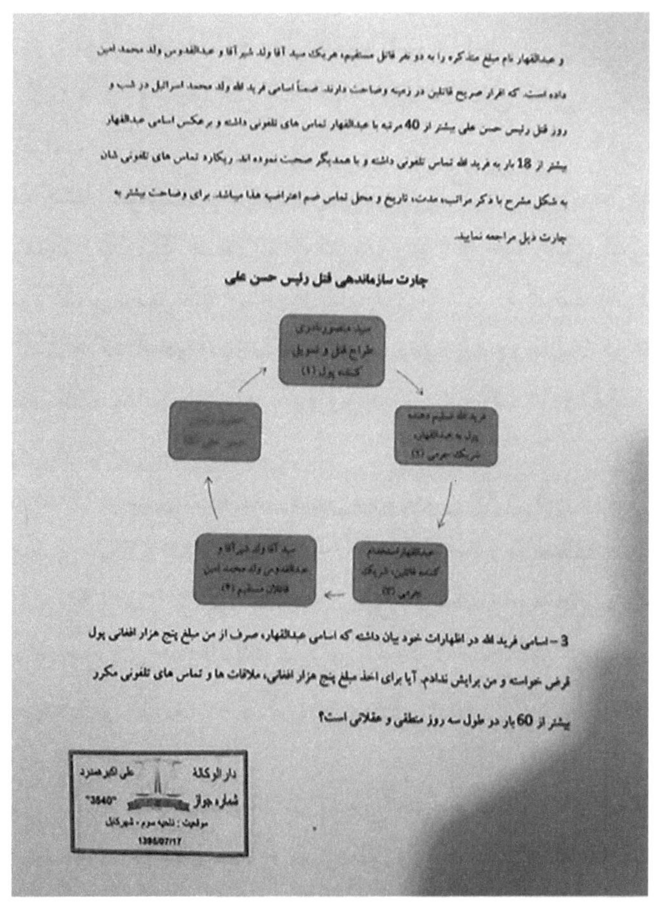

و عبدالقهار نام مبلغ مذاکره را به دو نفر قاتل مستقیم، هریک سید آقا ولد شیر آقا و عبدالقدوس ولد محمد امین داده است که اقرار صریح قاتلین در زمینه وضاحت دارند. ضمناً اسامی فرید الله ولد محمد اسرائیل در شب و روز قتل رئیس حسن علی بیشتر از ۴۰ مرتبه با عبدالقهار تماس های تلفونی داشته و بر عکس اسامی عبدالقهار بیشتر از ۱۸ بار به فرید الله تماس تلفونی داشته و با همدیگر صحبت نموده اند. ریکارد تماس های تلفونی شان به شکل مشرح با ذکر مراتب، مدت، تاریخ و محل تماس ضم اعتراضیه هذا میباشد. برای وضاحت بیشتر به چارت ذیل مراجعه نمایید.

چارت سازماندهی قتل رئیس حسن علی

۳ - اسامی فرید الله در اظهارات خود بیان داشته که اسامی عبدالقهار، صرف از من مبلغ پنج هزار افغانی پول قرضی خواسته و من برایش ندادم آیا برای اخذ مبلغ پنج هزار افغانی، ملاقات ها و تماس های تلفونی مکرر بیشتر از ۶۰ بار در طول سه روز منطقی و عقلانی است؟

منصور رهبر یا سازمانده جرم زمینه سازان را چند حلقه ای ساخته بود، تا در صورت افشای جرم یکی از آنها را بکشد یا پنهان نماید تا اسناد و مدارک جرمی به شخص خودش نرسد، چنانچه عزیز مهماندار و عبدالقهار بعد از اجرای قتل به خارج اعزام شدند.

در اعتراضیه انجمن مستقل و کلای مدافع افغانستان در باره قضیه قتل رئیس حسن علی نوری، چارتر قاتلین و اشتراک کننده های جرم قرار ذیل به محکمه معرفی شده است.

۱. سید منصور نادری طراح قتل و تمویل کننده پول

۲. فرید الله تسلیم دهنده پول به عبدالقهار شریک جرمی

۲. عبدالقهار استخدام کننده قاتلین شریک جرم

۳. سید آقا ولد شیر آقا و عبدالقدوس ولد محمد امین قاتلان مستقیم

اکنون در پرتو این تعریفات و مثال ها، شرکت در نسل کشی مردم هزاره را بررسی، گستردگی و پیچیدگی اشتراک در جنایت نسل کشی مردم هزاره را تشریح خواهیم کرد.

سه فاجعه کشتار هزاره ها را برای بررسی انتخاب کرده ام، فاجعه کشتار در مرکز فرهنگی تبیان که با علایم ویکتومالوژیک و خود نسل کشی همراه است، در کشتار دهمزنگ اشتراک نهاد های امنیتی حکومت اشرف غنی موجود است و کشتار در آموزشگاه کاج در دوره حضور طالبان در «قدرت» انجام شده است. مقایسه این سه قضیه پیچیدگی اشتراک در جرم نسل کشی را به خوبی نشان می دهد.

فاجعه «مرکز فرهنگی تبیان» در کابل: هفتم جدی ۱۳۹۶ هجری خورشیدی حمله انتحاری گویا داعش در مرکز فرهنگی تبیان واقع در منطقه هزاره نشین ۵۲ کشته و ۹۰ زخمی را بجا گذاشت. این گردهمایی به مناسبت سالگرد هجوم قوای شوروی به افغانستان برگزار شده بود. مالک مرکز شخصی بنام سید عیسی حسینی مزاری است که رتبه مذهبی حجت الاسلام و المسلمین را از ایران گرفته است.

سید عیسی با استفاده از مقام و القاب مذهبی خود مردم هزاره را جمع آوری کرده تا بعد از ده ها سال خروج قوای شوروی در حالی که افغانستان زیر

تجاوز مستقیم امریکا قرار دارد، سالگرد تهاجم شوروی را تقبیح کند که در این وقت این اقدام وی کاملا ناموجه است.

حالا اشتراک در جنایت را در کشتار خونین مرکز فرهنگی تبیان بررسی می کنیم.

اجرا کننده در این جنایت گروه داعش معرفی شده است. کسیکه هزاره ها در گردهمایی جمع آوری کرده در حقیقت جنایت را زمینه سازی کرده است.

رهبر جنایت به گمان اغلب نهاد های غیر مدنی در کشور خارجی است. جنبه ویکتومالوژیک این جنایت بر گردن اشتراک کننده های گردهمایی است که به پای خود شان برای کشته شدن آمده بودند. کشور هایی که برای بی ثبات سازی افغانستان در آن وقت کار میکردند، نفاق ملی را در افغانستان دامن میزدند. کشتن هزاره شیعه توسط داعش سنی بهترین راه نفاق و خصومت ملی بود. پس احتمال قوی شرکت هر دو جناح ذیدخل در پروژه نفاق ملی افغانستان، امریکا و ایران موجود است. سازمانده جرم استخبارات کشور های امریکا، ایران و پاکستان اند. از آنجاییکه گروه داعش در اختیار امریکا قرار دارد، شرکت نهاد های استخباراتی امریکا در اینجا بی مورد نیست. تامین امنیت وظیفه مسولان موسسه فرهنگی تبیان و حکومت افغانستان است که هر دو وظایف شان را انجام نداده اند. مسولان مرکز تبیان و حکومت افغانستان با ابا ورزیدن از تامین امنیت اگر عمدی بوده یا بی احتیاطی، در هردو صورت زمینه ساز اجرای جرم شده اند.

رهبران احزاب جهادی هر کدام برای حفظ خود شان از وسایل زره یی و ضد مرمی استفاده می کردند و صد ها محافظ و افراد مسلح داشتند باید در تأمین امنیت مسایل آینده ساز جامعه مانند آموزش و پرورش توجه جدی می کردند، آنها این دَین و رسالت شان را ادا نکردند. آنها می توانستند در پیشگیری از وقوع جنایت نسل کشی تاثیر گذار باشند که نبودند.

خواننده های عزیز! شرکت در فاجعه تبیان آنقدر پیچیده و مغلق است که افراد، نهاد ها، حکومت ها و حتی رفتار ویکتومالوژیک قربانیان و بی تفاوتی مسولان نهاد های سیاسی و امنیتی هزاره هم شامل این پیچیدگی می شوند.

پیچیدگی اشتراک در جرم در فاجعه دهمزنگ: فاجعه کشتار دهمزنگ

توسط داعش (طالبداعش) با همکاری نهاد های امنیتی افغانستان به سرپرستی حنیف اتمرصورت گرفت که ۸۰ کشته و ۲۳۱ زخمی بجا گذاشت. بهترین نخبه ها و فعالین مدنی، کارمندان رسانه ها از مردم هزاره قربانیان این کشتار جمعی بودند. کشتار دهمزنگ نه تنها کشتار هزاره ها بلکه نابودی کلی یک جنبش برای عدالتخواهی بود.

اجرا کننده های این فاجعه ظاهرا «داعش» معرفی شده است.

مشترکین این جنایت هولناک افراد، نهاد ها و کشور هایی اند که ابزاری بنام داعش را ساخته اند. اگر پیدایش طالب، داعش و القاعده را مورد بررسی دقیق قرار بدهیم، دیده می شود که در عقب آنها کشور های بزرگ مانند امریکا و کشور های اسلامی منطقه چون پاکستان عربستان سعودی و غیره قرار دارند.

مطالعه روند ایجاد، پرورش دادن، آماده سازی، انسان زدایی، اعزام و اداره آنها تا اشتراک مستقیم در جنایت نسل کشی مردم هزاره بسیار جالب است که پیچیدگی اشتراک در جنایت نسل کشی را به اثبات می رساند. بطور مثال: طالبان در پاکستان و داعش در عراق، سوریه و کشور های عربی پرورش داده شدند و بعد از طی مراحل دقیق انسان زدایی و ترزیق احساس تعصب و نفرت قومی و مذهبی به افغانستان فرستاده شدند. حلقات استخباراتی در داخل حکومت های حامد کرزی و اشرف غنی احمدزی آنها را در جا های سری نگهداری و به محل جنایت سوق میدادند. طالب و داعش اجرای جنایت نسل کشی مردم هزاره را به همکاری نهاد های استخباراتی و امنیتی عملی می کردند.

اگر مسئله اشتراک در جنایت نسل کشی مردم هزاره را بطور مشخص در فاجعه دهمزنگ در نظر بگیریم، اجرا کننده ها افراد داعش، سازمانده و رهبر جنایت نهاد های استخباراتی کشور های که داعش را برای اجرای جنایت نسل کشی پرورش داده اند و وظایف آنها را که اجرای نسل کشی در افغانستان است، مشخص کرده اند، تا منافع دور مدت سیاسی، نظامی و اقتصادی کشور های شان را با ریختاندن خون قربانیان نسل کشی تأمین کنند و کسانی یا گرو های قومی و مذهبی که برای منافع دور مدت آنها موانع

خواهند بود، از میان بردارند.

صحنه ای از فاجعه دهمزنگ که به علت دلخراش بودن آن در رسانه نشر نشده است.

نهاد های استخباراتی و امنیتی پاکستان و افغانستان با نگهداری، سوق دادن و اجرای نسل کشی زمینه ساز شریک جرم هستند.

محرک جنایت مافیای جهانی الیگارشی مالی اند که برای اجرای سیاست تغییر جغرافیا، استفاده از ذخایر معدنی کشور ها، تجارت مواد مخدر و غیره در مورد هر کشور، منطقه و جهان، حکومت های کشور های بزرگ را به اجرای این کار مکلف می سازند.

تناقض و پیچیده گی اشتراک در جرم نسل کشی مردم هزاره در آنست که نمی توان مشترکین جنایت را با اشتراک در جرم متهم کرد. حتی یادآوری از این

حقیقت برای بسیاری ها خنده آور است، زیرا ذهنیت عامه مردم جهان بدست آنها است. قوانین و حقوق بین المللی نیز توسط آنها ساخته شده و نظم کنونی جهانی بشکل آشکار در اختیار این روند قرار دارد.

تحلیلگران و رسانه ها بویژه رسانه های اجتماعی حنیف اتمر رئیس شورای امنیت اشرف غنی را رهبر و سازمانده در فاجعه دهمزنگ دانسته اند. زیرا حکومت اشرف غنی از توسعه روزافزون تظاهرات و اعتراضات مردم هزاره در کابل، ولایت های افغانستان و سراسر جهان در هراس بود که مبادا اعتراضات سراسری شود و حکومت غنی سرنگون گردد.

خواننده های عزیز! در این جا لازم می بینم که متن صحبت هایی را که در ویدیو کلیپ این سخنرانی موجود است، نیز پیشکش نمایم. صحبت اول از «تلویزیون انترنیتی افغانستان» است که متن آن قرار ذیل است: «در اینجا به چند اتهام از سوی افراد و گروه های مشخص اشاره می کنم که مدعی هستند محمد حنیف اتمر با صلاحیت هایی که در دست دارد به جنایت های تروریستی از طریق گروه های هراس افگن دست زده است. احمد بهزاد عضو پارلمان و عضو شورای عالی جنبش روشنایی، امنیت ملی افغانستان را متهم به دست داشتن در بمگذاری دوم اسد ۱۳۹۵ کرد. جنبش رستاخیز تغییر نیز که در اعتراض با افزایش نا امنی در افغانستان تشکیل شده بود، خواستار برکناری وی بود. ظاهر قدیر نماینده مردم ننگرهار در پارلمان و عبدالکریم متین والی اسبق پکتیکا و غزنی حنیف اتمر را متهم به داعش سازی و حمایت از داعش در افغانستان کرد. عبدالرشید دوستم معاون اول ریاست جمهوری افغانستان حنیف اتمر را متهم با تلاش و تبانی در ترور خود در حمله طالبان به نیروهای وی در ولسوالی غورماچ ولایت فاریاب افغانستان کرده بود.» (۲)

متن پاسخ ظاهر قدیر نائب پارلمان افغانستان که در باره انتقال افراد داعش در ولایت ننگرهار از وی پرسیده شده بود، قرار ذیل است. «من در پارلمان هم روی این بسیار بحث کردیم و بعضی از اسناد «ها» را ارائه کردیم، خودیت فکر کن که طیاره میشینه(نشست میکند) در منطقه ای که هیچ ضرور نیست. در سیاه کوه که رفتن بسیار مشکل است، مگر طیاره بسیار به آسانی نشست می کند. جالب چیست؟ حکومت می گوید طیاره از ما نیست، جامعه بین المللی می گوید طیاره از ما نیست، طیاره کرایی است. آخر مردم فیصله کردند که اگر طیاره نشست کرد، ما همرای سنگ ، همرای مرمی

و همرای راكت، همرای هر چیزی می زنیم. چرا كه طیاره بی صاحب همتو ملك بی صاحب بود، حالا طیاره هم بی صاحب است.» (۳)

پیچیدگی اشتراك در جرم در فاجعه مركز آموزشی «كاج»: هشتم میزان ۱۴۰۱ هجری خورشیدی: حمله انتحاری طالبداعش در مركز آموزشی كاج واقع در دشت برچی كابل ۵۳ كشته و ۱۱۷ زخمی بجا گذاشت. از آنجاییكه در این فاجعه دانش آموزان نو جوان كشته شدند، بر سخنان فاروق اعظم كه در بخش چهارم سخنرانی پنجم تشریح شد، مكث كنیم، این موضوع پیچیدگی اشتراك در جرم و شكل گیری اجرای جرم حتی در ذهن یك «دانشمند» را نشان می دهد كه خود در جرم اشتراك ندارد اما ذهن و افكارش الهام دهنده جرم است. هدف من از تكرار این مثال موجودیت جوانب ذهنی جرم نسل كشی در ذهن كسانی است كه مفكوره های شان به فاكتورهای نسل كشی كمك می كند و به شكل نامحسوس و نامرئی مشترك جرم می شوند. گرچه اتهام اشتراك در جرم در اینجا ناممكن است. پدیده های ذهنی جرمی باعث تحرك جرمی می شود و به پدیده مادی و عملی تبدیل می شود، اما چون عامل كسی دیگری است، نمی توان كسی را از مفكوره اش شریك جرم قلمداد كرد. زمانی كه فاروق اعظم در باره كثرت اشتراك هزاره ها در كانكور شمولیت در دانشگاه، در نشستی كه اشرف غنی و شورای امنیت وی حضور دارند، با انزجار شدید می گوید: « تر قیامته تحمل كیژی نه»، عدم تحمل آن در فاجعه های مانند كاج تبارز می كند. زیرا در آنجا صد ها نوجوان هزاره برای كانكور شمولیت در دانشگاه آماده می شدند كه به خاك و خون كشیده شدند. این همان عدم تحمل افراد مانند فاروق اعظم است كه دولت و نهاد های تروریستی و افراد انتحاری را در اختیار دارند. پس شركت در اجرای نسل كشی مردم هزاره نه تنها در عمل جرمی، بلكه در شكلگیری جرم هم نقش خود را دارد.

برمی گردیم به موضوع اشتراك در جنایت نسل كشی در فاجعه كاج. ویژگی فاجعه جنایت كاج در آن است كه در زمان «حكومت» طالبان انجام شده است.

یادآور می شوم، زمانی كه طالبان به تسلیمی افغانستان از دست خلیلزاد آماده می شدند، وقوع جنایات نسل كشی مردم هزاره را كه توسط انتحار و انفجار انجام می شد، مسوولیت آنرا افراد گروه داعش به عهده می گرفتند. این

یک آمادگی ذهنی بود که طالبان به «قدرت» آورده می شوند، نمی توانند جنایت را به دوش بگیرند، به همین علت بجای طالبان، برادر دیگرش داعش مسئولیت انتحار و انفجار را بدوش می گرفتند. به همین علت اجرا کننده های جنایت نسل کشی در آموزشگاه کاج گروه داعش معرفی شد.

اشتراک در این جنایت باز هم مانند جنایت در دهمزنگ پیچیدگی هایی دارد. رهبر، سازمانده و محرک آن یک مرجع است.

زمینه سازی اجرای جرم توسط استخبارات طالبان و پاکستان انجام شده است. بی احتیاطی مسوولان آموزشگاه کاج در تأمین امنیت نیز تا حدی ویکتومالوژیک است.

اکنون مرور کوتاهی به مشترکین هر سه فاجعه می کنیم.

اجرا کننده های جنایت در هر سه فاجعه طالب یا داعش یا هردو یکجا هستند. یعنی افراد انتحاری اعضای طالب یا داعش.

رهبر، سازمانده و محرک در هر سه فاجعه همانا مافیای جهانی است که استخبارات کشور های غربی را در کنترول دارند.

زمینه سازان جرم در هر سه فاجعه یعنی مرکز فرهنگی تبیان، فاجعه دهمزنگ و مرکز آموزشی کاج، نهاد های امنیتی و استخباراتی پاکستان و افغانستان با توافق کامل با حکومت های بر سر اقتدار افغانستان هستند.

سوال : پیچیدگی اشتراک در جنایت در کجا است؟

یکی از پیچیدگی ها در جرم نسل کشی آن است که آیا افراد انتحاری اجرا کننده های جرم اند یا نهاد هایی که آنها را برای اجرای جرم آفریده اند؟ اگر فرد انتحاری عضو گروه داعش یا طالب اجرا کننده باشد، آیا وی برای از میان برداشتن هزاره ها مرتکب جنایت شده اند، یا با انگیزه رسیدن به زیبارویان بهشت؟

اگر قصد فرد انتحاری رسیدن به دختران بهشت باشد، پس عنصر ذهنی اجرای جنایت در این جا وجود ندارد. از سوی دیگر در روند پرورش شخص انتحاری شستشوی مغزی شده و در مراحل روانی انسان زدایی او به موجود وحشی ناقص عقل تبدیل شده که نمی تواند دارای عقل سالم و قدرت تصمیم گیری باشد.

اگر علوم و تجارب حقوقی و علمی ثابت کند که انتحاری انسان سالم نیست، پس این ابزاری است که نه تنها اجرا کننده، حتی اشتراک در جرم هم در

مورد آن مطابقت ندارد.

پس چرا حقوق بین المللی در قرن بیست و یکم آنقدر گنگ و متناقض ناقص است که تا حال نتوانسته است یا نخواسته است زشت ترین پدیده ضد بشری، یعنی انتحاری را مورد بررسی دقیق موشگافانه قرار داده و موقف حقوقی و شخصیت وی را در قضایای حقوقی و قضایی مشخص بسازد.

بعد از معرفی پیچیدگی اشتراک در جنایت نسل کشی مردم هزاره، اکنون به تشریح فاکتور های می پردازیم که در شرکت جرم نقش نامرئی دارند که عبارت از بی تفاوتی جامعه (اقوام) و خاموشی نهاد های حقوقی و قضایی در برابر اجرای جنایت است.

بی تفاوتی اقوام در نسل کشی مردم هزاره بمثابه اشتراک خاموشانه در جنایت نسل کشی: بی تفاوت سازی اقوام دیگر در برابر قوم قربانی از مراحل روانشناسی نسل کشی است که در سخنرانی اول به تفصیل تشریح شده است. در اینجا زمانی که حرف از اشتراک در جرم سخن زده می شود، باید همه عوامل، زمینه ها و زمینه سازی های که اجرای جنایت نسل کشی را آسان می سازد، در خور توجه قرار بگیرد. از دید حقوقی و قانونی نمی توان مردم را متهم کرد که چرا علیه اجرای جنایت نسل کشی ایستادگی نکرده اند. تنها جنبه اخلاقی و مدنی موضوع می تواند مورد بحث باشد که در سطح نتیجه گیری و بررسی خلاصه خواهد شد. یعنی نتیجه گیری ما در مورد اقوام شامل یک ملت تکمیل می شود که نتوانسته اند، سایر اقوام از نسل کشی یک قوم جلوگیری کنند. نتیجه ما این خواهد بود که ملت مذکور در سطح نازل مدنی و فرهنگی قرار دارد و نمی تواند برای بقایش مقاومت کند یا مقاومت آن با وارد شدن عوامل خارجی درهم کوبیده شده است.

جنبه مهم بی تفاوت سازی اقوام یک کشور در برابر اجرای نسل کشی یک قوم، شناسایی عاملین بی تفاوت سازی است که به مثابه ساختار اجرای نسل کشی عمل می کند و زمینه های اجرای جنایت را در دورمدت مساعد می سازد. زمینه سازی بدون شک اشتراک در جرم است. همچنان محرک هم از اشتراک کننده های جرم است که در اجرای نسل کشی مردم هزاره محرکین افغانستانی، منطقوی و جهانی وجود دارند. امیدوارم خواننده های عزیز با شنیدن این نکات ملتفت شده باشند که اشتراک در جنایت نسل کشی مردم هزاره چقدر پیچیده و چند لایه ای است.

خاموشی نهاد های قضایی بین المللی به مثابه اشتراک غیر مستقیم در اجرای نسل کشی: در باره نقایص نهاد های قضایی بین المللی و تناقض و خلأهای عمدی در کار آنها در سخنرانی سوم زیر عنوان «تناقض و خلا های حقوقی در حقوق بین المللی، بویژه در حقوق جزای بین المللی» تشریحات گسترده داده شد. در اینجا این نواقص، تناقضات و خلاهای عمدی که زمینه های تبارز جنایت نسل کشی را مساعد می سازد و بعد از اجرای جنایت نهاد های قضایی جهانی خاموشی اختیار می کنند، در حقیقت نوعی توافق آنها در اجرای جنایت نسل کشی مردم هزاره را نشان می دهد. اگر چنین چیزی در حقوق بین المللی دیده نمی شود یا گنجایش ندارد، حد اقل از دید منطقی و علمی باید مورد بررسی قرار بگیرد و در ادبیات علمی تعریف و تشریح شود. در بخش تئوریکی علوم حقوق، اصلی وجود دارد که جرم عبارت از اجرای عمل خلاف قانون یا ابا ورزیدن از کاری که باید اجرا می شد، اجرا نشده است، میباشد. مادری برای کشتن فرزندش به وی شیر نمی دهد و فرزندش از گرسنگی میمیرد، شیردادن وظیفه اش است، با عدم اجرای وظیفه مرتکب جنایت قتل می شود.

نهاد های قضایی و جزایی بین المللی موظف و مکلف اند که اجرای نسل کشی را بررسی کند، اجرای آنرا به رسمیت بشناسد و مرتکبین جنایت نسل کشی را مجازات کنند. اما نهاد های مذکور در برابر ادامه نسل کشی مردم هزاره که مدت ۱۳۰ سال ادامه دارد، خاموش هستند. آنها در اجرای وظیفه شان برای جلوگیری از نسل کشی مردم هزاره ابا می ورزند. کارمندان نهاد های قضایی و جزایی جهانی از به زبان آوردن واژه نسل کشی در مورد نسل کشی هزاره ها خود داری می کنند.

کاربرد واژه ها توسط کارمندان و مسولان نهاد های قضایی جهانی، مسولان حقوق بشر و نهاد های ملل متحد با ادبیات دیپلوماتیک و استخباراتی کشور های غربی مطابقت دارد.

مسولان نهاد های قضایی و جزایی بین المللی، کارمندان حقوق بشر و سازمان ملل متحد از واژ های تعیین شده بجای واژه نسل کشی مردم هزاره استفاده می کنند که همآهنگی و همخوانی کاربرد واژه های تعیین شده توسط افراد نهاد های نامبرده تصادفی نیست. آنها برای گریز از به رسمیت شناختن نسل کشی مردم هزاره از این مفاهیم مبهم استفاده می کنند:

ـ «هزاره ها در خطر نسل کشی قرار دارند.» در اینجا با بکاربرد واژه «خطر» پیش از نسل کشی می خواهند موجودیت واقعی نسل کشیِ ۱۳۰ ساله را کمرنگ نشان بدهند.

ـ «هزاره ها ناپدید شده اند»،

ـ «اعدام های صحرایی هزاره ها»،

ـ «کشتار هدفمند هزاره ها»،

ـ «آزار و اذیت هزاره ها»

ـ «با هزاره ها بد رفتاری می شود.»

بیننده های عزیز! حین شنیدن صحبت های مسولان نهاد های جهانی و با مطالعه دقیق اسناد مربوط به حقوق بین المللی می توانند به این حقیقت پی ببرند.

در اینجا موضوع آنقدر پیچیده می شود که ما در قانون و حقوق،آنها را به اجرا یا اشتراک در جنایت نسل کشی متهم کنیم. مشکل است که عمل یا ابا ورزیدن از عمل آنها را اشتراک در جنایت نسل کشی دانست. زیرا آنها دیوار های بزرگ دفاعی حقوقی و «بی حقوقی» برای جلوگیری از متهم شدن شان ساخته اند که عبور از آنها دشوار و ناممکن است.

در نتیجه می توان گفت که مجریان میکانیزم جرمی در نسل کشی مردم هزاره در افغانستان، کشور های منطقه و جهان، فعال اند. این میکانیزم از نظم غیر عادلانه جهانی آب می خورد که در سخنرانی سوم به قدر کافی تشریح شده است.

گستردگی اجرا کننده ها و اشتراک در جنایت نسل کشی مردم هزاره آنقدر پیچیده و گسترده است که شناسایی آنها کار دشوار می باشد.

خواننده های گرامی حق دارند بدانند که علت این پیچیدگی در چیست و با وجودیکه بشر به انقلاب بزرگ علم و تکنالوژی رسیده، چرا این پیچیدگی ها حل نمی شوند؟

در فرجام سخنرانی نهم یادور می شوم که اجرا کننده ها و مشترکین جنایت نسل کشیَ در افغانستان آنقدر گسترده و پیچیده است که با هیچ نسل کشی در جهان در امتداد تاریخ قابل مقایسه نیست.

خواننده های عزیز! این بود گفتنی های سخنرانی نهم «تشریح گستردگی اجرا کننده های نسل کشی و پیچیدگی اشتراک در جنایت نسل کشی مردم

هزاره». سخنرانی دهم « گستردگی جنبه های حمایت خارجی از نسل کشی مردم هزاره» است. موضوعی که نمی خواهند در باره آن چیزی بگویند. اما من بی باکانه این موضوعات را تشریح کرده ام و تشریح خواهم کرد.

منابع و مأخد

۱. ثنا نیکپی، «پاسخ حقوقی به کسانیکه فاجعه زابل را نسل کشی (ژینوساید) نمی دانند»، کابل پرس، ۱۴ نومبر ۲۰۱۵م، /https://www.kabulpress.org article239949.html

۲. تبصره «تلویزیون انترنیتی افغانستان» که جز سخنرانی ویدویی است.

۳. متن پاسخ ظاهر قدیر نائب پارلمان افغانستان با تلویزیون آشنا که در باره انتقال افراد داعش در ولایت ننگرهار از وی پرسیده شده بود. این متن جز ویدیوی این سخنرانی است.

سخنرانی دهم
گستردگی حمایت خارجی نسل كشی مردم هزاره

۱. حمایت خارجی در عقب نسل كشی مردم هزاره توسط امیر عبدالرحمن

۲. حمایت خارجی نسل كشی مردم هزاره در دوره حكومت های مجاهدین

۳. حمایت خارجی نسل كشی هزاره ها در دوره امارت اول طالبان

۴. حمایت خارجی نسل كشی مردم هزاره در دوره های حكومت های حامد كرزی و اشرف غنی احمدزی

۵. حمایت خارجی نسل كشی هزاره ها در دوره امارت دوم طالبان

موضوع اول: حمایت خارجی در عقب جنایت امیر عبدالرحمن

حمایت خارجی از نسل كشی مردم هزاره گسترده است و همه عرصه های مربوط به جنایت نسل كشی را در بر میگیرد كه در اقدام عملی كشور های خارجی در بی تفاوتی آنها، در خاموشی آنها از جنایات، در حمایت مستقیم آنها از اجرا كننده های نسل كشی مردم هزاره تبارز كرده است. نكاتی چند از حمایت خارجی از نسل كشی مردم هزاره را در دوره حكومت امیر عبدالرحمن قرار ذیل بررسی می كنیم.

عبدالحی حبیبی در كتاب «تاریخ مختصر افغانستان» نوشته است: «انگلیسها چون مستقیماً نتوانستند درافغانستان پای محكم كنند، بنابر آن به سردار عبدالرحمن خان بن امیر محمد افضل خان كه درتاشكند فراری بود توسل كردند... و او را بشرط قبول اطاعت درسیاست خارجی وعده تقویه دادند. دولت هند برتانوی نیز امیر را تقویه كرد ودر سنه ۱۸۸۰ م به اوپنج لكك روپیه نقد باچند صد توپ وچندین هزار تفنگ داد وهر سال ۱۸۰۰۰ پوند امداد میكرد...» امیر درشكرانه این همه حمایت وامداد انگلیس ها به حكمران هند برتانوی نوشته است: «در صورتیكه من مانند حكومت كبیر شما، دوست داشته باشم، چطور می شود بدون اندرز و دستور شما با قوه دیگری مراوده نمایم.»(۱)

حمایت بی دریغ انگلیس برای ایجاد یك حكومت متمركز خونین زیر قیادت امیر عبدالرحمن خان نه تنها موجب سركوب اقوام مختلف در افغانستان شد،

بلکه تهداب سرکوبگری توسط حکومت های دودمانی و قبیله ای را اساس گذاشت که تا امروز از خارج حمایت می شود. این پالیسی خارجی موجب نابودی بیش از ۶۰ در صد نفوس هزاره و ادامه نسل کشی آنها شد که تا امروز ادامه دارد.

حیدرعلی جاغوری در کتاب «هزاره ها و هزارستان باستان در آئینه تاریخ» چاپ اول ۱۳۷۱ هجری خورشیدی می نویسد: «...بدینترتیب انگلیسها رفتند، اما برای از میان برداشتن ساکنین اصلی این سرزمین و خاصه هزاره ها آنچنان که سرخ پوستان را در قاره امریکا و سیاه پوستان را در قاره افریقا به نابودی و بردگی کشیدند در این ساحه نیز به مزدور نقابدار شان عبدالرحمن وظیفه دادند تا مردم بومی این سرزمین (هزاره ها) را نابود و برعکس از اقوام و قبایل دیگر در آن مناطق اسکان گزین سازد.» (۲)

در کتاب مذکور همچنان آمده است که «انگلیس ها تیراندازی و خنجرزدن پیکارجویان هزاره را در جگدلک پروان و دیگر نقاط فراموش نه کردند، آنان شکست قوای شان را در میدان میوند توسط شیران هزاره چون جنرال شیرمحمد خان و دیگران همواره بیاد داشتند و منتظر فرصت بودند تا اینکه به رهبری مزدوران نقابدار خود به خوبی انتقام گرفتند.

امیر سفاک در سال ۱۸۸۰ م تصمیم تسخیر هزاره جات را بدستور انگلیس ها در مزارشریف گرفت.»(۳)

همین کتاب به نقل از کتاب «سراج التواریخ» و «افغانستان در مسیر تاریخ» می نویسد: «عبدالرحمن در دوره ورود به ترکستان سردار تهی دست و غربت زده بود که ۱۲ سال در سمرقند با ۱۵۰ منات روسی زندگی میکرد و بدون اسپ و قمچین چیزی نداشت. اما این تهیدست و غربت زده در مراوده با انگلیس ها بی اندازه دقیق و محتاط بود و رد پای بدست مردم منطقه نمیداد، و رابطه او با افراد مورد اعتماد با انگلیس ها برقرار میگردید. مثلا: در ماه مارچ ـ اپریل ۱۸۸۰م انگلیس ها توسط خواهرش شاه ببو جان به او رابطه میگرفتند این تماس ها کتبی بود، خود عبدالرحمن در کتاب «تاج التواریخ» که منسوب به اوست این روابط را یاد کرده است و در ماه جون همان سال گریفن انگلیسی باز تماس کتبی با او گرفت و جوابیه کتبی دریافت کرد و در این جوابیه عبدالرحمن گفته بود که خود به کابل میرسد.» (۴)

همچنان به قدرت آوردن امیر عبدالرحمن در صفحه های ۶۳۹-۶۴۲ کتاب

«افغانستان در مسیر تاریخ» نیز تشریح شده است.

داکتر اجرالدین حشمت در کتاب «افغانستان قبل از مشروطیت» امیر عبدالرحمن را به مثابه ناجی اردوی انگلیس از کوه پایه های افغانستان خوانده است. (۵)

عبدالرحمن در صفحه ۱۹۱ کتاب خود بنام «سفرنامه و خاطرات امیر عبدالرحمن خان» نامه تملق آمیز و جاسوس منشانه اش به نماینده انگلیس را نشر کرده است که متن نامه قرار ذیل است: «اینجانب سردار عبدالرحمن خان به دوست محترم خود گریفین صاحب نماینده دولت بریتانیای عظمی سلام فراوان می رساند، از وصول مراسله محبت آمیز شما و از اینکه وارد قته غن شده ام اظهار مسرت فرموده اید مشعوف گردیدم. در جواب سوالی که مرقوم داشته بودید که از روسیه چه قسم حرکت نموده ام و اراده من از این اقدام فقط این است که در این پریشانی و اشکالات زیاد از ملت خود همراهی نمایم، زیاده والسلام.»(۶)

کریم پیکار پامیر در کتاب «استبداد امیر عبدالرحمن خان و اثرات منفی آن بر جامعه افغانستان" نشرشده در تورنتوی کانادا، نامه چاکرمنشانه امیر عبدالرحمن خان را مورد بررسی قرار داده می نویسد : «بنابران نامه عبدالرحمن خان به صراحت بیان میدارد که وی چقدر در برابر اربابان انگلیسی خویش کوتاه آمده، تا کدام اندازه غرور مردم افغانستان را شکستانده، و چه مقدار کرنش در برابر دشمن متجاوز از خویشتن نشان داده و چطور با زبونی و صراحت آشکار خودش را در عین خیزش پیروزمندانه مردم، دربست در خدمت استعمار خارجی قرار داده و چسان بدون اندکترین احساس شرم، از ارباب انگلیسی اش می خواهد که در باره من نوکر در بار خداوند به پروان رسیده ام فکر کند و روی همین ذلت و زبونی بود که انگلیس ها با ارسال نامه آتی و تضمین کتبی او را به حیث امیر بر شانه های استخوانی مردم افغانستان سوار می کنند.» (۷)

تاریخ گواه است که عبدالرحمن به حمایت انگلیس به قدرت رسید و همه اقدامات وی به دستور انگلیس ها انجام می شد. استقرار حکومت متمرکز و نسل کشی مردم هزاره نیز نمی تواند خارج از دستورات و اراده انگیس ها باشد. بعد از دوره خونین امیر عبدالرحمن در دوره های امیر حبیب الله خان، امان الله خان استبداد با شیوه های خاموشانه تری مانند جابجایی ناقلین در

مناطق غیر پشتون ادامه داشت که قربانی این روند بیشتر هزاره ها و ازبیک ها بودند. در دوره های محمد نادرشاه و محمد ظاهر شاه مردم هزاره در محرومیت از سهمگیری در امور سیاسی، محرومیت های تحصیلی به سر می بردند که ناشی از تاثیرات میراث شوم امیر و باداران خارجی اش بود. در باره حمایت خارجی در این دوره ها در بخش هفتم سخنرانی پنجم برمی گردیم.

حمایت خارجی نسل کشی مردم هزاره در دوره حکومت های مجاهدین

نسل کشی آشکار و گسترده هزاره ها در دوره حکومت مجاهدین آغاز شد. از آنجایی که مجاهدین در خارج از افغانستان خلق شده بودند، عملکرد آنها نیز نمی تواند بدون منافع کشور های خارجی باشد. در زمان مجاهدین هزاره کشی آنقدر شدید شد که گویا رهبران جهاد کشتار هزاره ها را به اجاره گرفته اند و از کشتار هزاره کمک مالی بدست می آورند. جنگ های حزب جمعیت اسلامی افغانستان و حزب وحدت اسلامی افغانستان در کابل به کشتار گسترده هزاره ها منجر شد که فاجعه خونین افشار از نمونه های این جنایات است.

جنگ های داخلی مجاهدین در سال های نود میلادی، جنگی بود که در عقب آن اهداف خارجی قرار داشت. جنگ گاهی میان گروه های ساخته پاکستان و ایران (هفتگانه و هشتگانه) و گاهی هم در داخل هر گروه میان افراد و گروهک های داخلی هفتگانه یا هشتگانه شدت می گرفت وتلفات بجا می گذاشت. جنگ ائتلاف سیاف و حزب جمعیت با حزب وحدت اسلامی جنگ میان هفتگانه و هشتگانه بود، اما جنگ گلبدین و حزب جمعیت جنگ در داخل گروه های هفتگانه ساختۀ پاکستان بود. در حقیقت قوم کشی در مغز این گدیگک ها حین آفرینش شان در خارج جاسازی شده بود.

پس قتل عام هزاره ها فاکتور های قوی خارجی نیز دارد.

بایددانست که کشور های منطقه مانند پاکستان، ایران، عربستان سعودی و حتی چین در تقویت بنیادگرایی و تروریزم تنها نبودند، کشور های غربی از جمله ایالات متحده، دست بالایی در ایجاد و تقویت بنیادگرایی دینی داشتند و دارند.

کریم پیکار پامیر در کتاب «نقش خونین پاکستان در تراژیدی افغانستان» که

در اکتوبر ۲۰۱۴ در تورنتوی کانادا نشر شده، می نویسد: «مقام های امریکایی بمنظور جذب، پرورش و ارسال مسلمانان افراطی به افغانستان حتی در خود ایالات متحده گشایش نمایندگی های مخصوص اسلامی را اجازه داده بود. مثلا: در منطقه بروکلین شهر نئویارک یک مرکز جلب افراطیون مسلمان بنام «الکفا» بوجود آمد که در سال ۱۹۸۲ م توسط شخصی بنام مصطفی شالایی مصری از دوستان نزدیک عبدالله عزام گشایش یافت. گفته می شود که تعداد بیشتر از بیست مرکز اسلامی به عین منظور در سراسر امریکا تاسیس گردید که حتی میدان های نشان زنی و تمرینات نظامی بنام «های راک» در حومه «کنتیکت» در اختیار داشتند و همه آنها را مقامات امریکایی تمویل می کرد. چنانچه نشریه «تایم» در ماه جون سال ۱۹۸۴م نوشت که «صدها تن از نیرو های بومی در پایگاه های سازمان «سیا» در گوشه و کنار امریکا دوره های آموزش خود را با موفقیت به اتمام رسانیده و اکنون جهت کسب تجارب بیشر نظامی مشغول در گیری با روس ها میباشند» (۸)

چنگیز پهلوان در کتاب «افغانستان، عصر مجاهدین و برامدن طالبان» به قول نشریه لوموند دیپلوماتیک می نویسد: «پاکستان از همان آغاز تاسیس در ۱۹۴۷م با افغانستان مسئله داشته است. حضور طالبان در کابل بمعنای آن بود که برای نخستین بار گروهی در کابل به قدرت رسیده بود که دست نشانده پاکستان به حساب می آمد. از طرف دیگر محور تازه ای در منطقه تقویت می گشت که مفسر لوموند آنرا محور پاکستان ـ واشنگتن نام نهاد است.» (۹) خواننده های عزیز! اجاره کننده های جنایات ضد بشریت و نسل کشی مردم هزاره همین افراد تربیه شده در قلب امریکا بودند که یکجا با افراطیون دینی کشور های دیگر افغانستان را به خاک و خون یکسان کردند و جلو این روبت های گوشتی(انتحاری ها) هم بدست امریکا بود.

سرشت، ماهیت و پیدایش مجاهدین کاملا خارجی است. کشور های بزرگ غربی برای پیاده کردن برنامه های هژمونی شان ابزار های را بنام های القاعده، مجاهد، طالب، داعش وغیره را خلق کردند و صلاحیت استفاده از این ابزار ها را بدست خود شان گرفتند. گرچه این حقیقت انکارناپذیر است، اما برای اثبات آن چند ویدیو کلیپ و عکس هایی را پیشکش می کنم .

ترجمه مختصر کلیپ ویدیویی هیلاری کلینتن در باره حمایت از بنیاد گرایان دینی در افغانستان. متن ترجمه: «مردمانی که امروز می جنگند ما بیست سال

پیش تمویل می كردیم. زیرا ما با اتحاد شوروی در مقابله بودیم كه به افغانستان تجاوز كرده بود. ما نمی خواستیم كه آنها آسیای مركزی را مدیریت نمایند. ما با رئیس جمهور ریگن و در تبانی با دموكرات ها مجاهدین افغان را به انواع تجهیزات جنگی مجهز كردیم. از عربستان سعودی كمك های مالی و انسانی گرفتیم و اجازه دادیم اسلام وهابی در افغانستان رشد كند، تا بتوانیم شوروی را شكست دهیم. البته موفق هم شدیم.»

كتاب «فاجعه قرن ما» نوشته محمد یوسف و ماركك ادكین معلومات و اسناد دست داشتن استخبارات پاكستان آی اس آی و سازمان استخباراتی امریكا سی آی ای در عقب مجاهدین را به وضوح بیان كرده است كه جهاد افغانستان بخاطر انتقام گرفتن امریكا از روسیه از جنگك ویتنام بوده است.

خواننده های عزیز! گروه های افراطی دینی چه مجاهد باشد یا طالب، القاعده باشند با داعش؛ سرشت مشتركك دارند. من در كتاب خود «پلان سه مرحله ای كشور های غربی در افغانستان» كه در جولای ۲۰۱۷ در تورنتوی كانادانشر شد، ماهیت، پیوستگی و سرنوشت این گروه ها را تشریح كرده بودم.

در كتاب مذكور آمده است كه « كوتاه فكری خواهد بود اگر مجاهد، القاعده، طالب و داعش را پدیده های كاملا مجزا و متضاد با یكدیگرشان بدانیم، ولو اگر آنها یكی با دیگر در مخالفت و جنگك هم قرار داشته باشند. این گروه ها باهم تشابهاتی دارند كه سرشت و سرنوشت آنها را با یكدیگر شان پیوند میدهد. تشابه آنها درآنست كه هر كدام از یك منبع بوجود آمده(محصولات یك ماشین اند.)، از یك دست اداره می شوند، باوجودیكه هر كدام در مراحل ویژه برای اجرای رسالت خاص و تعیین شده روی صحنه

سیداحمد گیلانی و رنالد ریگن

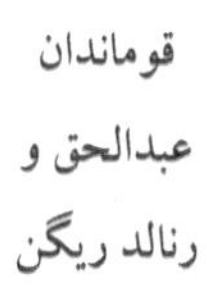

قوماندان عبدالحق و رنالد ریگن

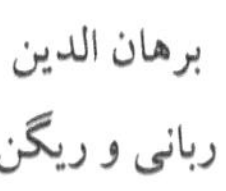

جلال الدین حقانی و رنالد رنالد ریگن ترجمان: زلمی خلیل زاد

برهان الدین ربانی و ریگن

رهبران جهادی افغانستان با رنالد ریگن رئیس جمهور سابق امریکا

آمده و از صحنه خارج شده اند، باز هم به نحوی از انحا در اطراف و اکناف پروژه بزرگ و پیچیده دولت جهانی (استبداد جهانی) باقی مانده اند.

اگر القاعده و داعش بیشتر از طالب و مجاهد بمباران می شوند، مربوط به پیچیدگی وظایف و موقعیت آنها در داخل ماشین جنگ و دسایس است. کاربرد این چهار گروه در افغانستان نشان می دهد که ایجادگران و اداره کننده های این گروه ها از این مخلوقات (محصولات) شان به کرات منفعت می برند. مثلا: مجاهد برای از بین بردن دولت زیر حمایت شوروی، کاشتن تخم نفاق و ترویج بنیادگرایی دینی ، تخریب و غارت دارایی های دولتی و اجتماعی و شخصی به «قدرت» آورده شد. القاعده و طالب برای عمیق ساختن بنیادگرایی دینی و مساعد ساختن حمله نظامی امریکا به افغانستان، به «قدرت» رسید. همزمان با آن دولت و مجاهدین نیز حفظ گردید و دو باره مورد استفاده قرار گرفت. همچنان با محروم نگهداشتن طالبان از «قدرت»، بازی جنگ میان «دولت» و طالبان در چند دهه، طالب را به داعش پیوند دادند. کار ماشین جنگ، استبداد و دسیسه آنقدر مغلق است که رهبران دست اول همه گروه های ذکر شده عضو یک دستگاه اند، ولی صفوف این گروه ها در سخت ترین جنگ نابودگر با یکدیگر شان قرار دارند.

گرداننده های ماشین جنگ در جهان، هم پروسه جنگ، هم روند «صلح» و هم اکمال، تقویت و گسترش ساحه تاثیرات جنگ را اداره می کنند و از هر کدام نفع جداگانه می برند.

پس هر برنامه سیاسی و اجتماعی که توسط این گروه ها عملی گردد، به نفع جامعه و کشور نیست. از جمله کار کشور های غربی در امور حکومتداری و دولت سازی توسط این گروه صادقانه نبوده، بازی های است که جز کار پروژه بزرگ دولت جهانی می باشد.» (پایان نقل قوی)، (۱۰)

پس مسئول همه اقدامات این گروه ها، صاحبان آنها اند.

حکومت های مجاهدین از آغاز تا انجام مظهر نفاق، خصومت قومی و اجرای نسل کشی بودند. در دوره های حکومت های مجاهدین بار اول کشتن قوم توسط قوم علنی و رسمی انجام شد. این حکومت ها آغازگر قوم کشی بودند که جنگ های کابل در سال های ۱۹۹۲- ۱۹۹۶، قتل عام افشار، جنایات بین التنظیمی از مثال های انکار ناپذیر آن است که ما خود شاهد آن بودیم.

نسل کشی مردم هزاره در حکومت های مجاهدین بعد از یک سده نسل کشی

خاموشانه، تدریجی و نامعلوم؛ حالت تشدیدی و آشکار را بخود گرفت. جنگ های رسول سیاف و شورای نظار با حزب وحدت اسلامی از بدترین نمونه های قوم کشی و نسل کشی است. در این دوره نه تنها دو طرف جنگ یکدیگر را می کشتند، بلکه افراد ملکی و غیر تنظیمی را از شهر و بازار جمع آوری و در کانتینر ها آتش می زدند و زنده می سوختاندند. این جنایات هولناک جزء روندی بود که کشور های غربی در رأس امریکا می خواستند افغانستان را تا جایی بکشانند که اکنون قرار دارد. مجاهدین از حلقات زولانه ای بودند که افغانستان را به آن بسته می کردند که کردند.

حمایت خارجی نسل کشی هزاره ها در دوره اول امارت طالبان

سایت فرانسوی آر اف آی (RFI) در باره کشتار هزاره ها در دوره اول طالبان که در ۲۵ اکتوبر ۲۰۲۲ نشر شده، می نویسد: « کشتار هزاره‌ها پس از تسلط طالبان بر افغانستان در سال ۱۳۷۶ الی ختم دوره اول حکومت شان بصورت گسترده ادامه داشت. این گروه در جنگی که به قصد تصرف شهر مزار شریف در سال ۱۳۷۷ به راه انداخت، از سوی رهبرشان اجازه داشتند تا سه روز پس از تصرف شهر، به هر جنبنده ای که در مناطق هزاره نشین دیده میشود، شلیک نموده و به قتل برسانند. این قتل عام که تا سه روز ادامه یافت، بین ۲۰۰۰ تا ۱۰۰۰۰ نفر کشته در پی داشت که اکثریت قربانیان آن را مردم هزاره تشکیل می دادند. در فردای واقعه وحشتناک سقوط شهر مزار بدست طالبان، ملاعبدالمنان نیازی از طریق رسانه‌های داخلی و خارجی اعلام کرد، هزاره ها سه راه بیشتر ندارند: ترک وطن، کشته شدن و یا تغییر مذهب.» (۱۱) موضوع تغییر مذهب یک برنامه خارجی است که در یمن و بعضی از کشور ها به شدت ادامه دارد.

به گفته منان نیازی گویا هزاره ها حق زندگی دارد، اگر مذهب شان را تغییر بدهند. در حالیکه جنگ های مجاهدین در کابل و در دوره حکومت طالبان هزاره ها را فقط از روی چهره شان می کشتند. سردسته های گروه های قاتل برای کشتن هزاره ها در دوره اول طالبان می گفتند، ما برای تشخیص و کشتن هزاره ها به اسناد ضرورت نداریم، زیرا بینی آنها برای ما اسناد است. بهر صورت منان نیازی دستور دقیق باداران خارجی اش را که هزاره و تشیع مانع منافع شان است و باید از میان برداشته شوند، اجرا میکرد.

برای اثبات این مدعا بیایید چند مثال را از پنج کشور: یمن، عربستان، بحرین، عراق، عربستان سعودی، و پاکستان در باره از میان برداشتن شیعیان مرور کنیم.

یمن: در یمن شیعیان که اکثریت ساکنان بومی کشور را می سازند، سالها از سهمگیری در قدرت سیاسی محروم بوده، زمانی که کشور های غربی متوجه شدند که بحران سیاسی در یمن به نفع شیعیان در چرخش است، ائتلافی را به سرکردگی عربستان سعودی رویکار آوردند و ملت یمن را از راه جنگ و نفاق ملی به خاک و خون کشانیدند که هدف اساسی آنها جلوگیری از قدرت سیاسی شیعه است. در عقب این تجاوز خونین امریکا قرار دارد. (۱۲)

عربستان سعودی: در عربستان سعودی مهد وهابیت، شیعیان نه تنها به قدرت راه ندارند، بلکه با راه اندازی انفجار و انتحار آنها مورد تهدید قرار می گیرند که یکی از مثال های آن کشته شدن ۲۲ نفر و زخمی شدن ۱۰۲ نفر در ۲۲ می ۲۰۱۵ در نتیجه انفجار در مسجد شهرک القدیح از توابع شهرستان القطیف عربستان سعودی توسط داعش است. (۱۳)

بحرین: «در خیزش بزرگ مردمی ۱۴ فوریه ۲۰۱۱ در بحرین که به «روز خشم» معروف شد، اعتراض ها تا مارچ ۲۰۱۱ ادامه پیدا کرد که به کشته شدن حداقل ۳۵ نفر از جامعه شیعیان بحرین منجر شد و حتی پادشاه بحرین برای خاموش کردن این قیام سعی کرد از ارتجاع منطقه و حتی داعش استفاده کند.»(۱۴)

عراق: «در عراق مهد تمدن شیعه با ظهور صدام حسین کشتارهای وسیعی توسط حزب بعث انجام شد. در سال ۱۹۹۱، ۳۰۰ هزار نفر از شیعیان توسط حسین کامل و طه یاسین رمضان به دستور صدام کشته شدند.»(۱۵)

پاکستان : «در ۱۹۸۰ کمک های تسلیحاتی به گروهک تروریستی دیوبندی که با شعار پاکسازی از عناصر ناپاک در اسلام به وجود آمد نمونه هایی از شقاوت این گروه برای از بین بردن مذهب شیعه در کشور پاکستان است. لشگر جنگوی که یک گروه تروریستی است کارنامه ای از جنایت بر علیه شیعیان پاکستان دارد.» همچنان تاسیس سپاه محمد وابسته به ایران که در مقابله مسلحانه با لشکر جنگوی که جنگ نیابتی میان عربستان سعودی و ایران را پیش می برند که پیامد آن ادامه نسل کشی هزاره های شیعه مذهب است. «در سپتامبر ۲۰۱۱ تعدادی از شیعیان پاکستانی که عازم سفر به ایران برای

زیارت اماکن مقدس بودند در ایالت بلوچستان توسط این گروه تروریستی ربوده شدند و ۲۶ نفر از شیعیان به درجه رفیع شهادت نایل آمدند.»(۱۶)

بعضی از تحلیلگران به این باورند که الگو شدن رژیم ایران در جهان تشویش کشور های غربی را فراهم کرده و با استفاده از ابزار دست ساخته شان یعنی داعش و طالب و سایر گروه های مذهبی تشیع را از میان برمی دارند. گرداننده های نظم جهانی کنونی در اجرای برنامه های شان در تعیین سرنوشت بشریت، تشیع را مانع کار شان می دانند.

حمایت خارجی نسل کشی مردم هزاره در دوره های حکومت های حامد کرزی و اشرف غنی احمدزی

آیا خلع سلاح یک طرفه هزاره ها توسط ملل متحد گواه روشن آسیب پذیر ساختن هزاره ها در مقابل گروه های مسلح جنگی در افغانستان نبود؟

آیا رهبران هزاره و ملل متحد پیامد خلع سلاح یک جانبهٔ یک قوم را نمی دانستند؟!؟ چرا خلع سلاح همگانی و افغانستانشمول نبود؟

این حقیقت انکارناپذیر می رساند که حتی نهاد های جهانی از جمله ملل متحد در آسیب پذیری و تضعیف هزاره ها و قربانی ساختن آنها سهیم بوده اند. نهاد های که چون ابزاری بدست کشور های غربی بودند.

گروه های مسلحی که هزاره ها را می کشند همواره مورد حمایت امریکا بوده و این کشور در روند به قدرت آوردن آنها نقش قاطع داشته است. در صورتیکه امریکا مجاهد، طالب، داعش و گروه های افراطی ایجاد کرده و تا رسیدن به قدرت آنها را همرایی کرده و قدرت آنها را حمایت نظامی و مالی کرده، آیا عملکرد آنها را تنظیم نمی کند؟ پس امریکا با نسل کشی مردم هزاره توسط گروه های نامبرده موافق بوده و آنها را برای اجرای سیاست تغییر جغرافیا در منطقه استفاده می کند. قربانی پالیسی تغییر جغرافیا مردم هزاره است. این امر بر گستردگی حمایت خارجی نسل کشی مردم هزاره تاکید می کند.

پرورش و آماده سازی افراد انتحاری در خارج از افغانستان و جهت دادن آنها به اهداف مشخص مربوط به هزاره جنبه ها و علت ها و عوامل خارجی دارد. من در ۲۱ م جون ۲۰۰۵ بعد از نخستین انتحار در افغانستان که در قندهار اجرا شد، مقاله ای را زیر عنوان خود کشی با هدف سیاسی» در «نشریه

آفتاب در تبعید» و در سپتمبر ۲۰۱۱ در برگه کابل پرس نشر شد. در تشریح عوامل خارجی انتحار مقاله مذکور شرح می دهد که «خودکشی هایی که در کشور های تحت اشغال و در حال جنگ بوجود آمده است، از نقطه نظر هدف، علل، عوامل و مشخصات دیگر با خودکشی عادی متفاوت است. در شرایط جنگی و وضع خارق العاده ناهنجار جهانی که همه چیز با تکفیر «تروریزم» نکوهش می گردد، این پدیده نیز با «تروریزم» مغشوش و مخلوط گردیده و کسی نمی خواهد یا نمی تواند آنرا به حیث یک پدیده بسیار نو، دلچسپ و قابل پژوهش بشناسد. من لازم دانستم اصطلاح جدید فرضی را بنام (خودکشی با هدف سیاسی) برگزیده به تشریح این پدیده جدید بپردازم. امید وارم در آینده این پدیده مورد شناسایی بیشتر قرار گیرد و اصطلاح دقیقتر از آنچه که من بکار برده ام بوجود آید.

در مقاله مذکور آمده است: "خودکشی با اهداف سیاسی، محصول محرومیت های اجتماعی ، سیاسی و تضاد های عمیق تمدنی و دینی است که در کشور های تحت اشغال بیگانه ظهور نموده است. در شرایط کنونی مهد خودکشی با هدف جرمی یا عمل انتحاری با بم، سرزمین عرب فلسطین ، عراق و چیچین روسیه می باشد. محروم ساختن از تعیین سرنوشت سیاسی ، سرکوب، تهدید، دوام جنگ ، بی ثباتی ، نفاق ، بی باوری و نفرت مکانیزم جدید را در روان، کردار و پندار و اخلاق جامعه پدید می آورد. تداوم نارسایی های فوق مکانیزم نفرت را نیز تشدید می بخشد. همه راه های دستیابی به آزادی و خودگردانی از راه های معقول مسدود می گردد . آرزو ها ، دردها و خواست های مردم که به مکانیزم خطرناک تبدیل شده راه حلش را به شیوه های قهر آمیز باز می نماید. علل و عوامل واکنش های قهرآمیز با عکس العمل سرکوبگر و نابود کننده پاسخ داده می شود و این کار با یک چرخش دورانی وضع را وخیم تر می سازد ، نفرت عمیقتر می شود و زمینه های قهر، انتقام و توسل به زور بیشتر می گردد . زورمندان بطور عمدی در رفع علل و انگیزه های این معضله نمی پردازند ، بلکه باعث تقویت آن می گردند.» (۱۷)

پس انتحار یک پدیده عادی نیست، مراحل پیچیده را طی می کند که مرحله انسان زدایی را انجام دهند، مصارف گزاف کار دارد، تربیت، نگهداری و سوق دادن آن را تنها نهاد های استخباراتی دولتی می توانند انجام دهند.

انتقال افراد آدمکش و انتحاری گروه داعش از سوریه و عراق به افغانستان

کار ساده نیست که طالبان این کار را انجام دهند. از فاکت انتقال اعضای داعش از عراق و سوریه به جلال آباد و بعد از آن انتقال آنها به ولایت های شمال افغانستان، با وسایل عادی و حتی توسط طیاره های ملکی ناممکن است. آنها با طیاره های نظامی انتقال داده شدند. پرورش آنها در عراق و سوریه، انتقال آنها به افغانستان، جابجایی آنها به اراضی ناآشنا، اکمالات لوژستیکی و نظامی آنها کار یک کشور نیست، اگر دولت افغانستان و دولت صادرکننده تروریسم باهم تشریک مساعی نمی داشتند.

پس نسل کشی در افغانستان حامیان زیاد دارد که باید بدانیم.

صدور فتوای کشتار هزاره ها توسط مولوی های مربوط به استخبارات خارجی، مبین گستردگی حمایت خارجی نسل کشی مردم هزاره است که نباید از آن چشم پوشی شود. اسناد نشر شده در ویکی لیکس ثابت ساخت که ۲۱ میلیارد و ۹۸ میلیون مورد صحبت تلفونی شهروندان افغانستان مورد شنود کارمندان استخبارات امریکا قرار گرفته است. من این ارقام را در کتاب خود «تحلیل تخصصی قانون اساسی افغانستان در ۲۰۱۸ نشر کرده ام. (۱۸) خاموشی آشکار و ننگین نهاد های بین المللی در مقابل جنایات بزرگ نسل کشی در دو دهه دوره های حکومت دست نشانده کشور های غربی افاده روشن حمایت آنها از اجرا کننده های نسل کشی است. مسئولان نظامی چهل کشور غربی در افغانستان از کشتار روزمره و کشتار های مهیب، حرفی در باره نسل کشی را به زبان نیاوردند. نهاد های بین المللی مانند «یوناما»، نمایندگی اتحادیه اروپا، سفارتخانه های کشور های غربی تماشاگر خاموش بیست سال نسل کشی در افغانستان بودند. در دوره حکومت حامد کرزی و اشرف غنی احمد زی، دسیسه سازی و سرکوب نیرو های ضد تروریستی مثال های انکار ناپذیر است . سرکوب جنبش های خیزش مردمی مخالف طالب، مانند سؤ قصد تروریستی عبدالرشید دوستم، سرکوب علی پور در بهسود، ترور جنرال رازق در قندهار یکی پی دیگر حمایت از تروریسم و اجراکننده های نسل کشی بود.

بزرگترین فاکت آشکار حمایت از تروریسم و اجرا کننده های نسل کشی سازش امریکا با طالبان و تسلیمی برنامه ریزی شده افغانستان به آنها بود. در نتیجه می توان گفت که اجرا کننده های محلی تروریسم نمی توانند به جنایت شان ادامه بدهند اگر از پشتیبانی گسترده کشور های خارجی

برخوردار نباشند. زیرا هر رژیم خون آشام و متمرکز دست نشانده امریکا بعد از یک دهه، ناچل و فرسوده می شود و جای آنرا رژیم مترقی و مدرن تر می گیرد، اگر بدیل آن قبلا توسط امریکا آماده نشده باشد. دو بار به قدرت آوردن مجاهدین و دو بار به قدرت آوردن طالبان توسط امریکا اثبات انکار ناپذیر این امر است.

حمایت خارجی نسل کشی هزاره ها در دوره دوم امارت طالبان

طالبان در دوره دوم امارت اسلامی شان با قربانیان نسل کشی از احتیاط کار می گرفتند، قسمیکه می گویند «دروغگو حافظه ندارد»، چندین بار به کشتار هزاره ها پرداختند که برجسته ترین آنها قرار ذیل است.

– فاجعه کاج که طالبان را در سطح جهانی رسوا و منزوی و باداران خارجی شان را که مصروف آماده سازی ذهنیت مردم جهان برای به رسمیت شناختن طالبان هستند، شرمسار ساخت.

– روز پنجشنبه، ۳ قوس ۴۰۰۱ هجری خورشیدی قتل عام اعضای دو خانواده هزاره در دایکندی به دست طالبان انجام شد. یک نفر سر بریده شده و ۱۱ نفر دیگر پس از بازداشت و شکنجه، تیرباران شدند. در این حادثه، چهار نفر بازداشت و ناپدید شده‌اند. این افراد اعضای دو خانواده امین الله مالی و محمد امین جعفری بودند که در روستایی در مرکز دایکندی زندگی می کردند. در آخرین گزارشات در این حادثه ۱۴ نفر به شمول زن و کودک و نوجوان جان های شان را از دست دادند. عکس از این جنایت در سخنرانی ششم است.

ـ طالبان در ۵ سرطان ۴۰۰۱ هجری خورشیدی در منطقه‌ی «دهن چهار آسیاب» ولسوالی لعل‌وسرجنگل ولایت غور در یک «عملیات» در ولسوالی لعل‌وسرجنگل، محمد مرادی، فرمانده‌ی پیشین خیزش مردمی و پنج نفر دیگر اعضای خانواده و یک نفر مهمان وی را کشتند.

ـ کشتار در بلخاب ولایت سر پل به بهانه قضیه مولوی مهدی یگانه طالب هزاره تبار (عکس از این جنایت در سخنرانی ششم است.)

ـ کشتار عزا داران عاشورا در ولایت غزنی که جنایت بالای جنایت است.

باید دانست که کشتار خانواده های فرماندهان خیزش مردمی نه تنها ادامه نسل کشی است، بلکه جنبه قوی سیاسی دارد. زیرا طالبان و باداران خارجی شان نمی خواهند که خیزش مسلحانه از دیگر اقوام وجود داشته باشد، همانطوریکه

اشرف غنی مزدور و جاسوس خارجی خیزش های مردمی را تا آخرین روز های حکومتش، بی رحمانه سرکوب می کرد. بی جا نیست بگوییم که این دستور هم به غنی و هم به طالبان از یک منبع خارجی است.

کوچ اجباری اقوام غیر پشتون، بویژه هزاره ها نیز بدون ارتباط با برنامه های دور مدت کشور های غربی نیست. کوچ اجباری هزاره در اکثر مناطق و بویژه در مربوطات ولایت های دایکندی، غور، سرپل، هلمند، بلخ و بامیان توسط نهاد های بین المللی ثبت شده و رسانه های معلومات مستند تصویری و ویدیویی را نشر کرده اند که به گونهٔ مثال مطلب نشر شده در یورونیوس را بررسی می کنیم.

قضیه درازمدت ناقلین و سیاست تغییر جغرافیا: یورونیوز می نویسد: «برخی از آگاهان می گویند که سیاست کوچ اجباری طالبان می تواند تداومی بر پروژه ۱۴۰ ساله ناقلان باشد. طبق این سیاست قدیمی، برای یکسان سازی قومی، اقوام از هویت تاریخی و زبانی خود باید دست بکشند و هویت قوم حاکم را بپذیرند و تعدادی از قبایل پشتون به عنوان ناقلان در مناطق شمال افغانستان جابجا شوند و زبان ترکی و فارسی در مناطق حذف می شود و زبان و نام های پشتو به عنوان زبان رسمی جایگزین می شود.» (۱۹)

در این نقل قول از یورو نیوز واژه های یک سان سازی قومی، یک سان سازی هویت تاریخی و یک سان سازی هویت زبانی ذکر شده است. بدون شک در عقب این سیاست ها کشور هایی قرار دارند که خواسته اند هویت و تاریخ هر کشوری را به سود منافع خود شان مهندسی کنند و قرن ها در عقب اجرای پلان دور مدت شان قرار داشته باشند.

پس در عقب این همه بی جاسازی، کوچ های اجباری و تغییر هویت قومی، تاریخی و زبانی حمایت خارجی قرار دارد و اجرا کننده های افغانستانی قابلیت آنرا ندارند که پروژه ای با این بزرگی را در مدت ۱۴۰ سال ادامه بدهند و تحولات تاریخی نتواند در اجرای آن تغییراتی را وارد نماید.

یادآوری من از مثال های ذکر شده به این مفهوم نیست که جنایتِ دیگر در این دوره اجرا نشده است. اما باید یادآور شد که طالبان در این دوره در مقایسه با دوره اول امارت شان از احتیاط کار می گیرند که علت آن برای به رسمیت شناختن امارت اسلامی شان است.

گرچه ادامه نسل کشی مردم هزاره برای به رسمیت شناختن طالبان توسط

کشور های غربی مانعی نیست، با بی شرمی این کار را می کنند. اما آنها از مردم خود می ترسند تا در انتخابات بعدی ذهنیت عامه را به نفع خود شان در اختیار داشته باشند.

در نتیجه، من از مخاطبان عزیز می پرسم که چرا تنها در رژیم های دست نشانده غرب و رژیم های دینی نسل کشی مردم هزاره به اوج خود رسیده و در عدم تاثیرات و دست نشانده های کشور های غربی روند کشتار های جمعی و قتل عام هزاره ها تا حدی خاموش شده است که مثال آن دوره امیر امان الله خان و دوره قدرت حزب دموکراتیک خلق افغانستان است. در این دوره ها کشتار جمعی بدون علت بنام هزاره متوقف شده بود و اگر کشتاری بوده، سرکوب شورش ضد حکومتی بوده، نه کشتار هزاره برای نسل کشی. یعنی اجرا کننده های کشتار نیت سرکوب گویا ضد انقلاب را داشتند، نه کشتار هزاره ها را. جنبه تئوریکی این موضوع در سخنرانی دوم به تفصیل تشریح شده است.

به باور من بدون تردید، در عقب نسل کشی مردم هزاره دست نیرومند خارجی موجود است که باید تشریح شود و مردم بدانند. بعضی از افرادی که در نهاد های وابسته به غرب کار می کنند، می گویند که هزاره ها نباید کشور های غربی را به نسل کشی مردم هزاره متهم کنند، تا آنها بر ضد کشور های غربی معرفی نشوند.

به باور من این دیدگاه با منافع مردم هزاره و حتی به منافع مردم کشور های غربی مطابقت ندارد. ما باید حقایق را برملا کنیم، مردم خود و مردمان جهان را از اعمال زشت گروه های منفعت جوی مافیایی که مردمان خود شان را فریب میدهند، باخبر بسازیم.

اگر عبدالرحمن بیش از شصت در صد هزاره ها را کشته و برای اجرای این جنایت از پول، سلاح و ملاهای معاش خور جاسوس استفاده کرده، نباید افشا شود؟ مردم ما باید بدانند، این قدر پول، امکانات تخنیکی، سلاح، مهمات که برای نابودی بیش از ۶۰ در صد مردم هزاره بکار برده شده، توسط کدام کشور تامین شده و چرا؟

اگر هزاره ای به من بگوید که جنایات مافیای غربی را افشا نکن که آنها از هزاره ها آزرده نشوند، پس آزردگی من از کشتن بیش از شصت در صد مردم من چطور می شود؟

قرار نتیجه گیری من از تاریخ دولت های افغانستان، کشور های غربی به ویژه انگلیس و امریکا، کسی را در رأس قدرت افغانستان راه داده اند که سه موضوع ذیل را در افغانستان حفظ کند:

۱. نفاق ملی از طریق تصادمات قومی، جنگ های قومی و نسل کشی؛

۲. تمرکز قدرت، دیکتاتوری یک گروه مزدور از یک قوم؛ حتی در توافقنامه امنیتی افغانستان و امریکا که توسط حنیف اتمر و زلمی خلیلزاد امضا شد، موجودیت حکومت متمرکز را شرط اساسی قرار داده بودند. مردم افغانستان را از حق قانونی شان که انتخاب نظام مناسب سیاسی مطابق خواست شان باشد، رسما محروم ساخته بودند. زیرا حکومت متمرکز یعنی آله دست کشور های بزرگ باشند و در برابر مردم مسئولیت نداشته باشد.

۳. عقب نگهداشتن مردم در جهالت و تاریکی با استفاده از دین و مذهب.

این مشخصات در همه حکومت های جاسوس و مزدور حتمی بوده است.

اگر با دید ژرف بر حکومت های عبدالرحمن، طالبان، مجاهدین، حامد کرزی و اشرف غنی دیده شود، این مشخصات را می توان در عملکرد همه آنها مشاهده کرد. سیستماتیک بودن این روند نشان میدهد که اجرای جنایات در یک سیستم دوامدار در درازنای قرن ها منافع کشور های مداخله گر است که افراطیون دینی اجرای این جنایات را به اجاره می گیرند. آنها بدون اینکه در باره پیامد های جنایات شان بیندیشند جنایات را در بدل ثروت و قدرت انجام می دهند.

منابع و مأخذ

۱. عبدالحی حبیبی، «تاریخ مختصر افغانستان»، ص ۴۰۳–۴۰۴

۲. حیدرعلی جاغوری، هزاره ها و هزارستان باستان در آئینه تاریخ» ۲۳۷۱ هخ، چاپ اول ۱۳۷۱ ص

۳. همان منبع، ص ۳۱۵–۳۱۶

۴. همان منبع، ص ۳۱۲–۳۱۳

۵. اجرالدین حشمت، «افغانستان قبل از مشروطیت» ۲۰۱۵م، ص ۱۹۱

۶. عبدالرحمان خان، «سفرنامه و خاطرات امیر عبدالرحمان خان»، ص ۱۹۱

۷. کریم پیکار «استبداد امیر عبدالرحمن خان و اثرات منفی آن بر جامعه افغانستان"، ۲۰۱۶، ص ۴۰–۴۱

۸. کریم پیکار پامیر در کتاب «نقش خونین پاکستان در تراژیدی افغانستان»، تورنتو، ۲۰۱۴، ص ۳۱۲-۳۱۴

۹. چنگیز پهلوان، «افغانستان، عصر مجاهدین و برامدن طالبان»، ۱۳۷۷ایران، هخ، ص ۲۲۵

۱۰. ثنا نیکپی، پلان سه مرحله ای کشور های غربی در افغانستان، تورنتو، ۲۰۱۷، ص ۶۷-۶۸

۱۱. برگه فرانسوی آر اف آی، هزاره‌های افغانستان؛ روایت دو قرن کشتار و تبعیض ۲۵ اکتوبر۲۰۲۲،

۱۲. فصلنامه مطالعات بین المللی، کالبدشکافی انقلاب صورتی در یمن و نقش عربستان در سرکوب آن،
https://prb.ctb.iau.ir/article_511330.html

۱۳. برگه عطنا، نقدی بر کشتار شیعیان در کشور های مختلف، ۲۵ مرداد، ۱۳۹۸هخ

۱۴. ویکی پدیا، خیزش ۲۰۱۱ بحرین، ۱۶ فبروری ۲۰۱۱م،

۱۵. برگه عطنا، نقدی بر کشتار شیعیان در کشور های مختلف، ۲۵ مرداد، ۱۳۹۸هخ

۱۶. همان منبع

۱۷. ثنا نیکپی، خودکشی با هدف سیاسی، شماره سوم، نشریه آفتاب در تبعید در سال ۲۰۰۵ ص ۲۳.
کابل پرس، ۲۴ سپتمبر ۲۰۱۱م
https://www.kabulpress.org/article926.html

۱۸. ثنا نیکپی، تحلیل تخصصی قانون اساسی افغانستان، تورنتو، ۲۰۱۸، ص ۶۲

۱۹. یورو نیوز، پشت پرده کوچ اجباری در افغانستان؛ طالبان چگونه به‌زور گروه‌های قومی را جابجا می‌کند؟، ۱۳ دسمبر ۲۰۲۲

سخنرانی یازدهم

گستردگی و چگونگی اجرای

نسل کشی تدریجی مردم هزاره در دوره انزوا و ایستایی

از پایان امارت عبدالرحمن تا سرنگونی جمهوریت محمد داوود

(۱۹۰۱ – ۱۹۷۸)م

سخنان آغازین

۱. نسل کشی تدریجی چیست؟

۲. نسل کشی خاموشانه و پنهانی

۳. نسل کشی غیر مستقیم

۴. تغییر دادن تدریجی قومیت، مذهب و زبان

۵. دروغ و سکوت در نسل کشی مردم هزاره

۶. سایه جنایتکاران بدون مجازات عامل تشویق کننده نسل کشی

نتیجه گیری

خواننده های عزیز!

در اکتوبر سال ۲۰۲۲ نشر سخنرانی ها در باره نسل کشی را آغاز کردم. با گذشت یک سال اکنون به نشر آخرین سخنرانی آن رسیدیم.

پیش از شروع سخنرانی حاضر، معلومات کوتاهی در باره سخنرانی های گذشته را پیشکش می کنم.

عنوان اصلی این سخنرانی ها «شرح تئوریک، نسل کشی و ابعاد گسترده نسل کشی مردم هزاره است که در یازده سخنرانی تهیه و نشر شده است:

سخنرانی اول: شرح تئوریک، سیاسی و روانشناسی نسل کشی؛ سخنرانی دوم: ترکیب بندی جنایت قتل و مقایسه آن با ترکیب بندی جنایت نسل کشی؛ سخنرانی سوم: تناقض و خلا های حقوقی در حقوق بین المللی، بویژه در حقوق جزای بین المللی؛ سخنرانی چهارم: به رسمیت شناختن نسل کشی به مثابه اقدام بزرگ سیاسی و موانع آن؛ سخنرانی پنجم: گستردگی ابعاد زمانی و مکانی نسل کشی مردم هزاره؛ سخنرانی ششم: تلفات و خسارات نسل کشی مردم هزاره؛ سخنرانی هفتم: گستردگی قساوت، خشونت و شکنجه گری در عاملین جنایت نسل کشی مردم هزاره؛ سخنرانی هشتم: گستردگی علت، عوامل و انگیزه جرمی نسل کشی مردم هزاره؛ سخنرانی نهم: گستردگی و پیچیدگی اجرا کننده ها و اشتراک در جرم نسل کشی مردم هزاره؛ سخنرانی دهم: گستردگی حمایت خارجی نسل کشی

مردم هزاره؛ سخنرانی یازدهم: گستردگی و چگونگی اجرای نسل کشی تدریجی در دوره انزوا و ایستایی.

سخنرانی ها با در نظرداشت، حجم و وسعت ساحه پژوهشی و مبرمیت موضوع به بخش ها، موضوعات و نکات تقسیم شده اند.

بعد از نسل کشی هولناک مردم هزاره توسط امیر عبدالرحمن(۱۸۹۳ ـ ۱۹۰۰)م، ادامه آن، در امتداد ۱۲۳ سال به شکلی از اشکال و به نحوی از انحا ادامه دارد. اما این روند بعد از مرگ عبدالرحمن تا دوره حکومت مجاهدین در ۱۹۹۲م یعنی بیش از نه دهه با اشکال مرموز، نادیدنی، اعمال تبعیض، ایجاد محرومیت ها و موانع و همچنان قرار دادن مردم هزاره در شرایط سخت زندگی ادامه دارد.

خواننده های عزیز! «گستردگی و چگونگی اجرای نسل کشی تدریجی در دوره انزوا و ایستایی» آخرین سخنرانی است که با نشر آن سخنرانی ها در باره نسل کشی به پایان می رسد.

در این سخنرانی ادامه نسل کشی مردم هزاره از پایان حکومت امیر عبدالرحمن تا پایان جمهوریت محمد داود (۱۹۰۱– ۱۹۷۸)م یعنی ۷۷ سال مورد بررسی اجمالی قرار می گیرد. بررسی اجمالی یعنی هر دوره حکومت ها بطور مشخص و جداگانه بررسی نمی شود، بلکه اشکال، شیوه و علایم نسل کشی مردم هزاره در امتداد تقریبا هشت دهه برجسته شده و در صورت لزوم وقت اجرای آن در دوره های حکومت های معین مشخص می گردد.

موضوعات مورد بحث ما برهه ای از تاریخ کشور را در بر میگیرد که زمامدارانی مانند امیر حبیب الله خان، امیر امان الله خان، امیر حبیب الله کلکانی، محمد نادرشاه، محمد ظاهر شاه و محمد داوود در این سرزمین حکمروایی

داشتند. اما ما از تشریح موضوعات به شکل واقعه نگاری خودداری کرده، موضوعات را در تقسیم بندی اشکال اجرای نسل کشی بررسی و اینکه این

شکل جنایت در کدام حکومت انجام شده، تنها یادآوری می کنیم. زیرا اشکال مشابه نسل کشی در این دوره، در همه حکومت ها موجود بوده و ادامه داشته است. قابل ذکر است که برای جلوگیری از تکرار بیشتر عنوان این بخش که « گستردگی و چگونگی اجرای نسل کشی در دوره انزوا و ایستایی» است، در جریان سخنرانی بجای تکرار عنوان از «این دوره» یا «دوره انزوا و ایستایی» و یا دوره رکود استفاده خواهد شد. یعنی ضرور نیست عنوان دراز همواره تکرار شود.

از آنجایی که نسل کشی در این دوره به شکل تشدیدی، قهرآمیز و آشکار وجود نداشته، بلکه به اشکال تدریجی، نا معلوم، غیر مستقیم، خاموشانه و پنهانی موجود بوده است. بهر صورت می پردازیم به انواع و اشکال اجرای نسل کشی در این دوره.

تذکر دوم اینکه دوره امیر امان الله خان با عنوان بخشی از این سخنرانی که دوره ایستایی است، مطابقت کامل ندارد، زیرا در این دوره تغییرات مهمی در زندگی هزاره ها رونما شده بود. مانند لغو فرمان بردگی، سهمگیری مردم هزاره در جنگ استقلال وغیره. اما ماشین و میکانیزم نسل کشی درهم کوبیده نشده بود. تحقیر مردم هزاره در ذهنیت ها موجود بود، ماشین خودکار نسل کشی فعال بود. این حقیقت در موضوع دومی این بخش «نسل کشی خاموشانه و پنهانی» تشریح می شود. از آنجاییکه بحث ما در باره نسل کشی تدریجی است، نسل کشی تدریجی در افغانستان در هیچ دوره و هیچ حکومتی متوقف نشده و همیشه فعال بوده است. شامل بودن دوره پادشاهی امان الله خان در این بخش به معنی انکار از تغییرات ترقیخواهانه آن دوره نیست. موضوع مورد بحث ما نسل کشی تدریجی است که اجرا کننده آن تنها دولت نیست. مذهب، جامعه، نهاد های استخباراتی و دینی، میکانیزم های مرموز در جامعه و جهان برای اجرای برنامه های شان همیشه فعال اند که در دوره امان الله خان هم فعالیت داشتند، همین میکانیزم ها زمینه های سقوط سلطنت وی را فراهم کردند.

نسل کشی تدریجی

گرچه نسل کشی تدریجی در متون پژوهش حقوقی کمرنگ است که به مثابه یک موضوع مستقل و مبرم بررسی نشده است. اما شرح شیوه های آن در

نوشتار های پژوهشی حقوق و اسناد نسل کشی های اجرا شده دیده می شود.

گریگوری استانتون پژوهشگر و دیدبان نسل کشی موجودیت نسل کشی تدریجی مردم هزاره را تائید کرده است. (۱)

نسل کشی تدریجی با شیوه و اشکال گوناگون اعم از غیر مستقیم، خاموشانه، پنهانی، تغییر دادن هویت، سکوت و خاموشی در باره نسل کشی، فراموشی نسل کشی، بدون مجازات بودن اجرا کننده های نسل کشی و شیوه های مرموز و کشف ناشده انجام می شود.

همانطوریکه نسل کشی تدریجی سیاه پوستان و سرخ پوستان در امریکا انجام شده است، نسل کشی مردم هزاره برعلاه شیوه های دیگر با روش های تدریجی نیز انجام شده و هنوز به نحوی از انحا ادامه دارد.

نسل کشی با اعمال تبعیض در قانون و اجراات و عدم اجرات قانون، همچنان تطبیق قوانین نوشته ناشده در افغانستان اجرا شده است. اکثرا دیده شده است که اجرای قانون در مورد هزاره ها تطبیق نمی شده است. کسانی که در مورد هزاره بی عدالتی ها را اعمال کرده اند، مجازات نشده اند. تطبیق قوانین و تنظیم کننده های اجرای جبر، تنها بر مردم هزاره عملی شده اند.

اجرای قانون در هر کشوری سراسری است، بالای همه شهروندان یکسان تطبیق می شود. در افغانستان در این دوره نه تنها قانون مدافع کامل هزاره ها نبوده، بلکه قوانینی وضع شده که تنها بالای هزاره ها اجبار و استبداد را قانونی ساخته است.

مثلا: قانون مالیات روغن در زمان نخست وزیری محمد هاشم خان کاکای محمد ظاهر شاه که تنها بالای مردم هزاره عملی می شد؛ این شیوه استبداد، موجبات قیام ابراهیم خان گاوسوار را فراهم آورد که هاشم خان توسط محمد ظاهر شاه بر کنار شد و مالیات روغن لغو گردید.

عدم پذیرش و شمولیت در آموزشگاه های نظامی، نیروهای هوایی و بخش های مهم سیاسی، دفاعی و امنیتی، قانون نوشته ناشده ای بود که مانع موجودیت هزاره ها در امور اداره اقتصاد و سیاست کشور می شد. همچنان سیاست کادری حکومت های دوره رکود و سکوت طوری بوده که هزاره را در سِمت های بالایی دولت راه نمی دادند.

محمد عوض نبی زاده در باره انزوای سیاسی هزاره ها در دوره جمهوریت محمد داوود می نویسد: «در زمان جمهوری سر دار محمد داود خان که

یکی از شخصیتهای متعصب و قبیله گرا و در دشمنی با مردم هزاره شهرت داشت، هیچ یک از شخصیت های سیاسی هزاره در حکومت او و در کابینه و حتی مقامات متوسط دولتی راه داده نشد و سیاست انزوای سیاسی و اجتماعی هزاره ها همچنان ادامه داشت.»(۲)

خواننده ای شاید بگوید که ندادن کُرسی و مقام دولتی نسل کشی نیست. بلی در ظاهر نسل کشی نیست، اما این امر اقدام جدی و عمدی برای محدود ساختن امکانات زندگی برای هزاره ها، ایجاد موانع برای پیشرفت، اعمال محرومیت و بی عدالتی و اجرای استبداد است که در آخر امر قصد و نیت نبود هزاره را از جامعه تحقق می بخشد و به تدریج هزاره ها را از صحنه های امور زندگی حذف می کند.

تنقیض و تنقیص تشکیلاتی واحد های اداری هزاره نشین و رشد واحد های پشتون نشین، شیوه ای از محدود سازی زندگی برای هزاره ها بوده که در این دوره اجرا شده است. چنانچه نفوس دایکندی چندین مرتبه بزرگتر از نفوس ولایت پکتیکا، نفوس جاغوری چندین مرتبه بیشتر از نفوس ولایت کنر و نفوس ولسوالی دوشی بیشتر از ولایت لوگر بوده که حکومت ها نخواسته اند، واحد های اداری مناطق هزاره نشین را از ولسوالی به ولایت ارتقا بدهند، اما محلات پشتون نشین را که تعداد نفوس شان با معیار های تشکیل ولایت مطابقت نداشته، به ولایت ارتقا داده و مردم آن از امتیازات مالی، حقوقی و سیاسی موقف ولایت مستفید شده اند و در سهمیه بندی ها سهم ولایت را بدست آورده اند.

در این دوره حکومت ها از تنقیض رشد اقتصادی و جلوگیری از رشد مناطق هزاره نشین کار گرفته تا از رشد عادی هزاره ها جلوگیری نمایند. منظور نکردن پروژه های رشد اقتصادی بامیان، دایکندی، غور، سرپل .غیره که از محروم ترین ولایت های کشور بوده است. مثال های گفته شده شیوه های از نحوه نسل کشی تدریجی مردم هزاره است که من تنها چند مثال آنرا بیان کردم. امید وارم این موضوعات بیشتر مورد کاوش های دقیق و گسترده تری قرار بگیرند.

جابجایی ناقلین در دوره انزوا و ایستایی انجام شده که به تدریج هزاره ها را از وطن شان آواره کرده و ورود عمدی و برنامه شده ناقلین در این دوره از مناطق قبایلی افغانستان و پاکستان جغرافیایی افغانستان را تغییر داده است که

هزاره ها و ازبک ها قربانی نخستین آن بوده اند.

نسل کشی خاموشانه و پنهانی

نسل کشی خاموشانه یعنی جنایت نسل کشی انجام می شود، اما اشتراک کننده های آن معلوم نیست. حتی در صورت کشف و مجازاتِ اجرا کننده، میکانیزم اجرایی آن افشا نمی شود و همه جزئیات مربوط به جرم نامعلوم باقی می ماند. مثال : برگه «تاریخ افغانستان» می نویسد: « در اواخر دهه ۱۳۴۰ دوران حکومت ظاهرشاه» مردی به نام جبار خان در کابل گرفتار گردیده و به جرمش اعتراف نموده بود که بنا به فتوای یک مولوی بیش از ۵۰ تن از هموطنان شیعه را کشته و با خون آنها در کفش خود «لا اله الا الله محمد رسول الله» را نوشته است تا به بهشت برود..»(۳)

مراسم اجرای اعدام جبار خان در زندان دهمزنگ کابل ـ میزان ۱۳۴۹ خورشیدی.

جبار خان در مصاحبه ای که رادیو کابل با وی انجام داده بود با خونسردی و تبسم به سؤالها پاسخ می داده و می گفت: «بلی اگر خدا قبول فرماید من از این کار خداپسندانه را کرده ام و انشالله به بهشت خواهم رفت».(۴)

وی هر روز یک نفر را تحت تعقیب قرار می داده و به بهانه این که برایش کار می دهد او را اغفال نموده با خود به یکی از کوه های اطراف شهر می برده و در داخل یک غار، جنایت را انجام می داده است. تمام وسیله قتل وی چند

عدد کارد و چاقو و مقداری ریسمان بوده است.

همانگونه که در عکس زیر مشاهده می کنید، جبار خان در یک روز آفتابی در زندان دهمزنگ کابل غرغره و اعدام شد!

بعد از اعدام جبار خان، خواهرش برای انتقام گرفتن «حلوا» پخته می کند و آن را با زهر آلود کرده و به عنوان حلوای نذری بین هزاره ها پخش و قریب به ۲۰ نفر هزاره را مسموم و از بین می برد.»

خواننده های عزیز! گرفتاری جبار خان وقتی ممکن شد که شکایت و اعتراض خانواده های قربانیان بلند شده بود و حکومت چاره ای جز اقدام به گرفتاری وی را نداشت.

آری، جبار شخص سادیستی که بالای هموطنان مظلوم و زحمتکش ما اغلباً هزاره که بیشتر شان «مردِکار» و کسبه‌کار بودند، تجاوز جنسی کرده و به شکل فجیع به قتل می رساند، گفته شده که از حمایت حلقات مرموز در داخل نظام شاهی برخوردار بود. جبار به اثر تلاش «آصف خان پریان» پولیس موظف همان دوره، کشف و گرفتار گردید. جبار به جرم ۶۵ مورد قتل و بیش از سه صد ۳۰۰ مورد تجاوز جنسی بالای پسران و مردان، محکوم به اعدام شد، البته به اعتراف خودش».

غلام سخی ارزگانی در مطلبی زیر عنوانی«تداوم خشونت‌ها و قتل‌های هدفمند مردم بی گناه هزاره» درمورد جبار قاتل چنین نگاشته است: «در عصر سلطنت میراثی محمد ظاهر خان، شخصی به‌نام عبدالجبار به طور هدفمند و قصدی افراد تازه وارد بی‌کار هزاره از هزاره‌جات در کابل را به نام «سنگ کنی» به کوه‌ها با خود می‌برد، بعد دست‌ها و پاهای آنها را با ریسمان محکم می‌بست و با او لواط می‌کرد، سپس این فرد مظلوم را به قتل می‌رساند.»(۴)

باید دانست که جنایات جبار قاتل نمونه ای از صد ها و هزار ها جنایت است که بقیه کشف ناشده باقی مانده است. بدون شک دشمنان هزاره جبار های زیاد را پرورش داده بودند که تنها یکی از آنها افشا، دستگیر و مجازات شد. چیزی که این جنایت را قابل تحمل می سازد، جنبه دینی آنست که تحریک این جنایت توسط مولوی انجام شده است. جالب است که دوسیه قضایای قتل ها تعقیب نشده در باره مولوی که به جبار خان فتوای قتل هزاره ها را داده بود، معلوماتی نیست.

عدم اجرای قانون در مورد محرک و طراح جرم که مولوی است، ثابت

می سازد که ساختار یا میکانیزم اجرای جرم در داخل سیستم قضایی دولت موجود بوده است. زیرا تعقیب عدلی کامل انجام نشده و ساختار جرمی ریشه کن نگردیده و تنها اجرا کننده ظاهری که در اجرای جنایت افراطی عمل کرده بوده، مجازات شده است که هدف مجازات تأمین عدالت نه، بلکه خاموش ساختن اعتراض خانواده های قربانیان جنایت بوده است.

در آنوقت ها انگلیسها در افغانستان رابطه مستقیم نداشتند و رابطه آنها در افغانستان توسط ملا ها برقرار می شد. بعضی از ملا ها جاسوس انگلیس بودند. این حقیقتی است که همه میدانند.

موضوعی که در اجرای این کار دشوار مهم است، تقدیس جنایت است که تنها در چهارچوب دین و مذهبَ گنجایش دارد. کسانی در عقب جنایات دوامدار و سیستماتیک قرار دارند، آنها میکانیزم ها و ساختار هایی را برای اجرای جنایت شان بوجود می آورند. تقدیس جنایت مانند انتحار یا استهشاد یکی از خطرناک ترین عامل برای ادامه و اجرای جرم است. ایجاد و فعال نگهداشتن میکانیزمی که بتواند در جریان دهه ها و حتی بیش از یک سده دوام کند، کار دقیق و موشگافانه ی استخباراتی را می خواهد. پس مولوی که جبار قاتل را معتقد ساخته که کشتن هزاره به گفته خودش «کار خداپسندانه» است، مولوی عادی نیست. او جز همین میکانیزم جنایت دوامدار است. اجزای میکانیزم در قدم اول طراح و برنامه ساز جنایت با چنین دقت غیر قابل تصور، استخبارات کشور های غربی بویژه انگیس است. جز دوم میکانیزم دین و مذهب است که در بستر آن این جنایت ممکن گردیده است. زیرا هیچ کانون و هیچ انجمنی قابلیت و گنجایش آن را ندارد. رکن سوم این ساختار جرمی موجودیت افراد جامعه عقب مانده مانند جبار قاتل است که با حرف های مولوی آماده جنایتی می شود که در آن کشتن هزاره شیعه کار «خداپسندانه» پنداشته می شود و پاداش آن گویا رسیدن به بهشت است. شناسایی این میکانیزم جرمی آنقدر پیچیده نیست،همه می داند که شیوه دیرینه کشور های استعماری است.

نسل کشی غیرمستقیم

تعریف: وارد کردن فشار دایمی و برگشت ناپذیر که زندگی مردم را در حالت عادی ناممکن کند، نسل کشی غیر مستقیم است. یا به عباره دیگر

تاثیرات منفی بر جنبه های خاص زندگی یک قوم نسل کشی غیر مستقیم است. یا اینکه فشار مداوم و برگشت ناپذیری که زندگی مردم را در حالت معمولی ناممکن می کند، می تواند نسل کشی غیرمستقیم تلقی شود. محققان علت نسل کشی غیر مستقیم را در قطب بندی جهان به کشور های بسیار فقیر و کشور های بسیار بزرگ اقتصادی می بینند. آنها معتقدند که «در چهارچوب نگرش به ارزش های مادی، موقعیت، ثروت، همه کشور هایی که در شرایط بازار موفق نشده اند، اساسا انتخابی به آنها تلقین شده است که بی کفایت باشند، با شرایط مدرن سازگاری نداشته باشند، شرایطی ایجاد شود که بقا آنها غیر ممکن شود». یعنی کشور های غنی در ایجاد موانع برای جلوگیری از رشد ملل عقب مانده گروه های اجتماعی نامناسب را به شیوه های مرموز از میان بر میدارند.

یو وی چیرناویتسکایا دانشمند روسی در مقاله زیر عنوان «نسل کشی غیر مستقیم در جامعه معاصر (عرصه اجتماعی ـ فلسفی) نسل کشی غیر مستقیم را از دید عمیق فلسفی تشریح کرده است. او در این مقاله می نویسد: «برای انجام نسل کشی غیرمستقیم، لازم است مرحله ای به اصطلاح آماده سازی آیدئولوژیک انجام شود. «گناه» کسانی که باید نابود شوند به کسانی که آنها را نابود می کنند، توضیح داده شود.» (۵)

در باره نقش کشور های بزرگ اقتصادی در اجرا و اشتراک در نسل کشی در بخش ششم این سخنرانی تشریحات مفصل داده شده است. در ینجا با یادآوری کوتاه از زاویه دیگر، به موضوع اصلی برمی گردیم.

کشور های ثروتمند از چهار مجرا: تاثیرات اقتصادی، تغییرات هدفمند در محیط فرهنگی و تاریخی، تغییرات هدفمند در شرایط طبیعی و مداخله بیولوژیکی به مردمان کشور های فقیر فشار وارد می کنند.

از جمله چهار عامل فشار بر مردم برای نسل کشی غیر مستقیم، عامل اقتصادی و تغییرات فرهنگی و تاریخی در دوره انزوا در افغانستان بکار برده شده است. فشار اقتصادی در دوره امیر حبیب الله خان بارکزی (۱۹۰۱-۱۹۱۹)، دادن زمین های زراعتی هزاره ها توسط قاضی عبدالشکور به اقوام دیگر از نمونه های وارد کردن فشار اقتصادی بر هزاره ها بود. (۶)

انتقال روغن زرد مردم هزاره به پاکستان توسط کوچی ها برای تضعیف اقتصاد هزاره و ترویج فقر بر مردم هزاره در دوره امیر حبیب الله خان اجرا

شده است. گرچه امیر حبیب الله بعد از پدر مستبدش با مردم از نرمش کار می
گرفت اما ماشین جبر را که پدرش ساخته بود هنوز فعال بود.

امیر امان الله خان فرمان بردگی هزاره ها را ملغی کرد، اما در زمان پادشاهی

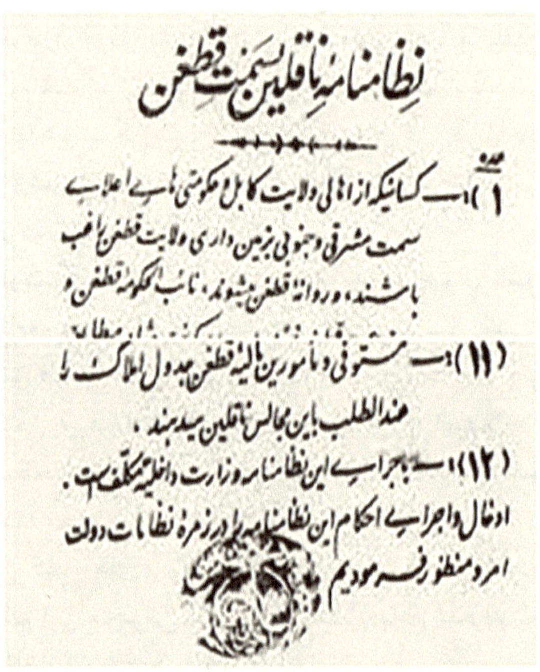

فرمان امیر امان الله خان در باره جابجایی ناقلین در قطغن (ولایت های شمال افغانستان)

او هزاره ها از وی حمایت میکردند، رویهمرفته جابجایی ناقلین در قطغن در
مناطق ازبک نشین و هزاره نشین هنوز ادامه داشت که می تواند به حیث عامل
فشار اقتصادی بر مردم به حساب آید که ادامه نسل کشی غیر مستقیم بود.
گرچه امیر امان الله خان نیت نسل کشی را نداشت عنصر ذهنی جنایت نسل
کشی توسط پادشاه در نسل کشی منتفی است، اما دستگاه دولتی که هنوز
فاسد و مستبد بود، جابجایی ناقلین را به هدف فشار اقتصادی برای روفتن و
روبیدن هزاره ها و ازبک ها استفاده می کردند.

ستندرد سازی شیوه تدریجی نسل کشی فرهنگی غیر مستقیم است که در اکثر نسل کشی ها دیده شده است.

در افغانستان ستندردسازی هایی مانند «اتن ملی»، «لباس ملی»، «اصطلاحات ملی»، «زبان اول و زبان دوم» وغیره بوده است که در دوره انزوا و سکوت موجود بوده است. اتن ملی رقص محلی یک قوم که بیشتر متعلق به کوچی ها است، به حیث اتن ملی یعنی رقص همه شهروندان افغانستان تحمیل شده است.

اسیمولیشن یا همسان سازی نوع دیگر نسل کشی غیر مستقیم که جامعتر از ستندرد سازی است.

بانو گیسو یاری در یکی از سایت ها می نویسد: «آسمیلاسیون اصطلاحی سیاسی، اجتماعی وفرهنگی است که در کشور های کثیرالمله سنترالیستی غیردموکراتیک مفهوم می یابد. به عنوان ساده ترین تعریف از آسمیلاسیون می توان آن را یکسان سازی همه جانبه ی اقوام پیرامون فاقد قدرت از جانب قوم حاکم و یا فرهنگ قوم حاکم با استفاده از تمام ابزار قدرت متمرکز در مرکز تعریف کرد. از آسمیلاسیون به عنوان ژنوساید سفید نیز یاد می شود. در واقع نابودی تمام دارایی های هویتی، فرهنگی و روابط اجتماعی منجمله زبان و سنن یک ملت در حکم نسل کشی روح جمعی آن ملت است.» (۷) همگون سازی در دوره انزوا و سکوت به شیوه های خاموشانه و اجباری انجام شده است که فعالیت های محمد گل مهمند در ولایت های شمال افغانستان و کارکرد های سعدالله خان در سنی سازیِ ناکامِ اسماعیلیانِ نیکپی از نمونه های همسان سازی های اجباری است.

محمد گل مومند در دوران پادشاهی محمد نادر شاه برای اجرای نسل کشی فرهنگی کتاب های نایاب و با ارزش تاریخی، چپن و لباس های محلی را جمع آوری و به آتش می کشید؛ سنگ نوشته های گورستان ها را می شکست، نام محلات را از فارسی و تورکی ازبکی به پشتو تبدیل می کرد. مثلا: نام سبزوار هرات را به شیندند، نام پوشنگ مهد طاهر پوشنگی را به «پشتون زرغون»، قره تیپه را به «تورغندی»، بوینه قره را به «شولگره»، قریه بها الدین پدر مولانای رومی را به «اشپوله»،ؔ جوی زندان سمنگان را به «جوی ژوندون»، نام ده بوری را به «جمال مینه»، نام کوته سنگی را به میروس میدان»، نام شاه شهید و سیاسنگ را به «سیدنورمحمد شاه مینه»، ده افشار را به «سپین

کلی»، قلعه جرنیل را به «خوشحال مینه»، کوچه علی رضا خان و شور بازار را به «جاده نادر پشتون» و هزاران محلهٔ دیگر را نیز تغییر نام دادند که نام های فوق مشت نمونه خروار مثال آورده شد.

این شیوه دیوانه وار همسان سازی است که به تدریج هویت تاریخی و فرهنگی اقوام از میان برداشته می شود و فرهنگ قوم «برگزیده» حاکم جای آنرا می گیرد.

همسان سازی توسط محمد گل مومند در دوره انزوا و رکود انجام شده است که موجودیت نسل کسی در این دوره را به اثبات می رساند.

در همین دوره حکومت نادر زمانیکه محمد گل مومند رئیس تنظیمیه ترکستان شرقی بود، شخص بنام سعدالله خان موظف بوده که مذهب اسماعیلیان ولایت شمال (بغلان، سمنگان، بامیان و کندز) را به مذهب سنی حنفی تبدیل کنند، اما موفق نشد.

کشتار هواخواهان امیر امان الله خان توسط افراد امیر حبیب الله کلکانی که هزاره ها هم جز قربانیان بودند، به نیت قوم کشی نبوده، کلکانی نیت نسل کشی را نداشت، اما هزاره ها به اتهام حامیان امیر امان الله خان کشته می شدند.

تغییر دادن تدریجی قومیت، مذهب و زبان

گرچه همسان سازی که در فوق تشریح شد، نوعی هویت زدایی است که بیشتر بر هویت فرهنگی و تاریخی توجیه شده است. اما در این جا زیر عنوان تغییر دادن تدریجی هویت موضوع مشخصتری تغییر تدریجی قومیت و مذهب را بررسی می کنیم.

تغییر هویت قوم یا اقوام قربانی از شیوه های معمول است که با تغییر دادن هویت قومی، مذهبی، فرهنگی انجام می شود. اجرای این کار در روند تدریجی ممکن است. گرچه در کشور های مختلف از هم متفاوت انجام می شود که یکی از روش های معمول در اکثر کشورها همگون سازی یا اسیمیلیشن است که گروه ها و اقوام دیگر را به پذیرش قوم، مذهب و زبان دیگران مجبور می سازند. مثلا در ایران با حذف کردن واژه هزاره، پناهنده های هزاره را بنام های بربری و خاوری یاد کرده و بتدریج آنها را به جامعه ایران مدغم کرده اند.

در افغانستان نه تنها همگون سازی فرهنگی بویژه همسان سازی زبانی اجباری

با استفاده از قانون انجام می شود، بلکه موازی با آن از نابود سازی قومیت، مذهب و تاریخ کار گرفته می شود.

بیشترین تغییر هویت قومی و مذهبی در دوره رکود و سکوت انجام شده است. تاجک شدن هزاره ها، سنی شدن هزاره و منکر شدن از هزاره بودن در این دوره عمیقا تحقق یافته است. تاجک شدن و سنی شدن مردم دره هزاره پنجشیر، سنی شدن و تاجک شدن مردمان اندراب، خوست و فرنگ، خنجان ولایت بغلان، سنی شدن و تاجک شدن مردم کرم علی در تاله و برفک ولایت بغلان و ولایت های دیگر.

دوری و جدایی، نَسَبی هزاره های اسماعیلی از مردم هزاره و ده ها مثال دیگر. در سایر نقاط افغانستان روند تدریجی اما روند جدی هویت کشی است.

تاریخ سینه به سینه مردم نیکپی زادگاه من در دوره سلطنت محمد نادر شاه حکایت دارد که شخصی بنام رئیس سعدالله خان در رأس گروه محتسبان دولتی مقرر بودند که هزاره های اسماعیلی را به شیوه های جبری به مذهب سنی حنفی بیاورند. آنها حین سفر و حضر مردم را تفتیش می کردند، از مردم پنج وقت نماز سنی را تحریری یا عملی می پرسیدند و در صورت اشتباه، مجازات شدید فزیکی را عملی می کردند.

هدف از موجودیت و فعالیت محتسبان دولتی و رئیس با صلاحیت آنها سعدالله اجرای همسان سازی مذهبی بود که مذهب حاکم سنی حنفی باید مذهب اجباری همه ساکنان افغانستان باشد.

این روند تدریجی نسل کشی، در نتیجه فشار و بی عدالتی دوامدار عملی شده است. موجودیت تبعیض، استبداد قومی و مذهبی، فشار، تحقیر و اهانت در این دوره توانسته است به مثابه میکانیزم دایما فعال نسل کشی عمل نماید و مردم هزاره را به تغییر قومیت و مذهب شان مجبور سازند.

از دید حقوقی دو عنصر ماده دوم کنوانسیون جلوگیری از نسل کشی و مجازات آن که قومیت و مذهب(دین) است مورد تجاوز قرار گرفته و با یک روند هدفمند تدریجی نابود شده است.

هویت اجتماعی مفهوم جامع دارد که ما تنها از دو یا سه عنصر آن یعنی هویت قومی، هویت دینی(مذهبی) و هویت فرهنگی آن مثال آوردیم. تیوری هویت اجتماعی موضوعی است که باید در پرتو آن «هویت اجتماعی مردم هزاره» بطور جداگانه مورد بررسی علمی قرار بگیرد. مانند هویت سیاسی، هویت

ملی، هویت فرهنگی، هویت مدنی، هویت سرزمینی، هویت تاریخی، هویت حرفه ای، هویت مجازی، هویت شبکه ای، هویت روانی، هویت نقش داشتن، هویت شرکتی، وغیره بخش های هویتی و روابط و مقایسه آنها با یکدیگر شان، کار مهمی در این عرصه است که به پژوهش گسترده تر نیاز دارد. موضوع دیگر سکوت و دروغ بودن سکوت است که در مسأله نسل کشی مردم هزاره جایش را دارد.

سکوت به مثابه دروغ در نسل کشی مردم هزاره

این موضوع پیچیدگی هایی دارد که درک آن تا حدی مشکل است. لازم است در تشریح آن از متفکران و دانشمندان فلسفه کمک بگیریم. قبل از رابطه موضوع سکوت با نسل کشی مردم هزاره باید واژه های سکوت و دروغ را تعریف و تشریح کرده، سپس رابطه آنها را با نسل کشی مردم هزاره در دوره های انزوا و ایستایی بیان کنیم.

اول در باره دروغ: اگوستین هیپو Augustine of Hippo (۴۳۰ ـ ۳۵۴)م می گفت: «هر اظهاری که به نسبت گمراهی گفته شود، دروغ است.»(۸) ایمانول کانت در فلسفه اخلاق مسئله دروغ را به عنوان نمونه فعل غیراخلاقی، می داند. بعضی از دانشمندان دروغ را محصول خودخواهی می داند و همچنان عده ای دروغ را به آیدیولوژی پیوند می دهند و به این باور هستند که عاملین آیدیولوژی ها برای تطبیق مفکوره های ایدیولوژیک شان دروغ های بزرگ را طرح و تعمیم می بخشند.

ادیان هم می توانند منبع دروغ و کذب باشند، مانند وعده دادن زیبا رویان بهشت به انتحاری ها و آدمکشان.

قرار قول فیلسوفان، دانستن سه موضوع کلیدی در باره دروغ یا کذب مهم است که اول دروغ پدیده کاملا انسانی است، حیوانات عاملین دروغ نیستند، دوم دروغ محصول عقل انسان است و سوم دروغ به انسان آموزش داده می شود، فطری نیست، کسبی است. این سه نکته در بررسی نقش دروغ در نسل کشی مردم هزاره ارزش ویژه دارد که به آن برمی گردیم.

برای شناخت دقیق کذب لازم است که کمی بر افاده واژه متضاد آن که حقیقت است مکث کنیم.

دانشمندان معتقد هستند که «انسان با حقیقت بدنیا می آید، همانطوریکه

پیدایش و موجودیت او حقیقی است، موجودات و اشیای ماحول وی هم حقیقت است. دروغ بعدا به سراغ انسان می آید.

از آنجایی که ما نسل کشی تدریجی را تشریح می کنیم و نسل کشی خاموشانه نیز در این بخش مورد بحث است، ضرور است که واژه سکوت را نیز به مثابه مظهر دروغ مورد بررسی قرار بدهیم.

سعدی شیرازی می گوید:

دو چیز طیرهٔ عقل است دم فروبستن

به وقت گفتن و گفتن به وقت خاموشی (۹)

حقیقتی را که ما در این جا در جستجوی آن هستیم «گفتن به وقت خاموشی» است. زیرا دروغ نه تنها توسط زبان، بلکه با خاموشی هم بیان می شود. مثلا خاموشی نهاد های جهانی، مردم جهان و مردم افغانستان در مورد ادامه نسل کشی مردم هزاره. فریبنده گی دروغ بودن سکوت در آنست که عامل آن در ظاهر گنهکار یا مقصر نیست. زیرا کاری را انجام نداده است. دروغ بودن سکوت حتی قربانی را هم در مقابل عامل سکوت خنثی می سازد. اینکه سکوت در این مورد چگونه، چرا و توسط کی بر قرار شده در جریان سخنرانی ها به ویژه در خلاهای حقوق بین المللی و تشریح نظم جهانی تشریح شده است.

جمله زیبای سعدی «گفتن به وقت خاموشی» مفهوم دقیق و موشگافانه دارد. یعنی انسان اجرای کاری را می بیند در مورد آن موضع خود را تعیین می کند که با آن موافق باشد یا مخالف؟ اما موافقت آنها می تواند توسط سکوت اجرا شود، البته بدون سخن گفتن. گرچه شعر سعدی تعبیر متفاوت هم دارد که می تواند کسانی مخاطب آن باشد که در وقت لازم خاموش هستند و هنگامی که باید خاموش باشند، حرف می زنند، اما من از تعبیر اولی استفاده کردم که افاده ژرفتر از تعبیر دومی را دارد.

سکوت در مورد اجرای جنایت نسل کشی مردم هزاره در همه دوره ها و بویژه در دوره انزوا و رکود موجود بوده و این سکوت در سطح ملی و جهانی حکمفرما بوده است.

رسانه ها، نویسنده ها، دانشمندان و افراد جامعه همه خاموش بودند. آیا این خاموشی معنی دار و دوامدار خودبخودی برقرار شده بود؟

چیزی دیگری که به این موضوع نزدیکی دارد، مسأله فراموشی است.

دقیقتر بگویم به فراموشی سپردن واقعات تاریخی.

این موضوع در مورد نسل کشی مردم هزاره در دوره انزوا و سکوت جایش را دارد.

تاریخ دان فرانسوی ژاك لی گوف Jacques Le Goff گفته است که «لازم است در باره خلأهای مستندات تاریخی چیزهای که به فراموشی سپرده می شوند، در باره حفره ها و لکه های سفید باید بپرسیم. باید لیستی از مستندات تاریخی را ساخت و بعد فکر کرد که کدام قسمت آن موجود نیست، یعنی به فراموشی سپرده شده است»(۱۰)

واقعات نسل کشی مردم هزاره در دوره انزوا و سکوت به پیمانه وسیع به فراموشی سپرده شده، مستندات آن نابود شده که به کار بی حد طاقت فرسا نیاز دارد تا قسمت های از آن احیا گردد و آرشیف شود. امیدوارم پژوهشگران تاریخ بایست بجای تکرار حرف های تاریخ نویسان پیشین، بخش های فراموش شده تاریخ و مستندات نابود شده تاریخ افغانستان را نیز بررسی و احیا کنند.

سایه جنایتکاران بدون مجازات

بدون مجازات بودن افراد و گروه های که جنایت نسل کشی را مرتکب می شوند، آله تهدیدی است که قربانیان نسل کشی را توهین و تحقیر و اجرا کننده های آن را تشویق می کند. سایه جنایتکاران بدون مجازات در جامعه بی عدالتی را تحمیل می کند، زورگویی را در جامعه به پدیده عادی تبدیل می کند که قربانیان نسل کشی باید بیچاره شوند و این ذلیل بودن را بپذیرند.

در افغانستان کشتار و بی جا سازی هزاره ها توسط کوچی ها و حمایت دولت از آنها از نمونه های بارز و انکارناپذیر جنایات بدون مجازات است.

رویهمرفته موجودیت و حضور کوچی های پاکستانی در افغانستان، جنبه های دیگری نیز دارد.

کوچی ها در امتداد تقریبا دو سده در انتقال سلاح، قاچاق احجار قیمتی و همچنان کار استخباراتی نیز مورد بهره برداری کشور های منطقه مانند پاکستان و کشور های غربی مانند انگلستان قرار گرفته است.

تا این مشکل حل دقیق و قاطع قانونی پیدا نکند، قربانیان آن حق دفاع از خود را دارند. به باور من این مشکل در چوکات تمرکز قدرت و دولت یونیتار راه

حل ندارد. تنها و تنها نظام دولتی فدرالی است که ظرفیت، قابلیت و استعداد حل این مشکل را دارد.

بدون مجازات بودن جنایت کاران از شیوه های کار ممالک استعماری است که مثال آن مصؤنیت قضایی نظامیان امریکایی در افغانستان است که تا اکنون ملغی نشده است.

مختصر اینکه سایه جنایت کاران بدون مجازات مانند ابری است که نور آفتاب عدالت را می پوشاند، تاریکی بی عدالتی، تبعیض و نسل کشی را در جامعه حفظ می کند.

بدون مجازات بودن اجرا کننده های نسل کشی در دوره بعد از امیر عبدالرحمن تا جمهوریت محمد داود موجود بوده و در همه قضایای امور زندگی جامعه عملی شده است. اکنون می رسیم به نتیجه گیری و تذکرات.

نتیجه گیری و تذکرات

باید دانست که بیان حقایق قربانیان نسل کشی را در راه جلوگیری از نسل کشی استوار و مصمم می سازد، اجرا کننده های نسل کشی را ناگزیر می کند که مقاومت قربانیان را در مقابل شان حس کنند. آنها باید بدانند، کسانی را که می کُشند، گوسپندان قربانی نیستند، مانند خود آنها انسان هستند، مقاومت دارند، عاملی برای افشای جنایات شان می شوند.

اگر کسانی نمی توانند این حقایق را بیان کنند و نمی خواهند که ملحوظات شان قربانی کار روشنگری شود، من این ملحوظات را ندارم، این کار را کرده ام و بازهم می کنم.

ضد هیچ کشوری نیستم، بلکه ضد جنایت هستم، جنایت توسط هر کسی یا هر گروهی و یا هر کشوری که اجرا شده باشد، آنرا با ارائه استدلال و اسناد و با استفاده از شیوه های علمی بیان می کنم. بر ضد هیچ مردمی نیستم و هرگز نخواهم بود. مردمان همه کشور های جهان را احترام دارم.

عده ای شرح جنایات را دشمن تراشی می پندارند. به باور من افشای جنایات توسط هر کسی که باشد، دشمن تراشی نیست، برعکس چشم پوشی از آن، سازش با جنایتکاران و شرکت غیر مستقیم در جنایت است.

یادآور می شوم که بعد از نشر این سخنرانی ها حالا روشن شده است که کدام فاجعه در افغانستان نسل کشی است، کدام آن جنایت علیه بشریت

و کدام آنها جرایم جنگی می باشد.

با نشر یازده سخنرانی به پرسشی پاسخ دادم که به پرخاش های رسانه ای تبدیل شده بود که چرا کشتار هزاره ها نسل کشی است؟ همچنان به ادعای پاسخ داده شده که می گفتند، کشتار هزاره ها نسل کشی نیست. کسانی که این ادعا را داشتند، با تبصره های فیسبوکی و مناقشات لفظی و موضع گیری های احساساتی پاسخ داده می شدند، اما حالا با یك گفتمان تخصصی روبرو هستند.

تشریح این همه موانع و مشکلات برای جلو گیری از نسل کشی مردم هزاره، و تشریح همه جوانب نسل کشی به هیچ صورت ما را در مبارزه با جنایت ناتوان نمی سازد، برعکس ما را مصمم، هوشیار، مجهز با معلومات می سازد، تا در اجرای کار در مبارزه با جنایت توانا تر، آماده تر، دقیق تر و مسلط تر بر مسایل باشیم.

قسمیکه در بخش اخیر سخنرانی هشتم در باره فعالیت های حماسه آفرین هزاره های بیرون مرزی تشریح شد، من باورمند هستم که در نتیجه کار علمی و عملی مبارزان ضد نسل کشی چه در میان هزاره و چه در خارج از جامعه هزاره، فعالیت رهروان این روند بر گشت ناپذیر می شود. شناسایی نسل کشی با استفاده از شیوه های گوناگون تقویت میگردد، فعالیت مبارزان برحق مخالفت با نسل کشی حتی در قلب اجرا کننده های آن نهادینه می شوند، مردمانِ کشور های اجرا کننده نسل کشی را در مبازرات شان شریك می سازند و روند مبارزه با آن را جهانی می سازند. چنانچه هزاره های بیرون مرزی در این راه به دستاورد های عظیمی دست یافته اند که نمونه هایی از این دستاورد ها در سخنرانی هشتم بیان شده است.

به پایان همه سخنرانی ها در باره نسل کشی رسیدیم!

شاد و پیروز باشید.

مأخذ و منابع

۱. گریگوری ستانتون، سپوتنیك/افغانستان، كشتار هزاره‌ها نوعی نسل‌كشی تدریجی است، سپوتنیك، ۶ اكتوبر ۲۰۲۲م

۲. محمد عوض نبی زاده، نقش و مقام مردم هزاره دردولت و جامعه طی دوونیم قرن اخیر، سایت آریایی، ۲۱ جنوری ۲۰۰۷م

https://www.ariaye.com/dari3/siasi/nabizadah11.html

۳. محمد ایوب عظیمی، شپیگل آنلاین، ۱۲ جولای ۲۰۱۲.

۴. غلام سخی ارزگانی، تداوم خشونت ها و قتل های هدفمند مردم بی گناه هزاره، سایت آریایی، ۱۴ مارچ ۲۰۱۵م

https://www.ariaye.com/dari11/siasi3/orozgani11.html

۵. یو وی چیرناویتسكایا، نسل كشی غیر مستقیم در جامعه معاصر (عرصه اجتماعی ـ فلسفی)، ۲۰۰۸، ص ۱۶۵–۱۷۱

۶. فیض محمد كاتب، سراج التواریخ، جلد دوم، ص ۳۷۷–۳۷۸۷. ن گیسو یاری، آسیمیلاسیون چیست؟ آسیمیله كیست؟، دوهفته نامه «روژهه لات»،

۸. نقل قول از اگوستین هیپونسیس، نسل كشی نامعلوم(جنایات ملیگرایان اوكراینی در مرز جنوب شرق پولند)» ص ۱۳۲.

۹. سعدی شیرازی، گلستان، دیباچه

۱۰. ژاك لی گوف، جرایم نامعلوم، مسكو، ۲۰۱۵م، ص ۱۲۸

ضمیمه ها

ضمیمه اول

البوم عکس در باره نسل کشی در جهان

۱. البوم عکس در باره نسل کشی یهودی ها توسط فاشیستان المانی ۱۹۴۱ـ۱۹۴۵

۲. البوم عکس در باره نسل کشی ارمن ها توسط ترکیه عثمانی ۱۹۱۵ ـ ۱۹۲۲م

۳. البوم عکس در باره نسل کشی کرد ها
توسط ترکیه عثمانی و رژیم صدام حسین ۱۹۷۷م

۴. البوم عکس در باره نسل کشی موریوری توسط قبایل مائوری در نیوزیلند ۱۹۳۹-۱۹۳۵م

موریوری مردمی بودند که در جزایر کوچک چتم در جنوب شرقی نیوزیلند ساکن بودند. امروزه آنها به طور کامل از روی زمین ناپدید شده اند، اگرچه تعداد انگشت شماری از مردم مجمع الجزایر هنوز خود را موریوری می دانند و از نوادگان دور آنها هستند. سرنوشت این قوم آنقدر وحشتناک است که خاطره وقایع قرن گذشته تا به امروز خون می تراود.

۵. البوم عکس در باره نسل کشی روندا در ۱۹۹۴م

۶. البوم عكس از نسل كشی سیاه پوستان امریكایی

۸. البوم عکس از نسل کشی سرخ پوستان (بومیان) امریکایی

«کشتار سرخ‌پوستان روند پردامنه و طولانی‌مدتی بود که به دنبال کشف قاره آمریکا توسط دریانوردان اسپانیایی در قرن شانزدهم آغاز شد. این کشتارها عمدتاً توسط کشورهای استعمارگر اروپایی خصوصاً اسپانیا، پرتغال، فرانسه و انگلستان به منظور سلطه بر مناطق مختلف قاره آمریکا و با هدف دستیابی اموال و املاک سرخ‌پوستان صورت می‌گرفت. بعدها و به خصوص در نیمه دوم قرن نوزدهم، آمریکاییان با کوچ دادن اجباری و جنگ‌هایی که به دنبال آن صورت می‌گرفت نقش پررنگی در کشتار سرخ‌پوستان آمریکای شمالی ایفا نمودند. به گزارش مستندات تاریخ این جنگ نزدیک به صد میلیون کشته برجای گذاشته که جزو بزرگ‌ترین جنگ‌ های تاریخ بشریت بوده‌است» (گرفته شده از ویکی پیدیا)

۸. البوم عکس از نسل کشی آشوریان توسط ترکیه عثمانی با همکاری شبه نظامیان عرب در عراق در سال های ۱۹۱۴ـ۱۹۲۵م

تلفات جانی این نسل کشی به ۳۰۰ هزار نفر کشته تخمین شده است.

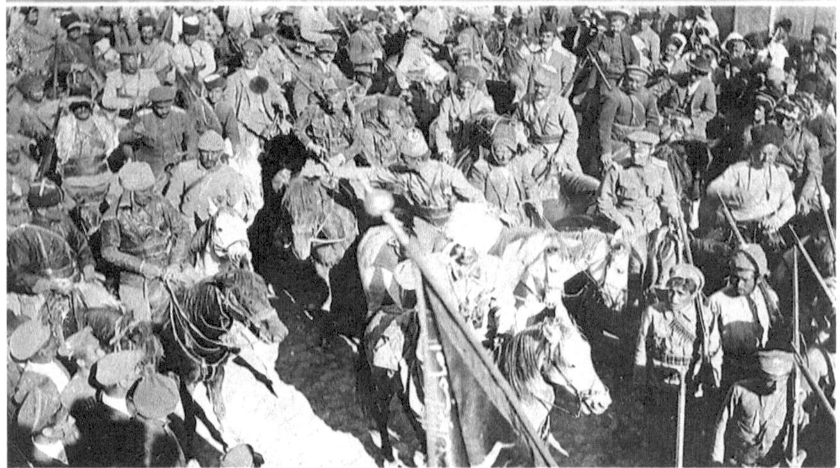

۹ . البوم عکس از نسل کشی یونانی ها توسط ترکیه عثمانی که در سال های ۱۹۱۴ ـ ۱۹۲۲م ادامه داشت، ۹۰۰ هزاز کشته بجا گذاشت.

۱۰. البوم عکس از نسل کشی شیعیان در نیجریه به تحریک انگلستان در سال های ۱۹۶۷ ـ ۱۹۷۰ م

۱۱. البوم عکس از نسل کشی بوسنی و هرز گوین در یوگوسلاوی سابق در جنگ های سال های ۱۹۹۲–۱۹۹۵م

۱۲ . البوم عکس از نسل کشی مردمان بومی در آسترالیا توسط انگلستان ۱۷۷۰ـ ۱۸۷۶م بیش از یک سده ادامه داشت

۱۳. البوم عکس از نسل کشی مسلمانان توسط دولت میانمار
مرحله اول: اکتبر سال ۲۰۱۶ تا ژانویه سال ۲۰۱۷
مرحله دوم: اوت ۲۰۱۷ تا کنون ادامه

۱۴. البوم عکس از نسل کشی مردم کنگو توسط بلژیکی ها ۱۸۶۰ ـ ۱۸۸۵م

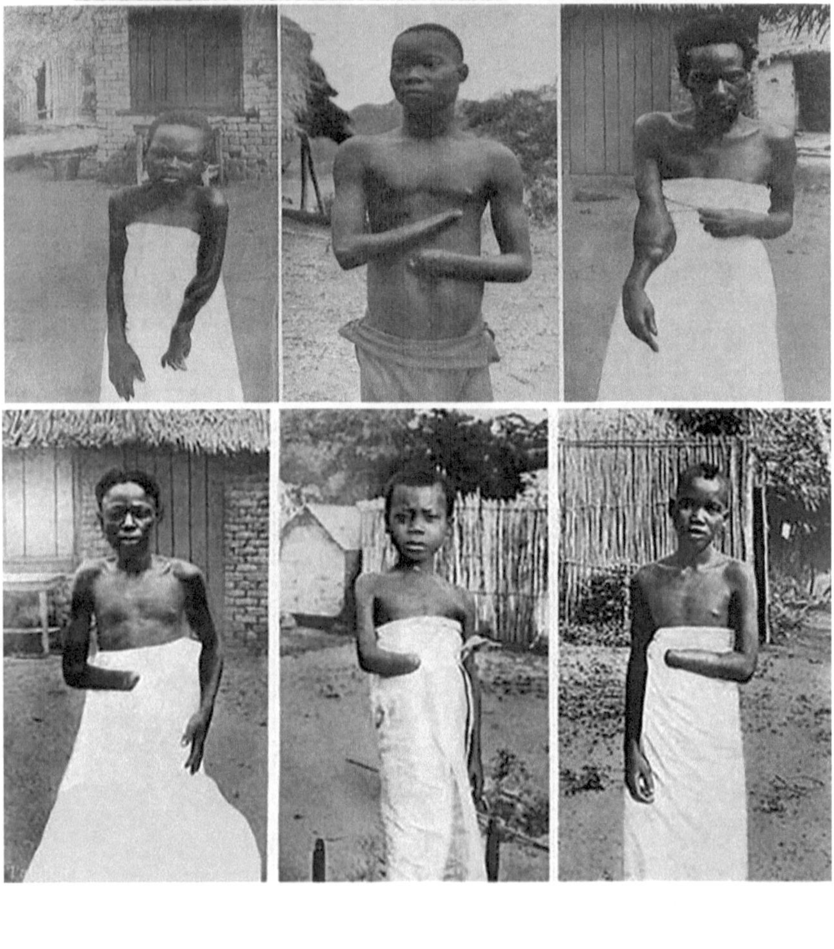

۱۵. تصاویری از نسل کشی مردم فلسطین توسط حکومت اسرائیل با همکاری امریکا از سال ۱۹۴۷م تا امروز

۱۶. عکس هایی از نسل کشی دارفور سودان در سال های ۲۰۱۳ و ۲۰۱۴ بیش از ۳۰۰ هزار تن کشته و حدود ۲ میلیون ۷۰۰ هزار تن نیز مجبور به ترک خانه و کاشانه خود شدند

۱۷. البوم عکس از نسل کشی پولندی ها در جریان جنگ جهانی دوم که در حدود سه ملیون یهود پولندی و ۲٫۷۷ ملیون پولندی غیر یهودی کشته شدند.

۱۸. البوم نسل کشی کولی ها در اروپا

در سال های ۱۹۳۵ ـ ۱۹۴۵م از ۲۲ هزاز تا ۵۰ هزار کولی توسط فاشسیتان المانی کشته شدند.

۱۹. نسل کشی بومیان در کانادا

«کشف بقایای جسد ۲۱۵ کودک در بریتیش کلمبیای کانادا، آن هم در یک مؤسسه آموزشی که برای تربیت کودکان بومی تأسیس شده‌بود، دنیا را تکان داد. طی قرن نوزدهم و اوایل قرن بیستم، سفیدپوستان کانادایی به بهانه متمدن‌کردن کودکان سرخ‌پوستان بومی، آن‌ها را از والدین شان جدا کردند و در چنین مؤسسه‌هایی نگه داشتند؛ ارقام بسیار وحشتناک هستند؛ برآورد آمار اطفال نگون‌بختی که سر از چنین مراکزی درآوردند، به میلیون‌ها نفر می‌رسد؛ هر چند که منابع دولتی کانادا از رقم ۱۵۰ هزار نفر صحبت می‌کنند.»

۲۰. کشتارهای جمعی در اندونزی (۱۹۶۵ـ۱۹۶۶)

بعد از به قدرت رسیدن سوهارتو به کمک کشور های غربی و بانک جهانی پول که زیر تاثیر امریکا بود، در سال های ۱۹۶۵ و ۱۹۶۶ به بهانه پاکسازی جنبش های چپ، بیش از یک ملیون نفر توسط ارتش سوهارتو کشته شدند.

۲۱. عکس هایی از دو بار نسل کشی در تیمور شرقی که در سال های ۱۹۷۵ و ۱۹۹۹ اتفاق افتاد

۲۲. نسل کشی چرکس ها توسط امپراتوری روسیه ۱۸۶۴–۱۸۶۷م

قتل‌عام چرکس‌ها به نابودی مردم بومی چرکس توسط امپراطوری روسیه اجرا شده است که یک و نیم میلیون نفر قربانی دارد.

ضمیمه دوم

البوم عكس از ابعاد گسترده نسل كشی مردم هزاره

با تأسف فراوان جنایات هولناك امیر عبدالرحمان در نسل كشی مردم هزاره زمانی صورت گرفته است كه عكاسی در افغانستان موجود نبوده و عكس های اندك كه توسط مداخله گران خارجی گرفته شده ، به هیچ صورت بیانگر جنایات دلخراش آن دوره بوده نمی توانند.

همچنان عكس هایی در جریان سخنرانی ها جابجا شده اند كه لزومی بر تكرار نشر آنها دیده نمی شود. در این البوم تلاش خواهم كرد كه نمونه های از تصاویری را كه در سخنرانی ها نشر نشده اند، جابجا كنم.

بی جا نخواهد بود اگر البوم هایی را از مقاومت مردم در جلوگیری نسل كشی مردم هزاره در این كتاب ضمیمه گردد. زیرا این كتاب نه تنها در باره نسل كشی، بلكه در باره ابعاد گسترده آن نوشته شده است كه جلوگیری از نسل كشی مردم هزاره، به رسمیت شناختن و سایر جوانب آنرا در بر میگیرد.

نمونه های از تصاویر نسل كشی مردم هزاره از آغاز نسل كشی تا حال حاضر قرار ذیل است

۱. در دوره حكومت عبدالرحمن خان

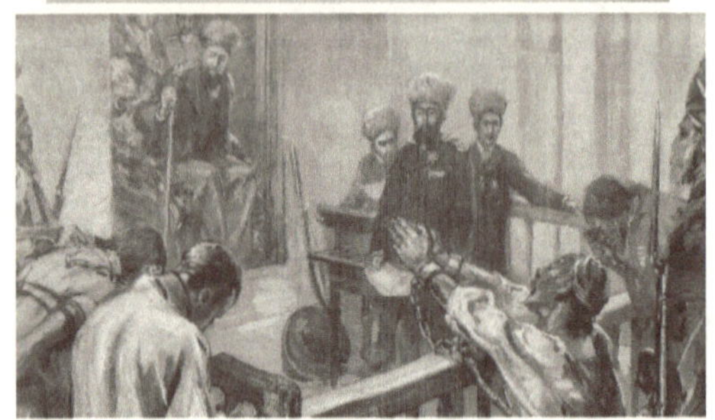

Hazaras in Kandahar-1881.

۲.البوم عکس از نسل کشی مردم هزاره توسط کوچی های که به بهانه استفاده از «علفچر» از پاکستان به افغانستان سرازیر می شوند و در موسم گرما کشتزار های مردم هزاره را پایمال می کنند. این کوچی ها در حمایت دوامدار دولت های افغانستان قرار دارند.

۳. البوم عکس از کوچ اجباری هزاره ها و بی جا سازی برنامه ریزی شده آنهادر دوره های حکومت های دست نشانده امریکا

BERANG

۴. البوم عکس از کشتار هزاره ها توسط انفجار و انتحار

۵. البوم عکس از کشتار هزاره ها در تسلیمی های برنامه ریزی شده حکومت اشرف غنی در واحد های نظامی و امنیتی زیر نام «عقب نشینی تکتیکی» و خودداری عمدی از کمک رسانی به نظامیان دولتی مناطق هزاره نشین

افشای تسلم دهی تجهیزات نظامي دولتی به طالبان با روپوش عقب نشینی تاکتیکی

۶. عکس هایی از کشتار هزاره ها توسط مجاهدین «حکومت جهادی» افشار

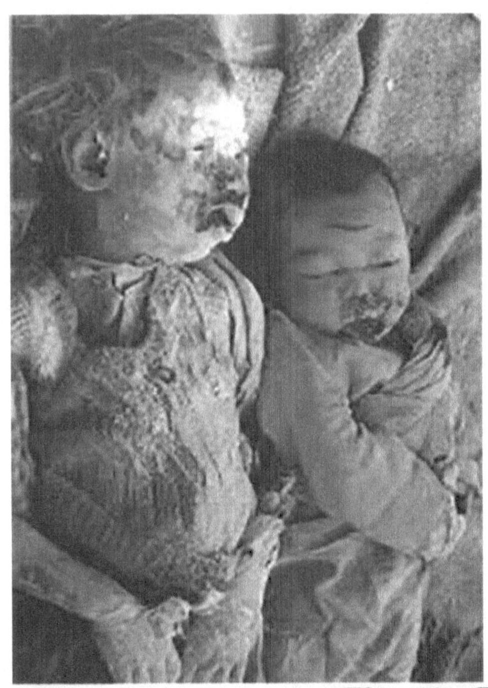

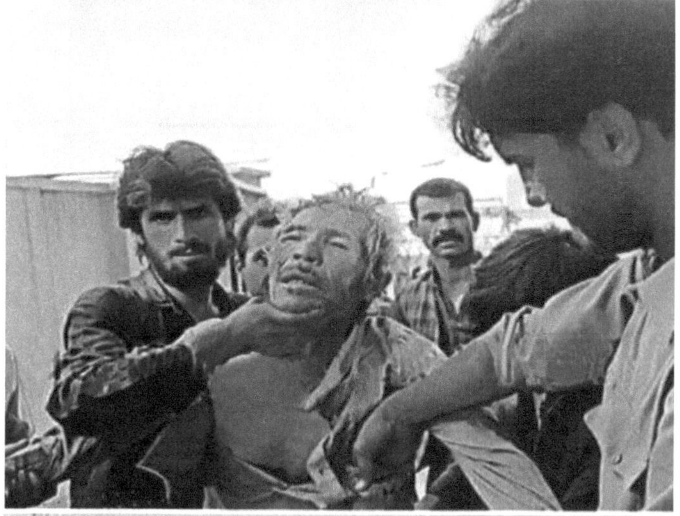

۷. البوم عکس از کشتار هزاره ها توسط طالبان

ضمیمه سوم

البوم عکس از سرکوب خونین تظاهرات و اعتراضات صلح آمیز هزاره ها در افغانستان

۱.سرکوب خونین اعتراض کننده های جنبش روشنایی

مرگ بر تبعیض!

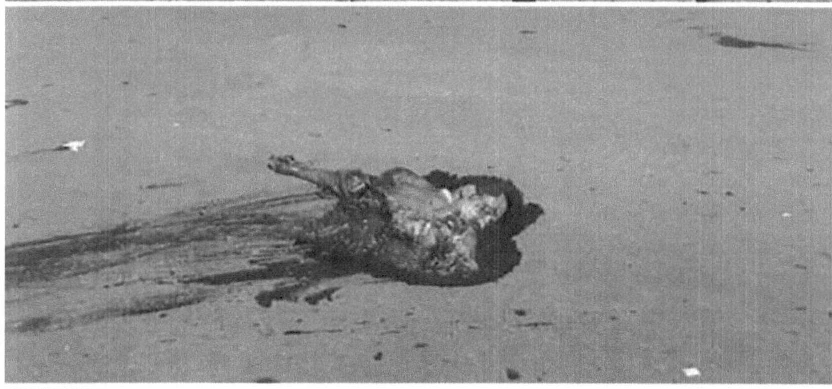

تظاهرات نامحدو
صرافی امارات

۲. البوم عکس از سرکوب معترضین ولایت میدان وردک

۳. البوم عکس از سرکوب معترصین زن در کابل بعد از فاجعه کاج

ضمیمه چهارم

البوم عکس از اعتراضات گسترده در افغانستان و جهان برای جلوگیری از نسل کشی مردم هزاره و به رسمیت شناختن آن

اول: در افغانستان

۱. اعتراض جنبش تبسم:

کابل

جاغوری

بدخشان

ما مردم بدخشـ
ابل را بلند فریاد می زنیم تا کاخ حامیان طالب و تروریزم فر
افراطیت و جنایت قوم

بلخ

شهر جلال آباد ولایت ننگرهار

جلریز ولایت میدان وردک

لعل و سرجنگل ولایت غور

دوم: اعتراضات جنبش تبسم بیرون از مرز های افغانستان

اندونیزی

آسترالیا

اریزونای ایالات متحده امریکا

اتریش

آسترالیای جنوبی

ترکیه

تورنتوی کانادا

لندن انگستان

جاپان

آلمان

برابری
Wir sind
Shok
Wir sind
Shokria
sind
okria

STOPPT DEN
VÖLKERMORD GEGEN
HAZARA
AFGHANISTAN

قرغزستان

سویدن

هندوستان

نیویارك

ناروی

البوم عکس از اعتراضات در حمایت از جنبش روشنایی

اول: در افغانستان

۱.تصاویری از اعتراضات به علت انحراف پروژه برق (توتاپ) از مناطق هزاره نشین(هزارستان) به مناطق پشتون نشین که اعمال آشکار نسل کشی اقتصادی بود.

اعتراض اعضای پارلمان افغانستان (عکس زیر)

۲. البوم عکس از اعتراضات جنبش روشنایی برای عدالتخواهی و رفع تبعیض و نسل کشی

البوم عکس از اعتراضات جهانی در حمایت از جنبش روشنایی

دوم: در بیرون از مرز های افغانستان

کانادا: جنایات دهمزنگ با برگزاری کنفرانسی مورد بررسی حقوقی و سیاسی قرار گرفت

تورنتو

بروکسل

وارسا

آسترالیا

سمرقند ـ ازبکستان

مونیخ ـ آلمان

اتریش

ضمیمه پنجم

اعتراضات گستردهٔ جهانی برای راه اندازی توفان تئوتری و راه پیمایی ها در شهر های بزرگ کشور ها، با شعار «نسل کشی هزاره ها را متوقف کنید!»

#StopHazaraGenocide

Остановите хазарейский геноцид!

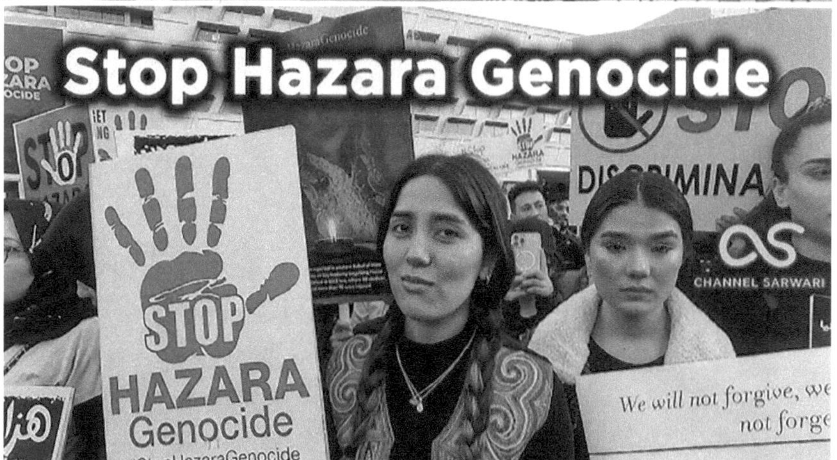

STOP
HAZARA
GENOCIDE
STOP
HAZARA
GENOCIDE
هزاره بودن
STOP
TARGET KILLING OF HAZARA MUST STOP

GENOCIDE
Hazaristan
Hazaristan
#STO
HAZA
GENOC
STOP
HAZARA
GENOCIDE
#STOP
HAZARA
GENOC
STAND WITH US TO
#STOPHAZARA
Hazaristan
Hazaristan
Hazaristan

د افغانستان بانک
Da Afghanistan Bank
قهرمان
شهر من
هازارا

STOP
HAZARA
GENOCIDE
Hazaristan
از نسل کشی هزاره ها
جلوگیری کنید
#StopHazaraGenocide
Hazaristan

STOP
HAZARA
GENOCIDE
STOP HAZARA
NOCIDE!
STOP
HAZARA
Genocide
#StopHazaraGeno
HAZA
Hazaristan

STOP
HAZARA
GENOCIDE
STOP
HAZARA
GENOCIDE
STOP
HAZARA
GENOCIDE

#STOP
HAZARA GENOCIDE
Hazaristan
HAZARA
#STOP
HAZARA GENOCIDE

#StopHazaraGenocide
Hazara
Hazara
Hazara
Hazara
Hazara
Hazara
Hazara
Hazara
Hazara
STOP
The detailed statistics of people affected by the attack on Kaj school:
53 killed, 1 man, and the rest of them are girls.
104 people are injured.
16 people are in serious condition and 6 people are in coma.

STOP HAZARA GENOCIDE
Hazaristan
نسل کشی هزاره ها را متوقف کنید

سپاسگزاری ها

از آقای کامران میرهزار و هزارستان پرس سپاسگزار هستم که در بازخوانی، دیزاین روی جلد و آماده کردن کتاب با استاندرد بین المللی با من همکاری کردند.

ثنا یار نیکپی

Theoretical Study of Genocide and Extensive Dimensions of Hazara Genocide

Through the Lens of Political Science, Law, Psychology, and History

Dr. Sana Yar

Collection of Lectures

Persian Edition

Hazaristan Press

ISBN: 978-82-93037-01-9

2024